KB143368

싱가포르,
스마트 국가의 최전선

SINGAPORE

smart city

smart state

싱가포르,
스마트 국가의 최전선

불안정한 세계에서 살아남기

켄트 E. 콜더 지음 | 이창 옮김

글항아리

여러 해 동안 가르쳤던, 때로는 스승이 되어준
나의 학생들에게 바친다

싱가포르로부터 배울 것들

지난 45년 동안 아시아에 대해 연구했다. 그중 15년은 아시아에
서 살았다. 연구를 하면서 세계화의 강하고 복잡한 풍랑을 가장
잘 이해하는 두 나라를 발견했는데, 바로 싱가포르와 한국이다.
두 국가는 크기도 다르고 인구 구성도 다르다. 싱가포르는 인구
가 500만이 채 안 되지만 다양한 인종이 섞여 살고 있다. 한국
은 싱가포르보다 인구가 10배 많지만 단일민족 국가다. 하지만
두 나라 모두 세계가 근본적으로 변하고 있음을 깊이 인식하고
있다. 또한 취약하기는 해도 이에 대응하는 데 어느 정도 경쟁력
을 갖고 있다는 것도 안다. 세계화에 잘 적응할 수 있느냐 없느
냐, 또 세계화를 적극적으로 활용할 수 있느냐 없느냐에 국운이
달려 있다는 점도 인지하고 있다.

　싱가포르와 한국에 살면서 두 나라를 존경하게 되었다. 특히

투철한 직업의식, '일을 해내고야마는get the job done' 의지, 그리고 교육에 대한 헌신에 큰 감명을 받았다. 나는 두 나라가 서로 배울 게 많다고 확신한다. 그래서 『싱가포르, 스마트 국가의 최전선』이 한글로 번역되어 매우 기쁘다. 나아가 한국과 싱가포르는 서로 배워야만 한다고 생각한다. 오늘날 경쟁적인 글로벌 세계 속에서, 서로 우방국이지만 진지하게 경쟁하는 정치경제 라이벌이기 때문이다.

알다시피 싱가포르는 세계적으로 주목할 만한 성과를 이루었다. 세계은행은 지난 10년 동안 기업하기 가장 좋은 나라로 싱가포르를 꼽았고, 실제로 서방의 주요 다국적기업 아시아 본부가 싱가포르에 있다. 세계경제포럼도 기업하기 가장 쉬운 나라로 스위스와 싱가포르를 꼽는다. 정부 정책 입안과 결정과정의 투명성, 공공에 대한 신뢰, 지식재산권 보호에서도 높은 순위를 차지한다.

싱가포르가 세계적 명성을 갖고 있다는 점을 차치하더라도, 한국은 싱가포르에 특별히 관심을 가질 만하다. 싱가포르는 한국처럼 지역 중심에 위치한 중진국middle-range power이고, 인구밀도가 높지만 천연자원이 없다. 그래서 산업, 주택, 복지, 환경, 자원, 교통 정책이 한국과 비슷하다. 또한 싱가포르 역시 해외자본과 기술을 유치하면서도, 국가적으로 중요한 결정을 내리는 데는 외국인의 과도한 개입을 막는다. 미국, 유럽연합, 중국 등 경제 초강대국을 대하는 방식은 말할 것도 없고, 투자에 대한 인센티브나 사회기반시설 관리에 있어서도 싱가포르는 좋은 참고서다. 결국 두 나라 모두 고래들 틈에 낀 새우인 셈이다. 예측하기 힘든 세계 속에서 부지런한 국민들 이외에는 자원이 없기 때문이다.

싱가포르는 세 가지 점에서 한국에 효과적인 비교 대상이다. 첫째, 한국 정부와 공공기관은 최소주의적이면서 자립을 돕는 싱가포르의 거버넌스 형태를 고려해볼 만하다. 싱가포르 주택개발청 덕분에 90퍼센트가 넘는 국민이 여가를 즐길 수 있는 동시에 일터에서 가까운 곳에 주택을 소유하고 있다. 중앙연금기금 Central Provident Fund(CPF)은 정부와 고용주가 합동으로 지원하는 프로그램을 시행하여, 국민이 주택, 은퇴, 장애 등에 대비해 저축을 할 수 있도록 한다. 경제개발청은 해외 투자자들에게 투자 기회에 대한 최신 정보를 제공한다. 뿐만 아니라 공장 부지를 물색하고 노동자의 고용을 돕는 등 프로젝트의 마지막까지 책임지고 지원한다. 정부-민간 합작회사가 국가 자산에 투자하고 해외의 공항과 항구를 운영하며, 매우 혁신적이고 비용-효율적인 방식으로 에너지 기업을 경영한다.

둘째, 한국 독자들은 싱가포르가 정책을 수립할 때 통합적으로 접근하는 방식에 크게 흥미를 느낄 것 같다. 싱가포르는 정부 정책을 세울 때 장기적으로 국가에 필요한 것이 무엇인지 고려한다. 교육, 사회기반시설, 국방에 예산을 배분하고, 현금성 복지 혜택보다는 주택 구입과 민간저축을 보조하는 방식으로 사회안전망을 제공한다. 싱가포르 정부는 예산의 20퍼센트 이상을 교육에 투자한다. 미국은 14퍼센트, 일본은 10퍼센트 미만이다. 또한 싱가포르는 한국의 인천국제공항과 함께 세계 최고로 손꼽히는 공항을 갖고 있고 1등급 국제항공사도 있다. 싱가포르의 국내 교통 인프라, 쾌적한 환경, 효율적인 전자정부 정책은 높은 삶의 질을 가능케 한다. 각 분야의 정책을 만들 때 주택과 고용이 심도 있게 고려되어, 통합적으로 설계되었기 때문이다.

마지막으로 한국 독자들이 싱가포르에 대해 특별히 흥미를 느낄 만한 또 다른 측면은 외교정책이다. 싱가포르는 한국보다 땅도 작고 인구도 10분의 1이 채 안 되지만, 국제무대에서 놀라울 정도로 중요한 위상을 갖는다. 2018년 6월, 도널드 트럼프 미국 대통령과 김정은 북한 국무위원장이 싱가포르에서 처음 만났다. 마찬가지로 싱가포르는 1990년대 초부터 중국과 타이완의 양안관계를 협상하는 장소로 활용되어왔다. 2015년에는 시진핑과 마잉주의 역사적인 회담이 싱가포르에서 열렸다.

싱가포르의 외교적 중요성은 주요 국제회담의 중립적인 무대를 제공하는 데만 그치지 않는다. 때로는 중요한 글로벌 의제를 직접 설정한다. 한국처럼 올림픽을 개최한 경험이 있는 것도 아니다. 그러나 싱가포르 학자들이 쌓은 해외 유대관계, 효과적인 로비활동, 기민한 국제 컨퍼런스의 활용 등을 바탕으로 국제적인 인적 네트워크를 축적했고, 이를 활용하여 글로벌 의제에 상당한 영향력을 조용하게 발휘한다. 예를 들어, 워싱턴 D.C.에 있는 싱가포르 대사관에는 약 20명의 외교관이 상주하는 반면, 중국 대사관에는 200명, 한국 대사관에는 70명이 있다. 그러나 2002년 미국이 처음으로 자유무역협정을 맺은 아시아 국가는 싱가포르다. 환태평양 관계에서 미국과 이만큼 중요한 관계를 맺은 나라는 한국이 유일한데, 한-미 자유무역협정은 싱가포르보다 6년 후에나 타결되었다. 싱가포르는 수자원 정책, 스마트 도시 개발 등 잘 드러나지는 않지만 실질적으로 중요한 분야에서도 큰 영향력을 행사한다. 시의적절한 타이밍에 국제 컨퍼런스를 개최하고, 이를 통해 국제적인 지식공동체를 육성하는 방식을 쓴다.

혁신적이고 유연한 정부기관, 창의적인 국내 정책, 상상력으로 가득한 외교정책은 싱가포르가 세계를 상대하는 몇 가지 예일 뿐이다. 나는 이러한 사례들에 감명을 받았고, 이를 한국 독자들에게 전하고 싶다. 물론 그늘진 구석도 있다. 이를테면 싱가포르가 이주노동자를 다루는 방식은 대부분의 민주화된 산업국가와 다르다. 이는 앞으로 개선해나가야 할 것이다. 그러나 전반적인 관점에서 최소한 몇 가지의 새로운 아이디어를 얻기 바란다. 역동적인 세계의 흐름 속에서, 살아남겠다는 결사적인 각오로 고군분투한 작은 국가가 어떻게 안정을 이루었는지 살펴보기 바란다. 싱가포르의 사례가 한국의 미래뿐만 아니라, 모든 세계가 나아가야 하는 방향을 가리킬 수도 있다.

2019년 8월

켄트 E. 콜더

들어가는 글

세상에 누구에게나 잘 맞는 옷은 없다. 그래서 맞춤 양복이 있 듯이 현실 세계에서도 마찬가지다. 하지만 글로벌화되어가는 세 계에서 사람들은 '패러다임'을 원한다. 국가의 부와 안정 그리고 복지에 대한 근본적인 통찰력을 주는 구체적인 사례들 말이다. 그러나 시대를 초월하여 적용될 수 있는 예시는 그리 흔치 않다. 거의 모든 패러다임이 특정 시대 및 장소와 깊이 연관되어 있기 때문이다.

명백히 21세기 초는 디지털 혁명의 시대다. 컴퓨터와 통신 기 술의 결합으로 그 영향력이 광범위하게 넓어졌고, 전 세계 경제, 정치, 행정에 커다란 변화를 가져오고 있다. 새롭고 변화가 잦은 불안정한 세계에서 다국적기업과 정치 세력들은 새로이 대두되 는 문제를 해결하기 위해 모범적인 국가 사례를 주의 깊게 살펴보아야 한다.

나는 여덟 살 때 처음 싱가포르에 갔다. 당시 아버지는 랑군Rangoon대에서 경영학과 설립을 돕고 있었고, 우리 가족은 버마(미얀마)에서 휴가를 보내고 싱가포르를 방문한 참이었다. 아직 식민 지배를 받고 있을 무렵 처음 만난 싱가포르는 참으로 인상적이었다. 특히 창이공항에 도착해서 보았던 오렌지 빛깔의 불꽃나무flame tree가 아직도 눈앞에 선하다. 그 이후 반세기에 걸쳐 스무 번 이상 '사자Lion의 도시'를 찾았는데 그때마다 싱가포르의 아름다움은 늘 감동적이었다.

불꽃나무 말고도 싱가포르의 다양한 매력이 나를 사로잡았다. 무엇보다 싱가포르는 흥미로운 변화의 소용돌이 속에 있는 것 같았다. 이 책은 1982년 『동아시아의 위기The Eastasia Edge』를 낸 뒤 싱가포르의 발전상을 개념화한 두 번째 작업으로, 작은 도시국가의 적응력에 초점을 맞추었다. 무엇보다 잠자고 있던 조그만 동남아시아 국가가 어떻게, 왜 실용성을 중시하게 되었고 기술적으로 앞선 정책들을 채택하게 되었는지 궁금했다. 이러한 정책들은 활발하게 개발을 주도한 나라나 선진 산업국에서나 볼 수 있는 특징인데 말이다.

이 책을 쓰는 동안 훌륭한 분들에게 많은 빚을 졌다. 먼저 싱가포르 학생들에게 감사드린다. 지금까지 세 곳의 대학에서 가르쳤지만, 그들은 가장 똑똑하고 역량 있는 학생들이었고 이 책을 쓰는 데도 큰 도움이 되었다. 싱가포르 경찰국장과 인터폴의 수장을 지냈으며 하버드대 공공정책세미나에 참여했던 쿠분휘 Khoo Boon Hui는 출간되기 전에 이 원고를 읽어보고 여러 충고를 해주었고, 잘못된 부분을 바로잡아주었다.

프린스턴대에서 마지막으로 가르쳤던 학생이자 존스홉킨스대 라이샤워Reischauer 공공정책연구소 연구원이었던 세렌 헝 Serene Hung은 하버드대 정치학과로 떠나기 훨씬 전부터 싱가포르에 대해 연구했다. 이 책에 그의 주된 연구 내용을 담았다. 그 밖에 에릭 테오Eric Teo, 알파나 로이Alpana Roy, 카이쥔 윙Kaijiun Wong, 제이슨 호Jason Ho는 나에게 좋은 선생이 되어주었고 이 책에도 도움을 주었다.

난양 공과대학에서 가르칠 때 알게 된 다른 친구들도 싱가포르에 대한 지식을 넓혀주었다. 특히 조지프 리우Joseph Liow 학장과 옹켕용Ong Keng Yong 대사, 배리 데스커Barry Desker와 같은 친구들의 도움이 컸다. 국립싱가포르대의 키쇼어 마부바니Kishore Mahbubani 학장도 빼놓을 수 없다. 찬행치Chan Heng Chee, 아쇼크 미푸리Ashok Mirpuri, 빌라하리 카우시칸Bilahari Kausikan, 앨버트 추아Albert Chua 등 싱가포르 외교부 직원들에게도 큰 빚을 졌다. 경제개발청에서 일하는 키트 추안Keat Chuan과 다른 기관의 여러 선임직원께도 감사드린다.

이 책은 학술적인 연구의 결과물이다. 따라서 연구를 진행할 때 여러 학자가 언급한 조언은 세계 속 싱가포르의 역할에 대한 이해를 다듬는 데 큰 도움이 되었다. 특히 이 책의 출판을 적극적으로 지원한 존스홉킨스대 국제관계학과와 라이샤워 동아시아연구소에 감사한다. 발리 나스르Vali Nasr, 피터 루이스Peter Lewis, 존 해링턴John Harrington, 칼 잭슨Karl Jackson, 빌 웨이스Bill Weiss, 데버라 브로팅엄Deborah Brautigam, 데이비드 램프턴David Lampton, 앤서니 롤리Anthony Rowley, 린 화이트Lynn White는 주제에 대한 나의 이해를 심화시켜주었다. 류중위안Zongyuan Liu, 소피 양Sophie Yang, 한윤Yun Han, 아이비 카오Ivy Cao, 아일린 매클래런Aileen McLaren, 알렉산더 에번스Alexander Evans, 올리비아 쉬버Olivia Schieber, 알리시아 헨리Alicia Henry, 미켈 코틀러Michale Kotler, 조슈아 나이르Joshua Nair, 김경희, 전나눔, 아이비 백Ivy Back, 최재민도 연구에 도움을 주었다.

지금까지 12권의 책을 쓰면서 마무리가 얼마나 중요한지 깨달았다. 복잡한 생각들을 간결하고 설득력 있는 출판물로 모아내는 작업 말이다. 그 과정은 때때로 절망스럽기까지 하다. 하지만 내 경험에 비춰보면 브루킹스프레스에서는 이런 일들이 매우 효율적이고도 유쾌하게 진행된다. 마무리를 도와준 빌 피난Bill Finan, 재닛 워커Janet Walker, 비키 매킨타이어Vicky Mcintyre와 나의 가족에게 고마움을 전한다. 그들의 조언은 물론이고, 다정하면서도 날카롭게 나를 재촉하지 않았더라면 이 책은 절대 완성되지 못했을 것이다.

다양한 분야에서 귀중한 도움을 받았다. 유용한 충고와 조언을 들었으나 이 책에 반영되지 못한 부분도 더러 있을 것이다.
모두 나의 책임이다. 독자들이 너그러이 이해해주기를 바랄 뿐
이다.

2016년 9월

워싱턴 D.C.에서

제1장

서론

싱가포르와 변화하는 세계

"평화로운 시기에 위험을 경계하라.
풍요로운 시기에 절약하라."

_ 위징魏徵

1990년대 중반은 역사상 사회경제적으로 가장 역동적인 변화를
겪은 시기다. 냉전이 끝나고 구소련은 세계 경제 속으로 깊숙이
들어왔다. 인터넷 혁명이 산업화된 선진국과 개발도상국 사회를
완전히 바꾸어놓았다. 그런 와중에 세계적인 도시화로 인해 크
고 작은 도시들이 생겨났다. 오늘날에는 전 세계 인구의 54퍼센
트가 도시에 산다. 반세기 전에 비해 약 두 배 늘어난 수치다. 그
리고 2050년에는 그 비율이 전 세계 인구의 3분의 2가 된다고
한다.[1]

이렇게 빠른 속도로 세계가 변화하면서 어떤 제도와 정책이 필요한지를 찾으려는 노력도 점점 더해갔다. 전통적으로 서구 복지국가는 가난, 질병, 실업 등 사회 변혁에 따른 세파로부터 자국민을 보호하는 데 많은 돈을 투자했다. 하지만 새로운 변화에 제대로 맞서기에는 부족한 점이 많았다. 특히 서유럽을 시작으로 일본, 미국으로 이어지는 국가들에서는 어마어마한 재정 적자가 발생했다. 저축과 절약에 대한 국민의 의지가 약해지기도 했다.[2]

프랑스, 영국, 소련 등과 같은 전통적 형태의 조직도 마찬가지다. 이제는 대기업이나 종교단체, 조합, 여러 시민단체가 국제적으로 활동 반경을 넓히면서, 국민국가는 국제무대에서 맹렬한 속도로 변화하는 다국적 주체들과 보조를 맞추는 데 어려움을 겪고 있다.[3] 국가 간의 공식적인 조약이나 동맹도 그 효용성과 효과가 의심받는 지경에 이르렀다. 특히 인도나 중국같이 떠오르는 거대 국가들을 비롯한 개발도상국에서도 공식 외교관계에 회의적인 태도를 보이기 시작했다.[4] 국제연합도 기대만큼 효과를 보여주지 못하고 있다.

그동안 효율적으로 기능했던 전통적 국민국가들이 세계적 변화에 신속하게 대처하지 못하고 선견지명을 발휘하지` 못한다면 과연 누가 할 수 있을까? 지금 떠오르고 있는 새로운 세계에는 어떤 방식의 거버넌스가 필요하고, 어떤 정책 패러다임이 필요할까? 누가 그러한 패러다임을 만들고 가장 효율적으로 실행할 수 있을까? 그리고 어떤 결과를 기대할 수 있을까?

왜 싱가포르인가?

오늘날 급격하게 변하는 세계에서 가장 중요한 문제는 거버넌스다. 바로 이 책의 주제이기도 하다. 관건은 도시나 국가 그리고 국제기구와 초국가적 기구들이 맞닥뜨리고 있는 복잡한 문제를 효과적으로 풀 수 있는 정부 구조를 찾는 데 있다. 하지만 개발도상국, 그중에서도 중국이나 인도, 인도네시아같이 서구 선진국의 자유와 부를 갈망하는 대국에게는 쉽지 않은 일이다. 이들은 복지국가 건설에 드는 비용을 감당할 수도 없고, 논란의 여지가 있는 복지 정책들을 시행할 생각도 없기 때문이다.[5]

21세기에 발생하는 문제들을 해결하려면 어떤 형태의 거버넌스가 필요한지에 대해 여러 사람이 다양한 생각을 내놓았다. 아직은 알 수 없지만, 기존 복지국가 모델은 미래에 효과적으로 기능할 수 있는 국가 구조로 적합하지 않다는 데 서구를 비롯한 여러 나라의 의견이 모아지는 것 같다. 새로운 제안도 있다. 정치체제 및 군사 규모를 최소화한 '가상국가virtual state'가 중요한 역할을 할 수 있다는 것이다. 지리적으로는 미미해도 새로운 아이디어를 전파하거나 국가들을 연결하는 데 효과적이라는 전망이다.[6] 또는 보편적인 사회 정책을 펼치기보다는 재정 부담을 줄이고 개인의 권리를 신장시킬 수 있는 거버넌스 구조를 확립해야 한다는 제안도 있다.[7]

제대로 된 거버넌스 확립은 사회 여러 분야에서 관심을 기울여야 할 과제다. 특히 미래에는 조직을 구성하는 차원에도 큰 변화가 필요할 것이다. 지구의 환경 그리고 이와 연관된 교통과 에너지 효율성 관련 문제들은 국가 자체적으로 그리고 국제적 차원에서 논의되어왔지만, 이런 문제는 쉽게 해결되지 않는다. 정치 분석가인 벤저민 바버Benjamin Barber 등에 따르면 이러한 유형의 문제를 푸는 데는 국가보다 도시가 더 효과적이다. 도시는 매일매일 발생하는 문제에 더 초점을 두고 있고, 이익집단들과 이해관계도 덜 얽혀 있기 때문이다.[8] 실제로 C-40기후 변화에 대응하기 위해 결성된 도시 간 협력 체제로, 뉴욕과 서울을 비롯한 40개 세계 대도시와 16개 회원 도시로 구성되어 있다―옮긴이의 시장들은 지루하게나마 전 지구적인 환경 문제를 성공적으로 다뤄온 반면, 국가 간 논의를 진행하는 당사국총회Conference of the Parties(COP)는 구체적인 성과를 거의 내놓지 못했다.

지금의 세계에서는 국가를 운영하는 전통적인 제도가 실패했음이 확실해 보인다. 이러한 시점에서 싱가포르는 정부가 어떻게 작동해야 하는지 중요한 교훈을 준다. 싱가포르는 두 개의 거버넌스 모서리에 전략적으로 위치한다. 각각의 모델은 점점 글로벌화하는 불안정한 세계에서 각기 다른 장점을 지니고 있다. 하나는 유엔 193개 회원국 중 하나인 국민국가로서의 싱가포르다. 국가로서 싱가포르의 위상은 국제적으로 적법하고 자치권이 있는 국가다. 국제사회에서 사안에 따라 강하거나 유연하게 입장을 취할 수 있다. 그런 반면 싱가포르는 응집력이 강한 단일 도시 공동체. 워싱턴 D.C.의 4배가량 되는 영토에 인구 600만 명이 채 안 되는, 글로벌한 관점에서 보자면 아주 작은 단위라 할 수 있다. 국가로서 싱가포르는 왜소할지 몰라도 도시로서는 그

위상과 실체가 크다. 현재 인구 50만 명이 넘는 1000개 도시가 세계 인구의 3분의 1을 수용하고 있다. 2030년에는 이러한 도시가 1400개까지 늘어날 것으로 추정된다. 그중 하나가 싱가포르다.[9]

싱가포르는 도시와 국가로서의 차원을 동시에 갖추고 있다. 다시 말해 싱가포르는 국가와 도시 각각의 장점을 취할 수 있고, 이는 국제사회에서 강점을 발휘할 수 있는 원천이 된다. 바버가 묘사한바 조그마한 도시국가로서 실용적이고 유연한, 그러면서도 이념으로부터 탈피한 정책을 추진할 수 있는 것이다. 국가로서의 위상도 분명하여, 경쟁력 있는 분야에서 싱가포르는 국제사회의 어엿한 구성원으로 인정받고 있다.

싱가포르의 이중성은 새로운 글로벌 패러다임을 제시한다. 싱가포르는 역량 있는 '스마트 도시'로서, 세계 여러 나라에서 실행된 정책이나 기술을 테스트해볼 수 있는 진정한 '실험장'이다. 특히 정보과학 기반의 혁신을 도입하기에 최적의 도시다. 실제로 싱가포르는 디지털 기술 분야에서 어마어마한 잠재력을 바탕으로 에너지, 환경, 위생, 교통과 관련된 다차원적인 도시문제를 풀수 있는 다양한 방법을 강구했다. 또한 '스마트 국가' 싱가포르는 서구의 보건·복지 프로그램보다 더 경제적이고 실속 있는 대안을 제시했다. 이는 고령화되고 있는 싱가포르에서 특히 중요한 문제다. 물론 여기에도 싱가포르의 앞선 기술적 역량이 어느 정도 반영되어 있다.

싱가포르, 넘버 원?

하버드대의 에즈라 보걸Ezra Vogel은 35년 전 『넘버 원, 일본Japan as Number One』이라는 책을 썼다.[10] 제조업 분야에 초점을 맞춰 떠오르는 산업국이었던 일본의 조직 역량에 대해 조사한 책이다. 그는 장기적으로 지속될지는 알 수 없지만 일본이 세계적으로 인정받을 만한 강점을 지니고 있다고 강조했다. 그리고 일본도 여러 약점이 있겠지만 일본의 독특한 조직 형태는 산업 기반이 쇠퇴하던 당시 미국에 시사하는 바가 있다고 했다.

지금 세계는 과거와는 차원이 다르게 범세계화되었다. 산업화된 선진국에서는 제조업보다 서비스업이 훨씬 중요하다. 경제적으로 독립되어 있는 여러 집단이 인터넷 같은 통신 기술에 힘입어 서로 배우는 것이 가능하다. 글로벌화로 교류가 더 수월해지고 있는 새로운 세상이 열린 반면, 제조업은 점점 약화되어 과거 일본의 성공을 뛰어넘는 새로운 패러다임이 절실히 요구되는 실정이다.

세계 곳곳에서 시행 중인 최첨단 정책을 빌려오는 것이 그 어느 때보다 중요하고 또 가능해지고 있다. 21세기 중반 즈음하여 어떠한 실질적인 성과를 낼 수 있는가 하는 점이 성공적인 정책을 가늠하는 중요한 요소일 것이다. 이러한 현실은 작고 약한 나라들이 오히려 강대국에게 교훈을 주기도 하는 등 국제관계를 신선하고 역설적인 패러다임으로 이끌고 있다. 싱가포르도 그러한 사례가 될 수 있다. 불안정한 국제사회에서 싱가포르는 그야말로 스마트하고 적응력이 강하다. 이 조그마한 도시국가는 위험에 취약한 면이 있지만 오히려 그러한 점이 당면한 과제에 민감하게 반응하는 능력을 배양하기도 한다.

최근 세계가 통합되고 글로벌화되면서 여러 나라를 대상으로 설문조사가 수없이 시행되었다. 이 조사들은 경제적 발전, 국제 경쟁력, 시장 친화도, 규제의 투명도, 반부패 등에 관한 성과 지표를 측정하는데, 싱가포르는 항상 상위권에 있을 뿐만 아니라 가장 경쟁력 있는 국가로 뽑힌다. 일시적인 현상이 아니라 지속적이라는 점이 놀랍다. 이를테면 세계은행은 2006~2015년 세계에서 가장 기업하기 좋은 나라로 싱가포르를 선정했다.[11] 세계경제포럼 「글로벌 경쟁력 보고서」에서는 2011~2015년 경쟁력 있는 나라로 148개 국가 중 스위스 다음으로 싱가포르를 꼽았다. 2014~2015년 정보통신 기술을 바탕으로 한 네트워크화 지수에서는 1위를 차지했다. 마찬가지로 경쟁력의 기본 조건들을 충족하는지와 관련된 부문에서도 1위였다.[12] 그 밖에 정부 운용 투명성(2015년 1위), 정치인들에 대한 신뢰도(1위), 반부패(3위), 그리고 지식 재산권 보호에서도 높은 순위(4위)를 차지했다.[13]

물론 싱가포르를 나타내는 모든 지표가 높지는 않다. 아마 공공정책에서 효율성을 최고로 치는 싱가포르의 독특한 접근 방식 때문일 것이다. 어쨌든 전반적으로 싱가포르는 세계적인 위상이 높지만, 부문별로 구체적으로 들여다봐야 이 작은 도시 국가의 중요한 특징이 잘 드러난다. 싱가포르가 세계 속의 중심지로서 계속 높게 평가돼온 부문은 바로 경제다.

앞서 언급했듯이 싱가포르는 세계에서 가장 기업하기 좋은 도시다. 이를테면 창업하는 데 걸리는 시간이 평균 2.5일로 매우 짧다.[14] 양질의 사법 체계 덕분에 지식 재산권에 대한 보호 장치도 강하다. 무엇보다 무역과 해외기업 투자에 가장 열려 있는 편으로, 개방경제의 순위가 높다.[15] 최근 불미스러운 사건 하나로 국제적 인지도가 조금 손상되었지만 싱가포르는 오랫동안 부패하지 않은 국가라는 기록을 지니고 있다.[16] 순위로만 따지면 싱가포르는 글로벌 허브가 되기에 전혀 손색이 없어 보인다. 더욱이 싱가포르는 인구가 많고 가장 급속하게 성장하는 지역에 자리 잡고 있다.

지식 재산권 보호 등 기업 친화적인 환경으로 인해 싱가포르에 첨단기술 기업들이 집적되어 있다는 사실은 그다지 놀랍지 않다. 예를 들어 IBM은 아시아 태평양 클라우드 데이터 센터와 스마트 도시연구 프로그램을 싱가포르에 설립했다. 델컴퓨터, 시만텍, 인피니온도 싱가포르에 아시아 본부를 두었다. 그 밖에도 여러 다국적기업을 끌어들이고 있다. 프록터&갬블은 2012년에 여성·육아 제품 생산본부를 싱가포르로 옮겼고, 2014년 제너럴모터스는 국제 운영본부를 상하이에서 싱가포르로 옮겼다.[17] 2015년에는 세계적인 컨설팅 회사 매킨지가 싱가포르에 디지털 관련 사업을 추진하기 위해 디지털 캠퍼스를 열었고, 2016년 4월에는 비자Visa가 상거래 방식을 혁신하기 위해 그와 비슷한 시설을 만들었다.[18] 결과적으로 7000개가 넘는 다국적기업이 이 자그마한 도시국가에 자리를 잡았고, 11만 명이 넘는 외국인을 고용했다.[19] 2012년 국민총생산 중 해외투자 비율로 보면 싱가포

르가 세계 1위다.[20]

기업활동에 얼마나 친화적인지를 살펴보는 계량적 지표 외에 실적 위주의 다른 지표도 챙겨보자. 한 예로 싱가포르 상품과 서비스 생산을 보면 경제적 성공을 알 수 있다. 인구 600만 명이 채 안 되는 조그만 도시국가의 GDP를 세계 강대국들과 비교하기란 쉽지 않지만 규모에 비해 순위가 상당히 높다. 세계은행에 따르면 185개 국가 중에서 35위,[21] 1인당 GDP는 248개 국가 중 9위다.[22] 최근 싱가포르의 1인당 GDP는 무섭게 증가해서 영국, 독일, 일본 그리고 미국마저 추월했다.(그림 1-1)

특히 2001년 9월 미국 국제무역센터와 국방부가 테러 공격을 당한 이후에 싱가포르가 보여준 발전 속도는 충격적이어서, 국제무대에서 중국과 인도의 급격한 성장과 비교될 만하다. 그러

1인당 국민총생산
(현재 미국 달러 가치로 계산)

그림 1-1 싱가포르의 증가하는 부(1970~2014)

나 2014~2016년 중국의 성장이 둔화되었고 에너지 가격의 폭락과 달러 강세로 인해 싱가포르도 영향을 받을 수밖에 없었다. 2015년에 명목 GDP가 2퍼센트 줄어들고, 1인당 GDP는 6퍼센트나 감소하여 5만3004달러에 머물렀다.[23] 그럼에도 인구가 밀집된 지역에서 장기적으로 경제를 발전시켜온 싱가포르의 방식은 앞으로도 순기능으로 작용할 것이다.

싱가포르는 자산을 모으는 동시에 부채를 줄이고자 노력한다. 외국환 거래와 금 보유고가 84개 국가 가운데 11위인 반면, 해외 빚은 102개 국가 중 16위다.[24] 싱가포르는 현명하게 자산을 투자한다. 국가가 설립한 투자기업인 타마섹 홀딩스는 싱가포르의 여느 민간 기업처럼 충실히 세금을 내고 있으며 특혜를 받지 않는다. 그러면서도 2016년 국제적으로 인정받는 52개 기업 중 상당히 효율적으로 운영되는 기업으로 평가받았다.[25] 이러한 재정 여력 그리고 기민하게 자산을 투자하는 역량은 이 작은 도시국가가 세계적 영향력을 늘려가고 있다는 사실을 암시한다.

기업가와 보수 정치가의 시각으로 보았을 때 싱가포르의 경제 환경에 가장 적합하면서도 탁월한 점은 상대적으로 낮은 세율이라 할 수 있다.[26] 거주민의 소득세율은 0에서 20퍼센트까지로 묶여 있다. 반면 외국인은 15퍼센트 단일세율이 적용된다.[27] 법인세율은 17퍼센트인데 창업 기업은 더 우대받는다. 부가가치세도 7퍼센트로 낮다. 더욱이 배당금이나 부동산, 자본이익에는 세금이 아예 붙지 않는다.

싱가포르는 부유한 나라지만 사회경제적 지표에서도 높은 수준을 자랑한다. 2014년 실업률은 미국의 3분의 1에 해당하는 1.7퍼센트로, 세계에서 네 번째로 낮은 수치였다.[28] 최근 국가 보건 체계의 질을 따지는 지표에서는 세계 3위로, 세계 10위인 일본보다 앞서 있다.[29] 세계보건기구는 싱가포르가 아시아에서 가장 훌륭한 보건 체계를 갖춘 것으로 평가하고 있다.[30] 탁월한 시스템을 갖춘 병원과 의원들 덕분에 영아 사망률이 세계에서 두 번째로 낮다.[31] 국제개발연구소에서는 훌륭한 싱가포르 병원을 고려하여 전반적인 보건 인프라가 55개국 중 네 번째로 훌륭하다고 평가했다.[32]

유치원부터 대학까지 고품질 교육제도도 빼놓을 수 없다. 중등학교 이후부터는 학생들의 높은 수학·과학 성적으로 교육제도가 훌륭하다는 사실이 증명되었다. 최근에는 수학·과학 분야의 국제시험에서 세계 3위에 올랐다.[33] 싱가포르는 자국에서 가장 경쟁력 있는 학생들을 서구의 명문 대학에 보낸다. 그럼에도 2015~2016년 타임스 고등교육Times Higher Education이 발표한 세계 대학 랭킹에 따르면 싱가포르국립대는 아시아 최고의 대학으로 손꼽힌다. 『타임』에서 대학 순위를 매긴 지 12년 만에 아시아 대륙에서는 처음으로 최고의 대학으로 선정된 것이다.

싱가포르가 교육 분야에서 세계적 위상을 차지한 것은 전문 기술학교 덕분이다.[34] 최근 싱가포르국립대와 난양 공과대학 경영대학원은 세계에서 가장 경쟁력 있는 32개 경영대학원 중 하나로 꼽혔다. 2015년 『파이낸셜타임스』는 난양 고위급 경영석사

MBA 프로그램을 세계 랭킹 10위로 선정했다.[35] 또 다른 공신력 있는 지표에 따르면, 2016년 난양 공과대학은 전 세계에서 역사가 50년이 안 되는 대학 중 2위였다.[36]

싱가포르의 지리, 교통, 정보기술, 탄탄한 제도는 사람, 상품, 아이디어가 자유롭게 이동할 수 있게 해준다. 이 모든 것은 결국 경제성장의 잠재력을 고양시킨다. 유럽이나 북아메리카 대륙의 주요 경제 중심지로부터 멀리 떨어져 있지만, 싱가포르는 통신 기술로 '지구촌'과 가깝게 연결되어 있다. 2014년 아시아 태평양 지역 인터넷 침투율 5위 국가로 선정되기도 했다.[37] 또한 싱가포르는 효율적인 연결망을 운용하는 데 필요한 제도적 뒷받침으로 "네트워크가 잘 갖추어진" 국가로 인정받고 있다.[38] 정부와 민간 부문은 이렇게 잘 구성된 연결망을 정책적으로 또 상업적으로 십분 활용한다. 그 결과 전자정부의 접근성이 얼마나 높은지 평가한 조사에서 12개 국가 중 2위를 차지했고, 온라인 쇼핑을 위한 접근성은 동남아시아에서 1위였다.[39]

싱가포르는 뛰어난 교통 기반시설로 세계의 중심지와 긴밀하게 연결되어 있다. 창이공항은 한국의 인천공항과 더불어 세계 최고의 공항으로 오랫동안 평가되어왔다. 항공사 간 환승 체계 관련 시설과 서비스도 효율적으로 운용되고 있고, 면세품 쇼핑도 세계 최고 수준이다. 안전과 효율성 측면에서도 전혀 흠결이 없어 이런저런 상을 450회나 받은, 세계적으로 일관되게 호평받는 공항이다.[40] 마찬가지로 싱가포르는 아시아 최고의 항구를 갖춤으로써 세계에서 두 번째로 많은 물동량을 소화하고 있

다.[41]

싱가포르는 전 세계 모든 항공사에게 열려 있지만, 자체적으로도 항공 부문을 육성했다. 그 결과 서비스와 효율성 면에서 가장 훌륭한 항공회사로 꼽히고 있는 싱가포르 에어라인은 유럽, 미국, 중동, 일본, 호주 직항을 개설하는 등 방대한 네트워크를 구축해왔다. 현재 30개 국가의 60개 도시보다 더 많은 지역을 운항하고 있다.[42] 또한 싱가포르는 지리상 이점을 전략적으로 활용하여 격식 없는 동맹국인 미국 군대에게 연료 교체와 수리를 위한 시설을 제공하고 있다. 즉 상인적인 감각과 지정학적인 이점을 잘 활용해서, 세계의 정치경제 중심지로부터 1만6000킬로미터나 떨어져 있다는 약점을 강점으로 승화시킨 셈이다.

최고 수준의 교통·통신 인프라를 갖추었을 뿐만 아니라 지리적으로 동남아시아의 중심부에 위치한 싱가포르는 천혜의 관광지이기도 하다. 이러한 장점을 잘 활용하여 쇼핑하기 편리한 면세 항구를 만들었다. 물론 높은 땅값과 노동 비용 때문에 운영이 점점 어려워지는 형편이기는 하다.

관광객을 더욱 사로잡기 위해 세계 처음으로 야간 경주 '포뮬러 원Formula One'을 도입하고 두 개의 카지노를 유치했다.[43] 2008년에 첫 번째 포뮬러 원 그랑프리를 개최했고, 2010년 2월 센토사섬에 RWS(Resort World Sentosa) 카지노를 열었다. 2개월 후에는 마리나 베이 샌즈에 또 다른 카지노를 오픈했다. 이러한 노력으로 2015년 세계경제포럼이 발표한 여행·관광 경쟁력 지수에서 싱가포르는 141개 국가 중 11위를 차지했다.[44]

다양한 측면에서 싱가포르는 지구상에서 가장 살 만한 도시로 떠올랐다. 외국인들에게도 마찬가지다. 최근 갤럽은 싱가포르를 가장 이민 가고 싶은 나라로 평가했다. 그래서 리롄제(이연걸), 자오웨이, 궁리 같은 아시아 유명 인사들에게도 사랑을 받았다.[45] 중동, 유럽, 북아메리카에서 싱가포르를 찾아와 장기 체류하는 외국인도 많이 늘었다. 그중에는 페이스북의 공동창립자인 에드와도 새버린Eduardo Saverin, 널리 알려진 주식시장 분석가 짐 로저스Jim Rogers, 뉴질랜드 투자자로 유명한 리처드 챈들러Richard Chandler도 있고, 라지 쿠마Raaj Kumar나 키신Kishin RK 같은 부동산 재벌도 싱가포르에 터전을 갖고 있다.[46] 이러한 최근의 추세로 싱가포르 거주 외국인은 200만 명이 넘었는데 전체 거주자의 40퍼센트나 된다.[47]

물론 싱가포르에 사는 외국인이 모두 유명 인사이거나 기업가는 아니며, 약 80퍼센트는 주변 개발도상국 출신의 저숙련 노동자들이다. 고향을 등지고 온 이들은 더 나은 삶을 위해 고군분투한다. 이주노동자 대부분은 건설업, 가사도우미, 제조업, 해양산업에 종사하고 있으며, 기숙사나 주택 내 하인방에서 친구와 가족을 그리워하며 열악하게 지낸다. 특히 인도네시아와 말레이시아 그리고 방글라데시나 인도에서 온 이슬람교도가 많다. 2000~2010년 사이에 육체노동자가 100만 명을 넘었는데, 이는 70퍼센트나 증가한 수치다(2012년 들어 증가세가 조금 둔화되긴 했다).[48] 이주노동자를 포함하여 이민자 공동체의 안정과 전망이 정치, 안보 그리고 인도적인 차원에서 중요한 이슈가 되고 있다.

싱가포르가 왜 살기 괜찮은 나라인가는 복잡하고 주관적인 문제다. 5장에서 자세히 설명하겠지만, 현명한 교통 정책, 토지 이용, 주택 및 환경 정책이 기여한 바가 크다. 개인의 안전이라는 측면에서도 싱가포르는 아시아에서 가장 상위에 있고, 2016년에 세계 8위를 차지했다.[49] 주변 지역이 여러 이슈로 격변하는 동안에도 싱가포르에서는 총기 난사, 연쇄 살인, 폭탄 테러나 대규모 폭동이 한 번도 없었다. 부패가 없는 것도 어느 정도 관련이 있을 것 같다.

잘 알려져 있지는 않지만 대기와 식수의 질도 상당히 높다. 인구밀도가 215개국 가운데 두 번째로 높은데도,[50] 최근 조사에서 대부분의 거주민이 상당히 만족해하는 것으로 나타났다. 갤럽 조사에 따르면 싱가포르 국민 95퍼센트가 수질에 만족하고 (세계 5위), 91퍼센트가 대기 질에 만족한다.[51] 싱가포르 대기 질은 아시아에서 최고로 평가되고 있는데, 아시아 경제의 동력이라고 불리는 상하이나 홍콩의 오염된 환경과 비교하면 충격적인 차이다.

게다가 싱가포르에 풍부한 경제적 기회, 사회 편의시설, 노동 유입의 효과적 통제, 실질적인 교육 프로그램의 효율적인 조합으로 의욕적인 고급 인력을 양성하는 데 성공했다. 최근 조사에 따르면 노동자의 동기 부여 정도가 아시아에서 10위, 세계에서는 17위를 나타냈다.[52] 싱가포르의 노동자들은 아시아에서 가장 숙련되었고 전문기술을 보유하고 있다. 이러한 노동력의 대부분은 기업친화적인 노동 규제 덕분에 주변 나라에서 건너온 이들

이지만, 그렇다고 이주민을 모두 받아들이는 것은 아니다.[53]

그늘진 구석?

대부분의 이민자에게 싱가포르는 편리하고 효율적이며 살기 좋은 곳으로 인식되어 있다. 그러나 싱가포르에 살기란 막상 쉽지 않은 일이다. 혼잡한 도시에서 벗어날 만한 배후지가 없는 데다가 자동차를 소유하려면 꽤 큰 비용을 지출해야 한다. 또한 주위에 스포츠와 여가를 위한 시설이 별로 없다. 싱가포르의 매우 낮은 출산율은 가정을 영위하기 어려운 점을 반영하는 것으로 보인다. 2014년 출산율은 1.25명으로, 전 세계 200개국 중 196위다.[54]

싱가포르는 지구상에서 가장 효율적인 관료제를 운용하며 아시아에서 부패가 가장 적은 나라로 알려져 있다.[55] 세계경제포럼에 따르면 싱가포르는 다른 나라에 비해 정치인에 대한 신뢰가 높고 규제로부터 비교적 자유롭다.[56] 국제투명성기구는 싱가포르를 지구상에서 가장 부패하지 않은 국가로 꼽았다.[57] 주변 국가에 비하면 사회 전반에 법치가 골고루 적용되고 있음을 알 수 있다.

싱가포르는 명목상 여러 정당이 경쟁하며 정기적으로 민주 선거를 치른다. 그러나 꼭 짚고 넘어갈 점은, 이 도시국가의 독특한 정책으로 인해 서구에서는 보편적으로 받아들여지는 시민의 자유와 정치 참여의 권리가 심각하게 제한된다는 사실이다. 프리덤하우스Freedom House는 싱가포르가 민주주의라는 측면에

서 "부분적으로만 자유로운" 나라라고 평가했는데, 이는 과거 15
년간 아주 조금 향상된 수준이다.[58] 2015년 프리덤하우스가 발
표한 언론 자유 순위를 보면 싱가포르는 아프가니스탄, 키르기
스스탄, 카트라와 비슷한 148위에 위치해 있다.[59] 엠네스티 인터
내셔널이나 인권감시단은 싱가포르 이주노동자들이 받는 열악
한 처우를 비난했다.[60] 최근 전체 인구에서 외국인 노동자의 비
중은 1970년 3.2퍼센트에서 2010년 34.7퍼센트로 대폭 증가했
다.[61] 이렇게 늘고 있는 외국인 노동자의 80퍼센트는 블루칼라
노동자로, 이들은 이민과 관련된 엄격한 제한 때문에 대부분 가
족을 데려오지 못하고 있을뿐더러 기본적인 사회복지 혜택조차
못 받는 경우가 많다.[62] 그래서 노동 조건이나 보수에 대한 불만
이 불씨가 되어 불안이 조성되는 경우도 있다. 이주노동자의 유
입으로 싱가포르 인구가 2000년 400만 명에서 오늘날 550만 명
으로 증가하자 중산층은 안전이 위협받지 않을까, 도시가 너무
과밀해지지 않을까, 불안해한다.[63]

　싱가포르의 환경은 전반적으로 쾌적하다. 그래서인지 거주
하는 데 상당한 비용이 드는 편으로, 2015년 기준 133개 국가
중 가장 비싼 도시로 뽑혔다.[64] 자유무역항이라는 특성상 음식
이나 의류 등의 가격은 합리적이지만 경기 부양 중심의 주택 정
책과 더불어 관광객이나 장기 체류를 원하는 이들이 많아서 주
거비가 매우 비싼 편이다.

　싱가포르가 상징하는 자유무역의 정신, 부를 지향하는 기업
하기 좋은 특성, 높은 주거비 등으로 싱가포르는 점점 불평등한

사회가 되어간다. 국민총생산에서 부유한 싱가포르인들이 차지하는 비율이 과거 20년 동안 꾸준히 증가했다.(그림 1-2)

정확한 자료로 뒷받침할 수는 없지만, 그동안 부동산 가격과 임대주택 비용이 상승한 점도 불평등한 자산 분배에 일조했다. 이에 따라 상대적으로 싱가포르 중산층의 생활수준이 저하되고 있으며 그들의 불만이 고조되고 있음을 헤아릴 수 있다.

다른 나라와의 비교 분석을 통해 이러한 장기적인 패턴을 다시금 확인할 수 있다. 특히 싱가포르 정부의 시장 친화적인 정책을 고려할 때 더욱 그렇다. 예컨대 불평등을 나타내는 (세후稅後) 지니 계수가 꾸준히 상승하여 2000년 이후 일본이나 영국보다 더 빠르게 상승 중이지만, 싱가포르의 광범위한 불평등을 알려주는 지표에 따르면 아직 미국보다는 낮다.(그림 1-3) 2008년 리먼브라더스로 촉발된 미국의 금융위기 이후 불평등 수준이 미

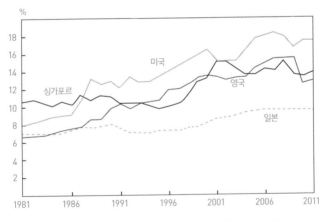

그림 1-2 국민총생산 중 상위 1퍼센트가 차지하는 비율(1981~2011)

국보다 낮아진 것일 수도 있지만, 이에 대해서는 증거가 부족하고 모순되는 통계치들도 있다.[65]

국제 지도자의 반응

국제 경제를 분석하는 경제학자나 다국적기업의 시각에서는 싱가포르의 성과에 대한 긍정적인 평가가 압도적으로 많다. 전 세계의 여러 정치가, 학자, 정책분석가, 외교관으로부터도 높은 점수를 받았다. 1960년대 초기 싱가포르가 세워졌을 당시 미국의 케네디 대통령과 존슨 대통령도 깊은 인상을 받았다.[66] 흥미로운 점은 중국 지도자들조차 오랫동안 싱가포르를 칭송해왔다는 것이다. 마오쩌둥 주석부터 다섯 세대에 걸친 중국 지도자들은 싱가포르의 비범한 지도자 리콴유 수상과 좋은 관계를 유지해왔다. 외국인 가운데 이만큼 중국과 좋은 관계를 유지했던 사람

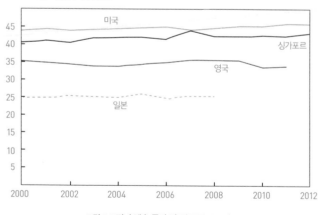

그림 1-3 지니 계수 국가 비교(2000~2012)

은 미국 국무장관이었던 헨리 키신저밖에 없다.[67]

1978년 11월 초, 덩샤오핑은 역사적인 '4대 근대화'를 제안하기 직전에 싱가포르를 방문했다.[68] 싱가포르의 경제성장과 정치적인 안정을 결합하는 역량에 크게 감명을 받은 그는 리콴유와 만나자마자 유대 관계를 맺었고, 이후에도 몇 년에 걸쳐 회동했다.[69] 덩샤오핑은 이 작은 도시국가야말로 중국 개혁 프로그램의 모범 사례이자 국제사회로 진출할 탄탄한 교두보가 될 것이라고 전망했다.[70] 대표적으로 싱가포르가 중국 쑤저우시 외국인 투자 벤처에 적극 참여함으로써 외국인 투자자들은 덩샤오핑의 근대화 프로그램을 확신하게 되었다.

덩샤오핑은 싱가포르가 도시계획, 공공 경영, 부패 근절을 어떻게 시행하는지를 배우기 위해 수많은 사절과 연구자를 파견했다.[71] 또한 1992년 초 널리 알려진 남순강화南巡讲话 당시에도 그는 선전과 주하이 등 떠오르는 경제특별구역이 싱가포르를 본받아야 한다고 설파했다.[72] 중국의 다른 지도자들도 덩샤오핑과 같은 생각이었다. 가장 최근에는 시진핑이 권좌에 오르기 직전인 2010년에 싱가포르를 찾았고, 2015년 11월 중국-싱가포르 수교 25주년을 기념하기 위해 다시 방문했다.[73]

과거 30년 동안 싱가포르의 다양한 정책은 전 세계의 관심을 받아왔다. 인시아드INSEAD(Institut Européen d'Administration des Affaires)와 같은 유럽경영대학원은 싱가포르에 캠퍼스를 세웠다. 러시아도 싱가포르를 본보기로 삼기 위해 학생들을 싱가포르 명문 대학에 보내고 있으며, 최근에는 수십억 달러 전자정부를 구축하기 위해 싱가포르의 전문성을 배우고 있다.[74] 싱가포르가 리우데자네이루의 공항을 운영하는 것과 마찬가지로, 페르시아 만 주변 국가들은 자국 내 호텔을 운영하는 데 싱가포르의 도움을 받고 있으며, 아르헨티나와 베트남은 자국의 컨테이너 항구를 유지하고 관리하는 데 싱가포르를 참여시켰다.[75]

개발도상국들도 싱가포르에 관심이 많다. 아프리카에서 가장 실용을 중시하고 적극적으로 개혁을 추진해온 르완다의 폴 카가메Paul Kagame 대통령은 싱가포르의 경제발전 모델에 깊은 감명을 받았다. 그는 가장 신뢰하고 역량 있는 관료들을 싱가포르에 보내 르완다의 개발에 어떤 영향을 끼칠지 구체적으로 연구해서 보고하도록 지시했다. 카가메 대통령뿐만 아니라 G7 국가와 개발도상국의 미래를 전망하는 지도자들에게 싱가포르는 분명히 '넘버 원'으로 인식되고 있다. 2012년 르완다 추수감사절 조찬기도회에서 카가메 대통령은 싱가포르를 탁월한 모델로 치켜세우며 이렇게 말했다. "우리는 싱가포르가 되려고 하는 건 아니지만, 싱가포르처럼 될 수는 있다. 우리는 어디로 향할지 비전을 가져야 하고, 그것을 달성하기 위해 열심히 일해야 한다."[76] 성장과 인권 증진을 동시에 꾀하는 불안정한 세계에서 싱가포르의 경험은 얼마나 유용할까? 그리고 다른 나라는 싱가포르의 어떤 점을 본보기로 삼으려고 하는 걸까? 이 책에서 논의하고자 하는 이슈들이다.

결론

오늘날 불안정한 세계화 속에서 과거 패러다임은 규범적으로나 미래를 예측하는 데 별로 쓸모가 없다. 국민국가라는 개념도 더 이상 지배적이고 독자적인 주체로 받아들여지지 않는다. 또한 기술적 한계나 정치경제학적 변수가 명확하지 않아서 개발도상 국이 자신 있게 발전 전략을 세우기도 어렵다. 그런 와중에 도시화 과정을 겪고 있는 개발도상국의 에너지, 교통, 환경 문제는 점점 심각해지고 있다.

그러나 국가나 국제 사회는 이러한 문제에 제대로 대응하지 못하고 있다. 세계 여러 나라의 예산 부족 문제가 심화되어 저소득층에게 골고루 복지 혜택을 제공하는 모델은 더 이상 실용적이지 못한 것으로 드러나고 있고, 도덕적으로 의심의 눈초리를 받기도 한다. 세계 각국의 시장이 개방되고 변동이 심한 국제무역이 늘어나면서, '개발주의 국가'라는 개념 아래 이루어지는 경제개발은 한물간 것으로 대접받고 있다.

기존의 저소득층 위주의 사회복지 프로그램과 경제개발에서 개발주의 국가를 추구하는 접근법 등 정치와 경제를 설명하는 고전적인 패러다임에 싱가포르는 도전장을 던진다. 싱가포르는 높은 1인당 국민총생산, 급격한 경제성장, 정치적 안정, 보건·환경의 질 등 여러 측면에서 확실히 성공했다. 그러나 산업화된 국가나 개발도상국 발전을 위해 전통적으로 처방되었던 정책을 따르고 있지 않다. 그런 이유로 싱가포르에서 기술관료가 주도하는 기술집약적 발전 방식과 신자유주의적인 정책을 궁금해하는 이들이 많다.

싱가포르는 어떻게 반대하는 사람들을 무마하고 주위를 둘러싼 난관을 극복할 수 있었을까? 그리고 얼마나 어떻게 지속될 수 있을까? 더 나아가, 싱가포르의 성공은 전 세계가 겪고 있거나 장차 겪게 될 사회·경제 문제를 해결하는 데 어떤 영향을 줄 수 있을까? 다음 장에서 계속 논의할 중요한 질문들이다.

제2장

스마트해져야 한다!

불안정한 환경에 둘러싸인,
자원 없는 소국小國

"우리는 이 지역에서 제일 자원이 없는 나라다.
그러므로 어려움에 처하지 않으려면,
정직하고, 효율적이고, 유능해지는 것 외에
다른 방법은 없다."
_ 리콴유(1998)

앞에서도 언급했듯이 싱가포르는 정부와 사회 전체의 성과가 세계에서 가장 탁월한 국가로 평가받고 있다. 뿐만 아니라 국제관계에서도 혁신적인 역할을 수행하고 있다. 그러나 국가의 규모는 작고, 강한 국방력이 없다. 그러니 같은 질문이 반복된다. 싱가포르는 어떻게 성공할 수 있었을까?

사회학자나 정치경제학자들은 싱가포르의 성공을 여러 가지로 설명한다. 실용주의와 능력주의 그리고 정직함의 가치를 고취시켰다는 점에서 많은 이들은 싱가포르 건국의 아버지인 리콴유의 탁월한 리더십을 지목한다.[1] 다른 요소도 논의된다. 싱가포르 관료제의 특이한 조직 구조를 성공의 요인으로 제시하기도 하고, 다양한 시민사회 세력과 사회경제 조직에 영광을 돌리기도 한다.[2] 또한 싱가포르 국민이 글로벌 시장 경제를 잘 이해하고 대응했다는 점을 강조하는 시각도 있다.[3] 반면 싱가포르의 사회경제적 성과를 '자비로운 독재국가'의 왜곡된 산물로 보는 회의적인 시각도 있다.[4]

이 책은 광범위한 연구를 통해 싱가포르의 독특한 성공 사례와 드물게 발생했던 실패 사례를 밝힘으로써 치우침 없는 견해를 제시하고자 한다. 그 사례들은 글로벌화된 정치경제의 장기적인 흐름을 인식하고 외골수적으로 대처해온 싱가포르의 놀라운 역량을 대변한다. 특히 디지털 혁명과 관련하여 대응한 사례가 돋보인다. 요약하자면 싱가포르는 국내외에 닥친 문제를 '스마트'하게 해결했기 때문에 성공할 수 있었다. 효율적이고 실용적으로 나라를 다스려온 것이다.

21세기에 한 국가를 스마트하게 운영한다는 것은 정보기술로 인간의 지적 능력과 행정력을 어떻게 확장시키느냐에 달렸다고 해도 지나치지 않다. 그러기 위해서는 기계장치, 교통수단, 건물 등 모든 것들에 전자기기와 소프트웨어를 장착시키고 네트워크를 형성해야 한다. 즉 사물인터넷Internet of Things, IOT을 도입하여 모든 것들이 데이터를 수집하고 주고받을 수 있게 만들어야 한다.[5] 이러한 면에서 싱가포르는 매우 스마트해지고 있다.

'스마트'라는 개념은 구체적으로 '국민국가, 도시, 허브, 제도'라는 네 가지 차원에서 다음과 같은 특성을 추구한다.

· 스마트 국가는 작고 효율적이다. 위계적인 구조로 통제정책을 펴기보다는 유동적인 글로벌 환경에 사회가 잘 적응할 수 있도록 한다.
· 스마트 도시는 최신 기술을 활용하여 통합적이고 총체적으로 도시를 관리한다.
· 스마트 허브는 국경을 넘어 여러 나라를 연결하고, 디지털 파워를 활용하여 새로운 아이디어를 실제로 활용할 수 있게끔 한다.
· 스마트 제도는 장기간에 걸쳐 다양한 조직이 여러 문제에 대응하기 위해 통일된 방식으로 집단적인 노력을 경주하게 만든다.

이 장에서는 '스마트' 개념을 설명하기 위해 과거의 분석 결과를 부분적으로 받아들였다. 예컨대 리콴유와 싱가포르 관료들의 중요한 역할을 인정한다. 하지만 단순히 한 개인의 특성이나 관료들의 자질보다는 싱가포르가 만든 시스템의 중요성에 초점을 맞추었다. 변화에 능동적으로 대응하는 능력, 더 넓은 세계와 연결시키는 독특한 방식, 최신 기술을 활용하고 동화시킬 줄 아는 남다른 역량 같은 것들을 말하는 것이다. 그중에서도 혁신적인 전자·통신 기술로써 정부가 통찰력을 갖고 더 큰 영향력을 행사한 지점에 주목한다.

　3장에서 싱가포르의 스마트 제도에 대해 논의하는데, 여기서 말하는 '스마트'라는 표현의 의미는 '스마트' 그리드나 '스마트' 폭탄의 유도 장치가 외부 환경에 '스마트'하게 반응한다는 뜻과 동일하다. 그러나 싱가포르가 무엇 때문에 변화하고자 하고 글로벌 세계를 향해 작정하고 나서는지 생각해볼 필요가 있다. 싱가포르 주변 국가나 비슷한 조건에 처한 소국들은 싱가포르처럼 대응하지 않았기 때문이다. 싱가포르의 이러한 강한 동기는 지리, 인구, 재정, 정치, 기술 등 다섯 측면으로 설명할 수 있다.

지리적 역설에 대하여

공공정책과 외교 문제에서 싱가포르가 성공할 수 있었던 근본 이유는 지리적 약점을 역설적으로 활용했기 때문이다. 싱가포르는 세계에서 가장 국토 면적이 작은 국가 중 하나인데다가 여러 측면에서 취약하다. 국내시장 규모, 천연자원, 지정학적 입장을 명확하게 정하기 어렵다는 점만 봐도 그렇다. 싱가포르의 규모는 정말 너무나 작아서 현대 국민국가의 정의를 확장해야 할 정도다. 오히려 오늘날 관습적으로 생각하는 국가 개념보다는 중세 베니스나 독일 한자동맹 도시국가들, 즉 작은 규모에 비해 상업적으로 중요한 위상을 갖고 있었던 도시국가들과 정치적으로 더 비슷할지도 모르겠다.[6] 이러한 중세도시들처럼 싱가포르는 국제사회에서 '도시'와 '국가'라는 개념을 확대하고 있다.

　싱가포르는 700제곱킬로미터보다 조금 넓다. 이는 미국 워싱턴 D.C.의 4배에 조금 못 미치는 규모로, 영토 크기로 따지면 세계 191위다. 인구는 이주노동자 160만 명과 외국인 200만 명을 포함하여 600만 명이 채 안 되는데, 미국 미네소타 주와 비슷하고 세계 183번째다.[7] 반면 인구밀도는 상당히 높아서 1제곱킬로미터당 7737명이 거주한다. 같은 면적에 미국은 35명, 일본은 349명, 한국은 517명이 거주하고 있다.[8] 그리고 싱가포르의 국민총생산이 높다고들 하지만 세계 38위에 불과하다.[9]

땅덩어리가 작아서 생기는 또 다른 약점은 천연자원이 부족하다는 점이다. 이 조그만 도시국가에는 석유와 천연가스가 전혀 없다. 식량도 거의 생산하지 못한다. 열대 지역이라서 거의 매일 비가 내리지만 식수가 부족해서 말레이시아로부터 매일 250만 갤런의 물을 수입해야 한다.[10]

인구 규모는 어느 정도 되지만, 자국에서 교육한 인적 자원은 부족한 편이다. 컴퓨터 프로그래머가 많지 않고 싱가포르의 금융가나 사기업 간부는 외국인이 많다. 사무직 종사자 21퍼센트가 외국 국적을 갖고 있다.[11] 심지어는 육체노동자나 서비스업에 종사하는 노동자도 상당히 부족한 편이다.

현재 노동자의 3분의 1이 외국인인데 계속 늘어나는 중이다. 2015년 고용 부문 성장의 70퍼센트는 이주노동자가 증가한 결과였다.[12] 1970년 이후 싱가포르 자국민의 비율은 90퍼센트에서 61퍼센트로 줄어들었다.[13] 이러한 추세는 육체노동자들 사이에서 사회적 긴장과 혼란을 불러일으키기 시작했는데, 싱가포르의 눈부신 성공을 이어가는 데 큰 걸림돌이 될 수도 있다.

자국 노동자가 부족하다는 점은 단점이지만, 이 영리한 도시국가의 부족한 자원이 새로운 강점이 된 것처럼 반드시 약점이라고 볼 수는 없다. 싱가포르는 이러한 현상을 혁신과 개선을 위해 거쳐야 할 시험대로 생각한다. 최근 리셴룽 총리는 "고용자들은 자국 노동자를 교육하고 인재를 키워야 하지만, 동시에 해외 인재도 계속 받아들여야 한다"고 말했다.[14] 국경 없고 유동적인 21세기 정치 경제에서 국가와 기업은 국경을 넘어 인재를 끌어들이기 위해 점점 더 치열하게 경쟁해야 하는 것이다.[15] 결국 싱가포르는 선제적인 노동자 교육과 인재 유치 계획으로써 자국 노동자의 부족을 경쟁력 강화의 계기로 삼으려 한다.

이해관계가 첨예한 지역에 위치한 싱가포르

작은 규모와 부족한 자원으로 인한 문제가 심각하기 때문에, 싱가포르는 외교에서만큼은 안정적이고 예측 가능한 환경을 조성하려고 노력해왔다. 사실 지정학적으로 위태로운 정황을 고려할 때 그러한 환경을 바라는 것은 사치에 가깝다. 이 작은 도시국가는 지구상에서 가장 인구가 많은 4개국 가운데 중국, 인도, 인도네시아에 둘러싸여 있다.(그림 2-1) 그중 두 나라는 핵폭탄 보유국이고 21세기 안에 강대국이 될 운명이다.

　싱가포르는 경제적으로나 군사적으로 지구상에서 가장 중요한 해양 요충지인 말라카 해협 양쪽에 걸쳐 위치해 있는데, 폭이 가장 좁은 곳은 2.7킬로미터에 불과하다.[16] 이 해협은 원유와 가스가 생산되는 페르시아 만과 아시아의 성장하는 경제 중심지를

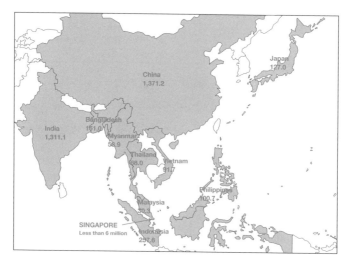

그림 2-1 싱가포르의 인구 밀도 높은 이웃나라

그림 2-2 말라카 해협

국가	인구	면적(km²)	총 GDP (10억 달러)	1인당 GDP (달러)	복무 중인 군인	도시인구 (%)
중국	1,364,270,000	9,388,211	17,189	12,599	2,333,000	54.4
인도	1,295,291,543	2,973,190	7,045	5,439	1,150,900	32.4
인도네시아	254,454,778	1,811,570	2,553	10,033	395,500	53.0
싱가포르	5,469,724	707	432	78,958	72,500	100.0

표 2-1 싱가포르의 거대한 이웃나라(기회를 낳는 위험요소)

연결하는 가장 짧은 바닷길이다.(그림 2-2) 매년 8만 척의 선박이 드나든다.[17] 매일 국제적으로 거래되는 원유 4분의 1과 이 비율 이상의 세계 무역 거래 선박이 싱가포르 문 앞을 지나간다. 그래서 테러리스트나 세계를 지배하려는 과대망상을 가진 인물에게 목표물이 되기도 한다.[18] 그리고 주변을 둘러싼 동남아시아의 불안정한 국가들은 중동 이스라엘에 비견될 만큼 안보에 위협적이다.

싱가포르 지리적 위치의 축복과 저주

싱가포르의 경제지리학적 주변 상황은 양날의 칼일 수밖에 없다. 말하자면 싱가포르는 전략적인 요충지에 있으면서 상당한 부를 향유하고 있으므로 중국, 인도, 인도네시아 등 자국을 둘러싼 주변국의 관심을 받을 수밖에 없다. 이 나라들은 강한 군사력을 보유한 채 점점 강대국으로 성장하고 있으며 인구가 많고 성장 잠재력이 높기 때문에 싱가포르에게는 유망한 시장이 될 수도 있다. 중국, 인도, 인도네시아 세 나라의 인구를 합치면 25억 명으로, 전 세계 인구의 3분의 1이 넘는다.(표 2-1)

여러 약점을 동반한 더불어 전략적 요충지에 싱가포르가 위치한다는 점은 경제적인 측면에서도 마찬가지다. 강대국 사이에 놓인 이 작은 도시국가의 경제 환경은 완전히 외부에 노출되어 있다. 국민총생산에서 무역이 차지하는 비율이 326퍼센트로 세계에서 가장 높다는 사실이 이를 입증한다.[19] 그런 탓에 1997~1998년 아시아 금융위기나 2008년 미국발 금융위기로 세계 경제가 침체되었을 때 큰 타격을 받았다. 반면 경제가 살아난 2010~2014년에는 큰 혜택을 보기도 했다. 따라서 싱가포르는 2500억 달러에 가까운 외환을 보유하고 있어도(외환보유고 세계 11위에 해당한다) 이웃나라와 세계가 안정되고 번영하는 게 매우 중요하다.[20]

아시아 신흥 강대국 사이에 포위된 듯한 싱가포르 위치는 외교적으로도 중요하다. 전략적인 수로에 걸쳐 있기 때문에 외교적 위기를 맞을 수도 있고 기회를 얻을 수도 있는 것이다. 역설적이게도 이러한 위치적 약점이 때로는 강점이 되기도 한다. 싱가포르가 아주 작고 외부에 노출되어 있다는 사실은 강대국에게 위협감을 덜 주기 때문이다. 오히려 불안한 지역에서 중재자 또는 중계무역 중심지로 기능할 수 있다. 단 싱가포르가 스마트할 때만 가능하다. 이러한 잠재력을 현명하게 인지하고 적극적으로 육성해야 한다는 뜻이다.

재정적·거시경제적 취약점

현재 싱가포르는 무역과 외국인 투자의 측면에서 가장 열린 시장 중 하나다. 관세가 거의 없는 자유무역항이고 총 상품거래량이 국민총생산의 2.5배가 넘는다.[21] 2015년에는 외국인투자금액이 국민총생산의 22.3퍼센트에 달했다.[22] 이처럼 개방되어 있는 만큼 외부 충격에 취약하기도 하다. 아시아 금융위기나 미국발 금융위기와 같이 심각한 경우도 있었지만 그러한 상황은 그 밖에도 여러 번 있었다. 활발한 자본 거래와 무역이 국제 시장의 변동성을 싱가포르에 그대로 전달하기 때문에 환율, 원자재 가격, 부동산 가격, 경제성장률 등 여러 중요한 변수가 혼란에 빠질 수 있다.

국제 시장에 노출된 소규모 경제의 특성으로 인해 싱가포르의 연평균 국민총생산 증가율은 미국에 비해 변동이 심한 편이다.(그림 2-3) 게다가 싱가포르에 자본이 들락날락하면서 환율이 오르내리므로 문제는 더 복합적이다. 2008년 금융위기 이후, 주변 국가들이 더 부유해지면서 단기성 유동자금이 들어오기 시작했다. 게다가 이들 국가의 중앙은행에서 인플레이션을 줄이기 위해 자국 통화절상을 허용함에 따라 싱가포르달러가 미국에 비해 상당히 절상되었다.[23]

단기적으로 들고나는 자금과 외부 충격에 취약한 경제성장률로 인해 부동산과 주택 가격의 움직임도 불안정해졌다. 싱가포르 부동산 가격은 2004년 이후 74퍼센트 올랐고(그림 2-4A) 2009년 이후에는 40퍼센트 올랐다. 부동산을 소유한 사람들은

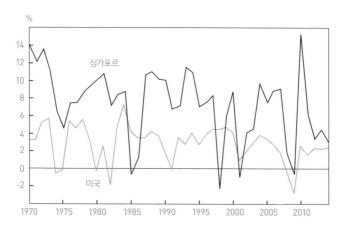

그림 2-3 싱가포르 국민총생산 증가율(1970~2014)

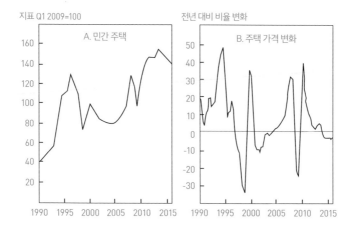

그림 2-4 싱가포르 부동산 가격 변화

큰 혜택을 보았고 일반 시민은 저렴한 공공주택 덕분에 그다지 피해를 입지 않았지만, 외국인들은 극심한 영향을 받았다. 싱가포르에 산다는 이유로 외국인으로서 누릴 수 있었던 여러 가지 다른 혜택을 상쇄시킨 것이다.

싱가포르의 통화가 절상되고 부동산 가격의 상승하면서 2015년 말 싱가포르는 세계에서 가장 비싼 도시로 꼽혔다.[24] 금융 위기 기간에 부동산 가격이 역전되면서 자산가들도 불안해졌다. 아시아 금융위기 기간에 주택 가격은 매년 40퍼센트까지 요동쳤고, 미국발 금융위기 전후에는 거의 30퍼센트 가까이 변화했다.(그림 2-4B) 최근에는 이러한 변동성이 완화되긴 했지만 아시아 국가의 급격한 성장 추세는 싱가포르 부동산 가격 변동을 재점화할 수도 있다.

국제적으로 대규모 자본이 빠르게 이동하면서 이에 직접적으로 영향을 받아 싱가포르 국가가 소유한 금융자산 가치가 심하게 변동했다. 특히 싱가포르 국부펀드는 2008년 금융위기 이후 심각한 손실을 입었다. 국부펀드를 운용하는 타마섹은 금융위기가 시작된 시점부터 2009년 3월까지 400억 달러(550억 싱가포르달러) 또는 40퍼센트나 가치가 하락했다.[25] 두 번째로 큰 국영 금융기업인 싱가포르 투자청GIC도 410억 달러(590억 싱가포르달러) 손해를 보았다.[26] 타마섹이나 GIC 모두 글로벌 재정 당국이 디플레이션에 맞서기 위해 대규모로 자금을 수혈한 덕분에 상대적으로 빨리 손해를 극복할 수 있었으나, 재정적으로나 경제적으로 싱가포르가 취약하다는 점은 확실해졌다. 싱가포르 정부는 한꺼번에 닥친 여러 역경에 스마트하게 대응해야 했다.

국내외 격동적이고 불안한 정치 상황의 유산

싱가포르 국민들은 자국의 정치 환경이 얼마나 취약하고 불안정한지 과거의 경험을 통해 잘 알고 있다. 리콴유와 그의 동지들은 대부분 싱가포르에서 첫 번째로 설립된 래플스고등학교 졸업생으로, 이 학교는 대학에 들어가기 전에 다니는 가장 훌륭한 엘리트 교육기관이다. 그들은 1965년 싱가포르가 독립하기 전까지 정치적으로 역동적이었던 네 시기—영국 식민지 기간, 일본 점령기, 자치 정부 그리고 말레이시아와의 합병—를 함께 겪었다. 독립 이후에는 공산주의자의 도전, 걷잡을 수 없이 증가하는 실업, 종족 민족주의와 맞닥뜨렸다. 게다가 주변에서는 베트남 전쟁이 한창이었고 중국에서는 문화혁명이 진행 중이었다. 얼마 지나지 않아 영국의 해럴드 윌슨 총리가 수에즈 운하 동쪽에서 영국군이 철수할 것이라고 발표하자, 그러잖아도 불안정한 동남아시아에서 싱가포르는 심각한 국가 안보 위기에 내몰렸다.

싱가포르 국내 정치 환경은 1960년에야 비로소 안정되었다. 그러나 싱가포르 경제가 해외와 통합적으로 움직이는 상황에서 불확실성은 여전했다. 과거 30년 동안 걸프전(1991), 아시아 금융위기(1997~1998), 9·11 테러(2001), 미국발 금융위기(2008), 전 세계 에너지 가격 폭락(2014~2016) 등 여러 사건이 있었고, 이는 싱가포르가 생존과 번영을 위해서 '스마트'해져야 함을 일깨워주었다.

파괴적인 기술 변화: 디지털 혁명

싱가포르는 이동통신과 인터넷으로 대표되는 디지털 혁명을 적극적이고 효율적으로 수용했다. 이것만으로도 싱가포르는 '스마트' 국가라 하기에 무방하다. 싱가포르가 빠르게 디지털 세계로 전환할 수 있었던 데는 도시가 지닌 다른 스마트한 특성들, 즉 실용주의, 장기적 비전, 수준 높은 관료제의 덕택이었다.

세계적으로 디지털화는 눈 깜짝할 사이에 일어났다. 1983년 모토로라가 맨 처음 이동전화를 개발한 이후 2000년에 약 10억 명이 이동 전화기를 개통했고, 2015년에는 무려 70억 명 이상으로 늘어났다.[27] 1991년 처음 상용화된 월드와이드웹은 현재 30억 명 이상이 사용하고 있다. 1984년 미국에서 컴퓨터를 소유한 국민은 9퍼센트 이하였는데 2015년 현재 거의 모든 곳에서 컴퓨터를 볼 수 있고, PC뿐만 아니라 발전된 모바일 태블릿 컴퓨터와 컴퓨터 성능을 뛰어넘는 스마트폰도 많아졌다.

이제 디지털 혁명이 선진화된 산업국가와 개발도상국을 모두 휩쓸었다. 이러한 현상은 정부와 시민사회에 새로운 도전거리를 안겨주었다. 급격하게 변화하는 세계 경제에서 뒤처지지 않고 경쟁력을 유지하기 위해 항상 최신 정보를 습득해야만 하는 것이다. 그와 동시와 컴퓨터 발전과 통신기술 혁신은 사회경제적인 문제를 해결해나가는 데 효율성과 속도 그리고 투명성을 향상시켰다. 더 많은 곳에 더 신속하게 정보를 전달할 수 있게 되자, 정부기관들은 도시, 국가, 국제관계에서 경계를 넘나들며 쉽게 조정자 기능을 할 수 있게 되었다. 이러한 일련의 과정은 결국 전통적 위계를 무너뜨리고, 시민으로 하여금 정보를 독점하는 정부 체제에 도전하게 만든다.

과거 15년 동안 디지털 혁명은 단순히 계산하고 통신하는 것을 넘어, 모든 사물에 센서를 부착한 사물인터넷을 만들기에 이르렀다. 기존의 통신 네트워크에 사물들이 연결되어 멀리서도 주변 환경을 인지하고 통제하는 게 가능해졌다. 싱가포르는 사물인터넷이 물류나 의료 등의 서로 다른 분야에도 가치가 있음을 알아차렸다.

사물인터넷을 포함한 디지털 혁명이 어떻게 싱가포르의 의사결정 체계를 바꾸고 스마트한 국가를 만드는 데 일조했는지는 3장에서 구체적으로 다룬다. 디지털 혁명은 전통적인 관료제를 투명하게 하고 칸막이 행정을 벗어난 협력 체제를 뒷받침함으로써 스마트 도시, 스마트 국가를 이루는 데 기여할 수 있다. 특히 싱가포르와 같이 정부 조직을 '통합적인 완전체'로 간주하고 부서 간 장벽이나 경쟁의식이 별로 없는 나라에 중요한 의미가 있다. 작고 단합된 싱가포르 같은 국가나 국가의 하위 조직인 도시는 디지털 혁명의 도움으로 스마트해지기가 더 수월하기 때문이다. 더 큰 국가 체계에서는 농업이나 중공업 분야에서와 같이 복합적이고 서로 상충되는 이해관계가 얽혀 있어 사회정치적 어려움이 많다. 일본, 중국, 인도가 그런 경우다.

체제 안정의 중요성

싱가포르는 지리와 재정 면에서 외부에 노출되어 있다는 약점이 있다. 또한 동남아시아 국가뿐만 아니라 전통적인 강대국들과도 이해관계가 있기 때문에, 주변 지역뿐만 아니라 세계 속에서 어떻게 체제를 안정시킬 것인가에 국운이 달려 있다. 하지만 싱가포르는 이러한 불안정한 상황을 십분 활용한다. 바로 경제성장을 위해 정치적 안정을 원하는 동남아시아국가연합ASEAN 국가들 그리고 일본이나 미국같이 현상 유지를 원하는 전통적 강대국과 교류하며 촉매 역할을 하는 것이다. 즉 싱가포르는 아세안 국가와 미국에 대해 어느 정도 공통된 목적을 갖고 외교 활동을 펼칠 수 있다. 특히 중국이나 인도같이 아시아의 떠오르는 강대국에 대해서도 영향력을 높일 수 있다.

때때로 위기는 지도자로 하여금 주변을 둘러싼 정치경제 환경에 적극적으로 대응하게 만들기 때문에 경제성장과 정치 혁신을 위한 중요한 자극이자 기회가 된다고 한다.[28] 지난 반세기 동안 싱가포르의 성공적인 공공정책 사례가 이를 입증한다. 자치 정부로 이행하던 과도기(1959), 독립(1965), 아시아 금융위기 (1997~1998) 등 중요한 시기에 싱가포르는 선견지명을 갖고 혁신적인 정책들을 시행했다.

싱가포르의 정치·경제적 불확실성이 잘 드러나지 않았던 시기에도 마찬가지였다. 1980년대만 하더라도 싱가포르는 명확한 실존적 위협이 있었고, 미래를 내다본 지도자들의 위기의식도 확고했다. 언제든 국내외적으로 뭔가 잘못될 수 있다는 의식이 싱가포르의 혁신과 성공의 원동력이었다. 싱가포르는 단원제

의회, 상대적으로 덜 경쟁적인 행정 부서, 칸막이 행정을 지양하는 정부 등 사회에 각인된 여러 구조적 요소들 덕분에 갑작스러운 위협이 닥쳐도 신속하고 효율적으로 대응할 수 있는 체제를 구축할 수 있었다. 이러한 요소는 정보의 흐름과 투명성을 향상시키는 디지털 혁명과도 잘 맞물렸다. 싱가포르는 디지털화의 이점을 적극 활용하여 정치적으로도 스마트한 잠재력을 지니게 되었다.

싱가포르가 처한 불안정한 상황은 국내 정책과 외교력에 위기의식과 능동주의를 불러일으키며, 발전된 기술이 효과적인 실천을 뒷받침한다. 천연자원이 거의 없는 이 섬나라는 지도자들과 동료들이 효율적으로 행동하지 않는다면 국민을 먹여 살릴 수 없다. 또한 위기 상황에서 지도자들이 다양한 정책도구를 활용하지 못한다면 국가를 방어하기 어렵다. 결과적으로 국제관계에서도 싱가포르는 보잘것없는 나라가 되고 말 것이다. 지난 반세기에 걸친 싱가포르의 성공은 미래를 내다볼 줄 아는 지도자들의 실천적인 리더십과 기술 발전에 민감한 제도를 마련함으로써 불가피한 역사적 도전에 스마트하게 응전한 결과였다.

제3장

싱가포르는
어떻게
스마트해졌는가?

"군인들이 아무리 용감해도 장군이 나약하면 이길 수 없다."
_ 리콴유(1998)

1장에서 말했듯이 싱가포르의 지정학적 조건과 부족한 자원은 선천적인 약점이다. 그래서 20세기 중반 독립 이후에도 어려운 길을 걸어야 했다. 특히 독립 이후 20년간의 파란만장한 서사는, 정보화 시대에 기술적으로 '스마트'한 기회를 맞이하기도 전에 일찌감치 싱가포르가 전략적이고 실용적으로 스마트해져야 했던 이유를 알려주었다. 싱가포르 초기 역사는 난관이 닥치기 전에 대책을 강구하는 게 얼마나 중요한지를 일깨워준다. 그 주요한 과제는 칸막이 행정을 지양하고 분야를 아우르는 열려 있는 제도, 부서 간 협력을 장려하는 정책 수립, 특히 해외로부터 배우려는 자세를 갖추는 것이었다. 이러한 요소들은 디지털 혁명이 시작되기 한참 전부터 싱가포르 사회에 내장되어 있었으며, 이를 바탕으로 정보통신 기술을 수용할 수 있었다. 힘겨웠던 초기 역사를 돌이켜보면 싱가포르 지도자와 관료들에게 왜 위기의식이 각인되었는지, 왜 오늘날에도 장기적인 비전을 가지고 끊임없이 혁신 정책을 제시하는지 알 수 있다.

걸프전, 아시아 금융위기, 9·11, 미국발 금융위기 같은 최근 사태들은 격동적인 국제 정세에 노출된 도시국가가 언제든 위험에 처할 수 있음을 상기시킨다. 이 최근의 사태들에 대처해 싱가포르는 이전의 위기들에서와 마찬가지로 개별 공공기관과 조직을 유연하고 능동적으로 변화시켜 시장에 적응하고 새로운 기술에 뒤처지지 않도록 만들었다.

과거 싱가포르가 치렀던 고난과 미래에 대한 정치·경제적 위기의식은 사물인터넷 시대의 정책에 큰 영향을 줄 것이다. 언제든 위기가 닥칠 수 있다는 의식과 유연한 제도가 지도자 및 기관으로 하여금 외부 압력에 전략적이고 탄력적으로 대응하도록 이끌었기 때문이다.

짧지만 굴곡진 싱가포르의 역사에 선견지명을 지닌 여러 지도자가 있었다. 그러나 능력 있는 몇몇 개인이 현대 사회의 국민국가를 단독으로 관리할 수는 없다. 장기적으로는 전지전능한 한 명의 왕보다 제대로 설계된 제도와 조직(또는 기관)이 더 중요하다. 이러한 기관들이 국가로 하여금 문제를 전략적으로 대하고 해결하게 만드는 토대이기 때문이다. 이 장을 읽어보면 알겠지만, 싱가포르가 어떻게 스마트 국가가 되었는지 이해하려면 그러한 중요한 조직들이 어떻게 생겨났고 발전했는지 연구해야 한다.

이 장에서는 싱가포르의 스마트한 기관과 그 조직들 간에 스마트한 역학 관계가 어떻게 생겨났고 발전했는지 시간 순으로 살펴볼 예정이다. 우선 반세기에 걸쳐 각 부처, 법정위원회, 준 공공기관을 이끄는 리더십이 전문적으로 발전한 과정을 관찰하는 방식이 가장 좋을 것 같다. 초기에 이러한 기관들은 상식의 수준에서 실용적으로 기능했고, 이후에는 기술을 활용하여 정치 경제 환경을 인지하고 대응했다. 따라서 싱가포르 사람들, 조직, 법 그리고 기술이 나라 안팎의 시급한 현안에 잘 대응할 수 있는 체제를 어떻게 만들 수 있었는지 이해하는 게 대단히 중요하다.

위기가 닥쳤을 때 어떻게 대응했는가를 살펴보는 것은 스마트 국가의 진화를 이해하는 첩경이라고 생각한다. 이 장에서는 특정 위기가 닥쳤을 때 어떻게 혁신적으로 대응했는지, 그러한 경험을 통해 어떻게 실용적이고도 전략적인 역량을 키울 수 있었는지 집중적으로 알아보겠다. 또한 싱가포르가 중요한 단계에서 맞닥뜨린 난관을 반복적으로 해결해나가는 과정에서 과연 어떻게 스마트해졌는지를 점검해보기로 한다. 그러한 시기에 리더십의 결정적인 역할이나, 후속 위기를 인지하고 대응하는 데 필요한 조직과 기술적 역량은 단번에 얻어지는 게 아니기 때문이다. 또한 창의적인 위기 대응력 그리고 그에 알맞은 제도의 구축이 어떻게 이루어졌는지를 살펴보기 위해 리더십, 조직 그리고 정책 결정 과정에서 형성된 상호작용에 초점을 맞춘다.

이러한 분석을 통해 알 수 있는 것은 긍정적인 리더십이 포용적인 조직을 만든다는 사실이다. 긍정적인 리더십은 공동체 의식을 만들고, 이로 인해 팀워크를 조직해내며, 혁신을 수월하게 한다. 하지만 통찰력 있는 지도자가 구축한 조직의 운용 방식은 변화하는 외부 상황에 잘 적응할 수 있어야만 국가에 도움이 된다. 또한 다음 세대 리더십에 의해 형성될 조직 간의 새로운 역학 관계와도 잘 맞아떨어져야 한다.

1959년 자치권을 획득한 이후 싱가포르의 지도자들은 각각 짧은 기간 동안 통치했고, 매번 다른 문제들을 해결해야 했다. 각 지도자의 재임 기간은 스마트 국가가 진화하는 과정 중 특정한 시기를 상징한다.

· 리콴유 시대는 독립 후 국가가 형성되는 시기였다.(1959~1990)
· 고촉통은 정보혁명이 일어나 경제적으로 풍요로워지고 새로운 것들을 실험하는 시기였고, 다른 나라와의 상호 의존성이 심화되었다.(1990~2004)
· 리셴룽은 완전한 세계화와 디지털화를 이루었고, 전 세계에 싱가포르 발전 모델을 알렸다.(2004~현재)

싱가포르의 정치사는 지도자가 누구였는가에 따라 구분된다. 특히 나중의 두 지도자 시기는, 늘 리콴유의 그림자가 드리워져 있기는 했지만 세계가 연결되고 상호의존하는 시대에 대두된 문제에 봉착했다.

세 지도자가 통치하는 동안 싱가포르의 공공정책은 유연하고 창의적이었다. 최신 기술로 무장한 스마트한 기관과 제도가 국내 지역과 글로벌 환경 변화에 효과적으로 대응했다. 이를테면 싱가포르의 단원제 의회는 미국, 유럽, 일본의 복잡한 의회제보다 더 효과적인 리더십을 발휘할 수 있었고, 외부의 압력을 이해하고 대응하는 차원에서도 더 스마트했을 것이다. 싱가포르의 주요 법정위원회statutory board도 마찬가지다. 주택, 재정, 외국인 투자를 관장하는 주택개발청HDB, 중앙후생기금CPF, 경제개발청EDB만 봐도 그렇다.

이 장에서는 실용적이고 기술적으로 앞서가는 스마트한 싱가포르를 만드는 데 리더십이 어떤 역할을 했는지 살펴볼 예정이다. 이러한 경험적인 연구를 진행하기에 앞서 '스마트'라는 개념을 먼저 정리하고, 스마트 기관이 조직의 병을 치유하는 데 어떤 역할을 할 수 있는지를 이해해야 한다. 그런 뒤에야 싱가포르 정부가 정치경제적 위기와 기술 변화에 대응하면서 두 단계에 걸쳐 스마트해졌다는 사실을 알 수 있다. 여기서는 '중대한 시점', 즉 결정적으로 제도 변혁이 이루어진 시기를 설명하고자 한다.[1]

막스 베버Max Weber 같은 학자들은 관료제를 조직 형태의 최고봉으로 여겼기 때문에 관료 국가는 태생적으로 스마트할 수밖에 없다. 따라서 싱가포르는 관료제를 향해 진화할 필요가 없었다.[2] 그러나 수정주의적인 문헌들은 관료 국가의 성과를 침해하는 최소한 네 가지의 병적 현상이 있다고 지적한다.

· 후견주의: 조지 스티글러George Stigler는 규제받는 집단이 규제
  하는 집단을 장악하려는 강한 동기가 있다고 지적한다.[3]
· 관례화: 앤서니 다운스Anthony Downs는 관료제가 확장될수록
  외부에 대응하는 것보다 내부를 조정하는 일에 집착하게 된다
  고 했다.[4]
· 수직적 의사소통: 마이클 크로지어Michael Crozier는 하향식으
  로 정보와 인센티브가 전달되는 병폐로 인해 관료제가 교착 상
  태에 빠진다고 했다.[5]
· 부적절한 제도화: 새뮤얼 헌팅턴Samuel Huntingtun은 정치 참여
  를 원하는 대중들의 욕구가 적절히 반영되는 국가 구조가 만들
  어지지 않을 수도 있다고 덧붙인다.[6]

위에서 언급한 학자들은 다수의 이론 연구를 통해 실제 국민
국가의 성과를 진지하게 의심했다. 하지만 국민국가에서 나타나
는 여러 문제점이 싱가포르에서는 효과적으로 상쇄된다. 이 점
은 실용적이고 전략적으로 작동하는 스마트 국가의 보기 드문
역량이다. 분석적인 견지에서는 왜 그러한지 궁금하게 만드는
퍼즐을 낳는다. 그 퍼즐이 이 책을 쓰는 데 영감을 주었다.

앞에서 언급한 거버넌스의 병폐를 줄이기 위해 싱가포르 스
마트 기관들은 운용상 세 가지 의미 있는 노력을 했다. 첫째, 문
제에 대해 통합적으로 접근했다. 장기적으로 계획을 세우고 조

직 간 경계를 넘나들며 생각하고 나서 행동하는 방식으로, 즉 통일된 접근방법과 부서 간 협력을 통해 다양한 문제 해결에 나섰다.

둘째, 집단 내 권력 관계를 중요하게 다루었다. 우선 개별 부처 및 여러 법정위원회와 공공기관은 젊고 역량 있는 사람들을 모집하고 참여시켜 힘을 실어주었다. 그리고 수직적인 세대 간 네트워크를 강화하여 의사소통을 원활하게 했다. 이렇듯 싱가포르 스마트 기관이 구축한 인센티브 구조는 개인이 의욕적으로 정부조직 개혁에 참여하는 동기를 부여했다. 또한 스마트 국가, 스마트 도시는 연장자라는 이유로 중요한 지위를 나눠주기보다는 젊고 역량 있는 이에게 실질적인 책임을 부여했다. 대중적 관심을 받는 이슈에 새로운 시각을 가진 인물들을 참여시키는 데 따르는 위험을 기꺼이 감수한 것이다.

셋째, 스마트 기관들은 후견주의에 빠질 확률이 적다. 왜냐하면 정치적인 단체로부터 거리를 두는 관행과 투명성이 조직 구조에 뿌리박혀 있기 때문이다. 싱가포르의 유력한 법정위원회가 정치인에게 보고하지 않고 각 부처에 보고하는 체계가 좋은 사례다. 싱가포르 리더들은 세계 곳곳에서 변화하고 발전하는 국가들과 경쟁하기 위해 계속 혁신해야 한다고 주문한다. 그래서 싱가포르 관료제는 내용을 속속들이 아는 인물이 지속적이고도 체계적으로 감시하도록 하고, 비효율적인 접근방법에 대해서는 일몰규정을 적용하여 사장시켜 버린다.

요약하자면 싱가포르 스마트 기관들은 관료제 국가에서 전통적으로 나타나는 병리 현상을 잘 피하는 동시에, 기관이 본질적으로 갖고 있는 권한, 즉 '뿌리 깊은 독립성'의 긍정적 측면을 잘 활용하고 있다. 역사적으로 이러한 진화는 세계화 이전과 이후 시기로 나누어 생각해볼 수 있다. 다음 장에서는 싱가포르 스마트 기관이 어떻게 진화해왔으며, 다른 나라의 발전 패턴과 어떤 차이가 있는지를 분석할 것이다. 다른 나라와의 역사적인 비교는 싱가포르라는 스마트 국가, 스마트 도시가 왜 특별한지를 일깨우는 데 도움이 되기도 하지만 다른 나라에서 정책의 패러다임으로 고려할 수도 있을 것이다.

초기 단계: 1960년대 싱가포르가 맞닥뜨린 도전

자치 정부를 운영하던 초기 전후 시대(1945~1955)에 싱가포르는 사회 정치적으로 다양한 문제를 겪었다. 그 당시 과도기를 겪고 있던 인도, 중국, 버마, 말레이시아, 인도네시아 등의 아시아 국가들도 비슷한 상황이었다. 이 격변기는 1950년대 중반에 정점을 찍었다.(그림 3-1) 1959년 싱가포르가 자치권을 획득했을 당시 실업률은 무려 14퍼센트였다. 또한 신생 정부는 1955년 4월 호크리Hock Lee 버스 폭동, 중국인 중학교 폭동 등의 민족 간 갈등 그리고 노동자들의 불만에 직면했다. 이와 같이 높은 실업률과 고질적인 사회적 긴장은 10년 동안이나 계속되었다.[7]

정권의 안정을 꾀하고 민족 간 갈등을 완화시켜야 하는 과제가 대두되었다. 이러한 정치적 상황은 1954년 11월, 설립된 지 5년이 안 된 인민행동당People's Action Party(PAP)이 권력을 잡는 데 일

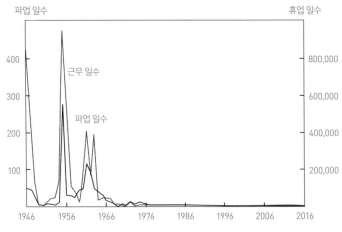

파업 일수   휴업 일수

400   800,000

          근무 일수

300   600,000

          파업 일수

200   400,000

100   200,000

1946   1956   1966   1976   1986   1996   2006   2016

그림 3-1 파업 일수와 그로 인한 휴업 일수(1946~2016)

조한 셈이었다. 1959년 총선에서 인민행동당은 51개 의석 중 43석을 얻었고 당시 35세였던 리콴유가 총리직을 맡았다.[8] 그러나 급진적인 공산주의자들이 당을 지배한다고 인식한 다국적기업들에게 인민행동당의 승리는 실망스러운 일이었다. 몇몇 기업은 좀더 보수적이고 기업 친화적인 쿠알라룸푸르로 본사를 옮기기도 했다.

인민행동당이 권력을 강화하는 동안 노동조합과 중국 민족주의 등 얽히고설킨 국내 문제들이 불거졌다. 가장 큰 사안은 당 내부와 싱가포르 사회에서, 노동조합을 중심으로 공산주의자의 영향력이 점점 강화되고 있다는 점이었다. 결국 1961년 8월 인민행동당에서 13명의 공산주의자가 이탈하여 사회주의 전선

Barisan Sosialis을 결성했다.[9] 1960년대 초반 싱가포르의 유권자 중 많게는 30퍼센트까지 공산주의에 동조하는 것으로 추정되었고, 이들은 난양 공과대학 같은 중국인 학교에 주로 집중되어 있었다.[10]

당시 싱가포르의 실업률은 상당히 높았고, 특히 영어를 구사하지 못하는 사람들의 취업난은 더욱 심했다. 이들은 중국 공산주의 혁명에 감명받아 좌파의 매력에 쉽게 경도될 터였다. 싱가포르 중국인 상공회의소와 같이 보수적인 국가주의자 단체들도 싱가포르 정계를 지배하려는 인민행동당에 반기를 들었다. 싱가포르의 민족 정체성은 다양한 민족을 포용하는 범세계주의적인 개념을 토대로 확립되어야 한다고 믿었기 때문이다. 특히 중국인 민족주의자들은 중국인으로 구성된 인민행동당의 주요 간부들이 자신들을 국수주의자로 몰아세우는 데 분노했고, 이를 정치적 기회주의나 중국인 간 연대를 배신하는 행위로 보았다.

당초 인민행동당은 이러한 문제를 해소하기 위해 반대자들을 물리적으로 탄압하는 방안을 고려했으나, 말레이시아와 합병하는 쪽이 더 실용적이고 궁극적인 해결책이라고 보았다. 최소한 1965년에 이 연합이 와해되어 또 다른 사회정치적 위기가 닥치기 전까지는 말이다. 인민행동당은 당이 내세우는 사회주의적 특성을 강조하는 한편 1960년 급진적인 노동조합에 대항하여 노동조합 등록을 취소할 수도 있는 노동조합법을 입안했다. 그러고 나서 인민행동당은 인종 문제를 이슈화했다. 싱가포르에서 중국어의 중요성을 강조하며 중국인만을 위한 배타적 교육 시스템을 운영하는 난양 공과대학에서 교육받은 인물들을 비판했다. 그리고 1963년 2월 보안 기관은 보안법을 근거로 '콜드스토어Cold Store' 작전을 수행하여 150명에 달하는 기자, 학생 대표, 노동운동가, 야당 정치인들을 재판 절차도 없이 구금했다. 그러나 싱가포르 정부는 구금 사실을 대부분 인정하지 않았다.[11]

이후 싱가포르 정부는 모든 합법적인 노동조합을 국가가 운영하는 노동조합총회NTUC로 단일화시켰다. 그리고 어려운 국내 정치 상황과 외부로부터의 도전을 희석시키고 관심을 다른 곳으로 돌리기 위해 말레이시아와의 안정적인 연방을 시도했다. 1963년 7월, 싱가포르와 말레이시아인이 다수인 사라왁Sarawak 주와 말레이 반도가 공식적으로 합병했다. 그 결과 인구 53퍼센트가 말레이시아인, 37퍼센트가 중국인, 10퍼센트가 인도인으로 구성된 새로운 하이브리드 연방국가가 탄생했다.

하지만 말레이시아와 사라왁 주의 합병은 싱가포르의 국내 정치 상황을 해결하지 못했다. 뿐만 아니라 리콴유가 희망한 대로 폭넓은 다인종 국가로서 싱가포르의 영향력을 키울 기회를 끌어내지도 못했다. '말레이를 위한 말레이시아' 캠페인이 벌어졌던 1963년 선거 결과도 그렇거니와 1964년 말레이시아 총선에서 인민행동당은 9개 의석 중 1석만을 얻는 등 별 성과를 거두지 못했다.[12] 더욱이 리콴유는 싱가포르에 거주하는 말레이인에게는 싱가포르인이 누리는 혜택을 허락하지 않았다. 하지만 말레이인은 말레이 반도 내에서 정치적으로 큰 영향력을 행사하고 있었고, 말레이시아 연방의 가장 큰 민족으로서 싱가포르 내에

서도 권리가 있다고 여겼다.[13]

명목상 말레이시아 국가로 통일되어 있었음에도 불구하고 싱가포르와 말레이시아의 민족 간 긴장은 고조되기 시작했다. 결국 1964년 싱가포르는 처참한 인종 폭동을 두 번이나 경험했다. 7월 폭동에서 23명이 사망하고 454명이 부상을 당했으며 3567명이 체포되었다. 9월 폭동에서는 13명 사망, 106명 부상, 1439명이 체포되었다.[14] 첫 폭동은 싱가포르 파당Padang에서 예언자 무함마드 탄신을 기념하는 대규모 집회 중 이슬람 급진주의자의 선동으로 시작되었다. 두 번째 폭동은 중국인을 태우고 삼륜 자전거를 운전하던 말레이인이 살해당하면서 촉발되었다.

국내 민족 간 갈등으로 인해 국제사회에서는 과연 싱가포르-말레이시아 연합체가 지속될 수 있을지 의문을 품었다. 곧 말레이시아 연방에 불만을 품은 인도네시아 대통령 수카르노Sukarno는 선전포고도 없이 '전쟁Konfrontasi'을 일으켰다. 말라카 해협 건너편의 '카르노 동지Bung Karno 또는 Comrade Karno'라 불리던 수카르노 대통령은 싱가포르가 영국과 같은 범죄 국가의 신제국주의 도구라고 비난하며, 막 생겨난 국가 싱가포르를 짓밟겠다고 나선 것이다. 이 전쟁은 사라왁 주와 칼리만탄Kalimantan 정글에서의 전투만 있었던 게 아니다. 싱가포르에도 29개 장소에 폭탄이 설치되어 여러 시설이 폭파되는 등 사보타주가 일어났다. 1965년 3월 인도네시아 특공대는 홍콩상하이 은행이 있던 맥도날드 가옥, 호주 고등법무관 사무소, 일본 영사관을 폭파시켰고 홍콩상하이 은행의 부지점장을 포함해 세 명이 사망했다.

리콴유와 싱가포르의 지도자들은 말레이시아 연방이 지속될 수 없다는 걸 깨달았다.[15] 결국 1965년 8월 9일 말레이시아 국회는 싱가포르를 말레이시아 연방에서 공식적으로 쫓아냈다. 그리고 같은 날 싱가포르는 독립을 선언했다. 당시 인민행동당은 여러 도전에 직면해 있었다. 높은 실업률, 주택 부족, 인도네시아와의 전쟁, 공산주의자 득세뿐 아니라 고작 1100킬로미터 떨어진 곳에서 벌어지고 있는 베트남 전쟁이 북동쪽으로 확장할 기세를 보이고 있었다. 완곡하게 말한다 해도 신생 도시국가의 미래는 그리 밝아 보이지 않았다.

국내에서나 국제적으로 점점 더 많은 어려움에 부딪히면서 싱가포르는 혁신적인 대응책을 마련하고자 했고, 그 결과 스마트한 기관을 만들게 되었다. 이 스마트 기관들은 국내의 높은 실업률, 부족한 기반시설, 주택 부족, 여러 민족 간 그리고 이념을 달리하는 집단 간 갈등 문제를 해소하는 데 활용되었다. 국제적으로는 1965년 2월 미국의 참전으로 베트남전이 점점 더 격화되고 있었고, 싱가포르 안보도 위협을 받기에 이르렀다. 1965년 말에서 1966년 5월 사이에는 중국의 문화혁명이 서서히 달아오르고 있었다.[16] 그리고 싱가포르 운명에 중요한 일이 일어났다. 1968년 해럴드 윌슨은 수에즈 운하 동쪽에 주둔해 있던 영국군대를 철수하겠다고 발표했고, 1971년 10월 31일까지 모든 영국군이 싱가포르를 떠났다. 제2차 세계대전을 제외하고도 150년 이상 유지해온 군대 주둔을 청산한 것이다. 멀지 않은 곳에서 벌어지는 격렬한 베트남전과 중국에서 만개하는 문화혁명으로 '사자 도시국가의 안보 위협이 점점 짙어지고 있었다.

초기 도전에 대한 대응:
응집력 있는 스마트 국가의 리더십이 떠오르다

앞서 언급한 국내외 현안들로 초기의 싱가포르는 위태로운 시기를 겪었고, 이렇게 운명적으로 불확실한 시대는 10년 이상 (1959~1971) 계속되었다. 또 그러한 시기였기 때문에 지도자의 결정 하나하나가 이 도시국가의 미래에 심오하고 새로운 영향을 끼쳤다.[17] 이 결정들은 핵심 지도자들의 역량과 의사결정 구조에 큰 영향을 받았다. 지도자라 불릴 수 있는 몇 명 안 되는 인물들은 다양한 배경을 갖고 있었고 그들이 입안한 초기 정책으로 인해 국제적으로 독특한 스마트 기관들이 설립되었다. 이러한 기관들이 지금까지도 지속되는 싱가포르 공공정책을 만들었고, 스마트 국가의 역량을 지속적으로 향상시키고 있다. 이러한 기관들 사이의 폭넓은 네트워크와 활발한 정보 교류는 문제를 해결하는 거시적인 접근방식으로, 싱가포르 거버넌스의 질을 크게 향상시켰다. 이러한 토대가 있었기에, 이후 디지털 혁명과 사물인터넷에도 신속하게 대응할 수 있었고, 국내와 해외에서 급격하게 변화하는 사회경제적 변화에도 효과적으로 적응했다.

싱가포르 초기 지도자들은 모두 배경이 달랐다. 하지만 국가를 만들어가는 과정을 공유했다. 이들은 개인적으로 공통적인 성향을 갖고 있었고, 문제를 풀어가는 방식도 비슷했다. 동료 간 공통점이 많다는 것은 파벌을 없애고 협력 관계를 만들어가는 데 필수 조건이다. 이러한 점이 싱가포르 주요 정책을 형성하는 데 중요하게 작용했다. 모두 위험을 무릅쓰고 핵심 정책들을 시행했고, 통합적·거시적 접근방법으로 문제를 해결하려 했다. 모두 다양한 분야에서 정책을 펼쳤고, 싱가포르 내외의 문제를 해결하기 위해 실용적인 해결책을 모색했으며, 누구도 관료들의 충성 경쟁을 용납하지 않았다. '친위대'로 알려진 이들은 단단한 결속력으로 시민의 복지를 증진시키는 데 헌신했다. 이들의 다양한 배경과 성격은 여러모로 시너지 효과를 낳았는데, 무엇보다도 스마트하고 유연한 조직을 만들었고, 범세계적인 실용주의에 큰 영감을 주었다.

이 팀의 중심은 물론 리콴유였다. 젊은 신임 총리는 실용을 중시하는 만만치 않은 인물이었다. 하카Hakka와 호키엔Hokkien의 혈통인 리콴유는 영국 케임브리지대에서 교육받은 노동 변호사였으며, 1954년 친공산주의 노동조합과 동맹 관계 속에서 태어난 인민행동당의 설립자 가운데 한 명이었다. 젊은 시절 리콴유는 파비앵Fabien식 점진적 사회주의와 아놀드 토인비의 "도전과 응전"이라는 개념에 깊이 심취했다. 그 영향으로 세계 정세는 늘 변화하고 있으며, 그러한 세계에 완전히 노출된 싱가포르가 살아남으려면 혁신을 멈춰선 안 된다고 믿었다.[18] 싱가포르에서 혁신이란 자립의 미덕에 대한 확고한 의식 아래 사회복지의 여러 측면을 적절히 조합하는 것이라 생각했다. 처음부터 리콴유는 거시적인 접근법과 사례 중심의 전문성을 중요하게 생각했다. 그의 이러한 관점은 싱가포르의 실사구시 정책과 역동적인

의사결정 과정에 깊이 각인되었다.[19]

친위대 중에는 고켕쉬Goh Keng Swee, 림킴산Lim Kim San, 토호친차이Toh Chin Chye, 라자라트남Sinnathamby Rajaratnam 등의 인물이 있었다. 오늘날의 싱가포르, 즉 경제적으로 활력 있고 사회적으로는 안정적이며 정치적으로 결집된, 그러면서도 국제적으로 능숙하고 스마트한 도시국가를 일구는 데 다양한 역할을 수행한 사람들이다. 고켕쉬는 경제개발청, 림킴산은 주택개발청을 이끌었다. 스마트 국가 싱가포르의 주춧돌이라고 할 수 있는 두 기관은 경제사회적인 문제를 매우 구체적이고 실용적인 방식으로 풀어냈다. 토호 친차이는 인민행동당에서 정치적 이해관계를 잘 조정하여 반세기 동안 싱가포르를 안정시켰는데, 그 과정에서 저비용 행정 체계와 유럽이나 미국에서 나타난 좌파와 우파의 분열을 절묘하게 조합했다. 라자라트남은 다인종의 결집과 정치적 안정을 꾀하는 차원에서 국민들을 위한 '충성 선서An Oath of Allegiance'를 지었다. 이렇듯 라자라트남을 비롯한 리콴유의 친위대는 국제사회에서 인정받는 스마트 국가를 세우는 데 크게 공헌했다.

초기 지도자 그룹 중 리콴유에게 깊은 신임을 받았던 고켕쉬는 리콴유를 대신하여 혁신가이자 중재자로서 민감한 사안을 잘 처리했다. 말라카 출신이며 중국인 이민자 가정에서 태어난 그는 강인하면서도 창의적인, 보기 드문 인재였다.[20] 그는 싱가포르 초대 재무장관을 지내면서 경제개발청 설립을 주도했을 뿐만 아니라 독립 이후 초대 국방장관직을 수행하면서(1965~1967)

지역 방위단을 결성했다. 이 시기에 징병제가 도입되었다. 수에즈 동쪽에 주둔하던 영국군이 철수한다는 결정이 내려지자 그는 다시 국방장관을 맡았고(1970~1979), 두 번이나 교육부 장관으로 일했다.(1979~1980, 1981~1984). 결국 1973년 부총리에 선임되어 1980년 은퇴할 때까지 일했다.

주택개발청 초대 청장을 지낸 림킴산은 친위대의 창립자이자 계획가였다. 사람들의 꿈을 실제 현실로 만들어주는 역할을 했던 그는, 원래 사고야자의 녹말을 저렴하게 생산할 수 있는 기계를 상품화한 기업인으로 이미 30대 중반에 많은 자산을 축적한 바 있다. 이후에는 여러 은행을 설립하여 은행장을 지내기도 했는데 고켕쉬와 마찬가지로 리콴유의 두터운 신임을 받았다.

림킴산은 1960년대 초반 판자촌 거주민이 40만 명에 다다를 만큼 심각했던 주택난을 안정시킨 후 국토개발(1963~1965), 재무(1964~1967), 국방(1967~1970), 교육(1970~1972), 국토개발(1975~1979), 환경(1979~1981) 분야의 책임자로 일했다. 뿐만 아니라 에너지위원회(1971~1978)에서는 새로운 수자원을 확보하기 위해 저수지 사업을 추진했고, 싱가포르 항만청(1979~1994)에서 일할 때는 싱가포르를 세계에서 가장 효율적인 컨테이너항으로 키워냈다.[21] 이후 조직 개편에 따라 거듭난 싱가포르 항만청 인터내셔널은 가장 스마트한 항만 운영기업 중 하나로, 현재 17개국의 29개 항구를 관리하고 있다.[22]

사람을 설득하는 능력이 출중한 토흐 친차이는 초기 리콴유 팀에서 정치 업무를 담당했다. 토흐는 런던에서 제국주의에 반대하는 동남아시아 학생단체인 말레이포럼의 의장을 맡고 있던 시절에 리콴유를 처음 만났고, 30년 가까이(1954~1981) 인민행동당 의장직을 맡아 리콴유를 보좌함으로써 세계에서 가장 안정적인 집권당을 구축했다. 1959년 총리 선출 당시에는 결정적인 캐스팅 보트를 행사했고, 인민행동당 내 좌파 세력에 대응한 정치 투쟁을 이끌었다. 토호는 부총리(1959~1968)를 비롯하여 과학기술부 장관(1968~1975), 보건부 장관(1975~1981) 등의 주요 직책을 수행했다. 그는 또한 「싱가포르여 전진하라Majulah Singapura」라는 곡을 국가國歌로 선정했고, 싱가포르 국장國章과 깃발 디자인 팀을 이끌었다.

라자라트남은 리콴유 집권에 초기 외교정책을 이끌었으며, 중국인 한족과 비중국인 공동체를 통합하여 안정된 국가를 세우는 데 기여했다. 그는 스리랑카 공화국의 항구도시 자프나Jaffna에서 태어난 타밀Tamil, 스리랑카의 소수민족—옮긴이 사람으로, 말레이시아에서 자랐고 싱가포르의 명문 래플스고등학교를 졸업했다. 이후 영국 킹스칼리지에서 대학 과정을 마치고 2차 세계대전 이후 기자가 되어 싱가포르로 돌아온, 진정한 세계인이었다.

싱가포르 일간지 『스트레이츠 타임스The Straits Times』에서 기자로 활동하던 그는 이후 리콴유의 동지들과 함께 인민행동당 설립에 참여했고, 첫 내각에서 문화부 장관을 지냈다.(1959) 말레이시아로부터 독립한 이후에는 싱가포르의 외무부 장관(1965~1980), 노동부 장관(1968~1971), 그리고 부총리(1980~1985)를 역임했다. 라자라트남은 1967년 아세안ASEAN의 설립자 중 한 명이며 싱가포르의 유엔 가입(1965)과 비동맹 운동 (1970) 가입 협상을 주도했다. 그는 싱가포르는 다인종주의가 바람직하다는 확신으로 1966년「국가에 대한 맹세National Pledge」 초안을 작성하면서 싱가포르의 다인종적인 특성과 단합을 강조했다. 당시 심각한 인종 폭동을 겪고 나서 싱가포르가 독립한 지 얼마 안 된 때였다.[23]

리콴유가 훌륭한 사람들을 보좌관으로 등용했다는 데는 의심의 여지가 없다. 그들은 모두 영국에서 공부했으면서도 독립 이후 싱가포르 발전에 헌신했고, 그래서 그런지 남다른 동지애를 지니고 있었다. 에즈라 보걸은 이들을 일컬어 "마초적 실력주의macho meritocracy"라 했는데, 실력도 있고 청렴하기까지 한 이들에 대해 실력 없는 사람들이 반대한다면 그 논리가 뭐든지 간에 무시해도 될 것 같은 경외감을 느낀다고 말했다.[24] 이 엘리트 집단은 강한 소속감과 단결심은 물론이거니와, 개인적 특성들로 서로를 보완하는 경향을 지니고 있어 통치 체제의 효율성을 높일 수 있었다.[25] 그들은 제대로 된 제도를 구축하는 것의 중요성을 공유하고 있었고, 세계의 국가 운영 사례에 비추어 정책의 효율적인 집행방식에 대해서도 놀라우리만치 정확히 이해하고 있었다.[26] 즉 친위대가 정책을 입안하고 실행했던 방식은 새로운 스마트 국가를 만들어가는 역사적인 역할과 딱 맞아떨어졌던 것이다.

스마트 국가 만들기:
논리 만들기와 전체 설계하기

리콴유의 친위대는 그의 재임 기간(1959~1990)에 스마트 국가의 주춧돌을 놓았다. 각 부처, 인민행동당, 경제개발청과 주택개발청 같은 기관들이 이에 해당한다. 이들과 부하 관료들은 대부분 기술자였으며 그중에서도 시스템 엔지니어들이 많았다. 앞서 언급한 바 있지만, 스마트 국가와 스마트 도시는 전체를 아우르는 통합적이면서 기술적인 접근 방식으로 문제를 해결한다. 주어진 여러 문제를 장기적 또는 단기적 관점에서 통합적으로 관찰한 뒤 단일한 해결책을 제시하는 것이다. 경제개발청이나 주택개발청이 운용하는 이러한 거시적 방식은 싱가포르의 두드러진 특징으로, 관료들이 엔지니어 배경을 가진 것과도 관련이 있다. 싱가포르 민족 공동체에 깊숙이 자리 잡고 있는 인민협회 같은 스마트 기관들은 국가조직 내 구성원 간의 긍정적인 관계가 여러 민족적 배경과 다양한 연령층을 이루고 있는 사회에 기회와 인센티브를 제공한다는 점을 명심하고 있었다.[27]

싱가포르라는 신생국가의 만만찮은 당면 과제들을 해결하기 위해서는 여러 정책이 수립되고 집행되고 유지되어야 했다. 리콴유와 친위대는 이슈를 파악하고 해결책을 제시할 수 있는 정책기관이 필요하다고 보았고, 그 기관은 정치적인 압력과 복잡한 행정절차로부터 자유로워야 했다. 그래야 당면한 문제에 대해 합리적이고 유연하게 접근할 수 있기 때문이다. 이 두 요소가 자유롭기 위해서는 무엇보다 안정적인 정치 환경에서 정부기관들이 합리적인 대응방안을 제시할 수 있어야 했다. 이 절에서는 싱가포르가 스마트 국가를 만들게 된 대강의 윤곽을 비교적 관점에서 확인하고, 리콴유와 그의 두 후계자가 어떻게 조직체계를 설계했는지를 구체적으로 살펴보고자 한다.

전체 구성

싱가포르 정치는 형식적으로는 민주주의지만 사실상 1당 체제로, 독립 이후 인민행동당에서 최고 지도자들이 배출되고 있다. 또한 인민행동당은 단원제 국회에서 항상 의석의 3분의 2 이상 차지하고 있기 때문에 일방적으로 법을 수정할 수 있다. 따라서 정책을 만들고 입안하는 과정은 예측 가능하며 안정적으로 추진할 수 있다. 하지만 정치적으로 '주고받기'가 횡행할 가능성도 높을 수밖에 없다. 싱가포르 지도자들은 이를 의식적으로 경계하고 맞서왔다.

비교 관점에서 보았을 때 싱가포르 정부를 운용하는 제도는 상당히 특이하다. 거시적인 접근방법을 선호하되 독특한 구조적 요소를 적절히 배치하여 정부기관은 문제를 인식하고 신속하게 대응하는 역량을 키운다. 단원제 국회처럼 단순하면서도 독특한 싱가포르의 정치 체제는 논외로 하더라도, 이 도시국가에는 특정 사회문제에 초점을 둔 부처들이 있다. 그리고 각 부처 아래에는 특수한 목적을 가진 법정위원회와 준 공공기관을 두어 역동적인 방식으로 정책을 집행하는데, 관료들은 다른 나라에 비해 정치적 압력으로부터 자유롭다. 그러면서도 부처별로 자기

입맛에 맞는 정보를 취사선택해서 정책에 부정적인 영향을 끼치는 것을 방지하기 위해, 즉 각 부처 고위관료들이 정책을 좌지우지할 수 없도록 통합적 관료제를 시행하고 있다.

다른 많은 국가와 마찬가지로 싱가포르 정부에는 재정, 무역과 산업, 국방, 교통, 통신 등 정부의 전통적 기능을 수행하는 16개 부처가 있다. 그러나 정책을 효율적으로 수립하기 위해 몇몇 부처는 다른 나라에서 볼 수 없는 구성을 갖추고 있다. 이를테면 환경·수자원부는 수자원에 대한 전략적 접근방식을 총괄하고, 노동부는 인적자원 개발에 초점을 맞추고, 문화·공동체·청소년부는 다양한 민족 배경을 가진 사람들을 통합시키는 역할을 한다.[28]

주요 부처 가운데 특히 2개 부처는 역동적으로 기능하는 하위 기관들이 정치적 압력에 의해 왜곡된 방향으로 정책이 집행되지 않도록 감독하는 역할을 한다. 하나는 도시재개발청URA과 주택개발청이 소속되어 있는 국가개발부다. 국가개발부는 싱가포르만의 독특하면서도 성공적인 주택 정책을 집행하는 아주 중요한 기관이며, 사회경제적인 진보와 정치적 안정을 꾀하는 데 핵심적인 역할을 담당한다. 또 다른 부처는 육상교통청LTA과 대중교통위원회PTC를 두고 있는 교통부다. 교통부는 성공적인 대중교통 정책으로 교통 혼잡과 대기 질을 통제함으로써 결과적으로 도시의 경제활동을 분산시키고 주거환경을 확대하는 효과를 끌어냈다.

법정위원회의 중요한 역할

싱가포르의 각 정부기관은 상대적으로 보수적인 관료 구조를 갖고 있으나, 독특하게도 하위 집행기관인 법정위원회가 강력한 권한을 지니고 있다. 법정위원회는 의회에서 제정한 법률에 근거해 설립되며 해당 부처의 감독을 받는 자치 단체다. 그러나 직원들은 공무원이 아니기 때문에 어느 정도 유연하게 운영되며 정부 부처보다 높은 전문성을 갖추고 있다. 그리고 관리자 직급을 비롯한 다양한 층위의 직원들을 민간에서 채용하여 시장의 다변화에 민감하게 대응하고 있다.

법정위원회에서는 명확하고 구체적인 업무 권한을 실무자에게 부여하기 때문에 정책을 집행할 때 부처 간 알력이나 관료정치로부터 자유로울 수 있으며, 실무자는 정치적 책임을 지지 않는다. 따라서 싱가포르 관료들의 정책은 정치적 후원을 위해 만들어진 예산 낭비 프로젝트 따위에 사로잡히지 않고 합리적으로 설계될 수 있다. 또한 법정위원회는 명확한 감독 책임을 지고 있는 작은 조직에게 정책 결정 권한을 분산시킴으로써 신속하고 효과적인 조치가 가능하다.

식민지배 시절만 해도 법정위원회는 그다지 주목을 받지 못했다. 그러나 1959년부터 그 기능이 확산되어 싱가포르 공공정책과 스마트 정부의 주요 도구가 되었다. 총 65개의 법정위원회는 시민이 필요로 하는 공공 서비스를 효율적으로 수행할 뿐만 아니라 정치적으로도 중요한 기능을 한다.[29] 싱가포르에는 중앙정부로부터 독립된 지방정부가 없다는 점도 법정위원회의 중요성을 더해준다.[30] 즉 법정위원회는 싱가포르의 준 정치조직이라 할 수 있는 공동체센터나 마을의회와 비슷하다. 공공에서 필요로 하는 부분을 파악하고 그 수요를 만족시킨다는 점에서, 정치적으로 민감하지만 명목상으로는 정치와 관계가 없는 조직으로 인식되기 때문이다.

격동의 세월을 겪은 싱가포르는 아직도 국제적으로 불안정한 상황에 처해 있다. 그래서인지 싱가포르 사회에는 항상 위기의식이 깔려 있으며, 지도자들은 혁신을 통치의 기본 원리로 삼는다. 2012년 8월 리셴룽 총리는 이렇게 언급했다. "급격하게 변화하는 세계에서 살아남기 위해 싱가포르는 더 나아지려는 노력을 멈출 수 없다. 우리가 멈추면 뒤처지기 때문이다. 변화에 적응하고 새로운 기회를 찾아나갈 때 우리는 번영할 것이다."[31] 이러한 위기의식에 걸맞게 기술 관료가 주축이 되어 실질적인 정책을 집행하는 법정위원회는 효율적이고 유연한 국정 운영에 맞게 설계되었다. 따라서 사회경제적으로 어려운 시기에 더욱 빛을 발한다.

법정위원회는 다른 두 가지 이유로 싱가포르 지도자들에게 유용하다.[32] 첫째, 싱가포르 직업공무원의 업무를 줄여주며, 작고 배타적인 국가조직으로서 다양한 문제에 더 유연하고 신속하게 대응하도록 돕는다. 더욱이 법정위원회의 임금은 공무원보다 높고 업무 환경이 유연하기 때문에 정부기관의 인재가 민간으로 유출되는 경우가 드물다. 결과적으로 싱가포르 최고 인재들이 국가의 가장 중요한 문제 해결에 투입되는 것이다.

다른 나라와 비교해보면 싱가포르 법정위원회 체제의 특이성, 특히 정책 이슈가 정치 쟁점으로 변질되는 것을 막아내는 측면을 쉽게 이해할 수 있다. 산업화된 서구사회에도 이와 비슷한 조직이 있긴 하다. 미국의 증권거래위원회SEC, 연방통상위원회 FTC, 주간통상위원회ICC가 비슷한 기능을 하고 있다. 독일의 금융감독당국BaFin이나 일본의 금융감독원FSA은 투자자를 보호하고 보험회사·은행·금융기관을 감독하는 차원에서 유사하다. 그러나 싱가포르 법정위원회는 정책 집행과 규제를 병행하며, 다른 나라와 비교했을 때 국가의 전반적인 정책에서 핵심적인 역할을 담당한다. 게다가 핵심 인력에게 높은 임금과 질 좋은 업무 환경을 제공함으로써 근무 연속성을 담보하고 있다.

효율적인 인력 활용:

최소 정부와 관료제, 성과 위주의 인력 충원

싱가포르가 정책 구상 과정에서 드러내는 통찰력과 대응력은 네 가지 요소에 기인한다. 첫째는 적절한 조직 구조, 둘째는 양질의 노동력, 셋째는 제도에 바탕을 둔 예측 가능한 규제, 넷째는 전자정부같이 시의적절한 기술 혁신. 앞의 세 가지 요소는 스마트 정부의 정수라 할 수 있는 네 번째 요소의 토대가 된다. 법정위원회를 통해 거시적 접근으로 의사결정을 하는 구조는 식민 지배를 막 벗어난 시기에 발전한 것이지만 오늘날 싱가포르가 역량 있는 인력을 끌어들이지도 못하고 감독 기관을 제대로 구성하지 못했다면 이 구조는 제대로 작동될 수 없었을 것이다.

싱가포르의 관료 구조와 채용 방식은 국가의 운영 능력을 크게 증대시키고 있다. 무엇보다도 복잡하고도 야심찬 정책을 낮은 예산과 제한된 인력으로 잘 관리할 수 있게 한다. 이 시스템은 식민지 시대에 기원을 두고 있지만 50년의 경험을 바탕으로 이제는 사회문제에 효율적으로 대처하고 있다. 공공서비스위원회PSC가 대표적인 사례로, 1951년 영국에 의해 설립되었으나 자치 정부를 수립한 지 2년째 되는 1961년에 성과 중심의 새로운 모집 체계를 만들었다. 다른 법정위원회들도 비슷한 시기에 설립되어 50년 동안 관료제가 확대되지 않도록 노력한 결과, 현재 싱가포르 공무원은 전체 노동력의 4퍼센트인 14만1000명 미만이다.[33] 이들은 두 범주로 나뉘는데, 한 그룹은 16개 부처에서 일하는 그야말로 '공무원'이고(8만2291명) 다른 그룹은 65개 법정위원회에 소속된 공공 기관원(5만8574명)이다.(2014년 기준)[34]

이렇듯 싱가포르 공무원은 명확하게 구분된다. 즉 정부의 공식 업무를 수행하는 사람들, 그리고 정치적 주목을 받으며 이윤에 민감한 기능을 수행하는 사람들이다. 따라서 이들을 모집하는 방법과 보상 체계도 다르다. 개발도상국에서는 항상 골칫거리가 되는 관료의 부패 방지 역시 중요하다. 싱가포르 공무원은 행동에 대한 규제가 많고, 보고 의무가 세세하게 규정되어 있다. 그 대신 보수가 상당히 후하다. 고위직 공무원 연봉은 싱가포르 달러로 100만 달러를 훌쩍 넘는다.[35] 법정위원회에서 일하는 공공 기관원은 민간 분야를 포함하여 다양한 분야에서 모집되며, 공무원보다 시장 친화적이고 성과에 따라 인센티브를 받는다.

싱가포르 지도자들은 공무원과 법정위원회에 훌륭한 인력을 배치하기 위한 노력을 아끼지 않는다. 역량 있는 인재는 중등학교를 마치고 A급 시험을 치르기 전인 17~18세 전후에 일찌감치 드러난다. 이 학생들이 세계 일류 대학에 입학 허가를 받는 경우, 졸업 후 6~8년간 정부를 위해 일하는 조건으로 전액 장학금이 제공된다. 프린스턴, 하버드, 케임브리지 등 세계 유수 대학을 졸업한 엘리트 젊은이들은 싱가포르 정부 부처와 공공기관에서 일하는 과정에서 자연스럽게 검증을 받으며, 그중 상사에게 역량을 인정받은 몇몇은 구성원이 약 270명밖에 안 되는 싱가포르 엘리트 행정직에 선발된다. 이들은 스마트 국가행정의 핵심 축으로서 각 부처의 공무원과 법정위원회의 직원들을 감독하는 일을 한다.[36]

광범위한 정책으로 기민하게 대응하는 작은 정부 만들기

구체적인 사례들을 보면 법정위원회가 통합적이고 거시적인 방법으로 문제를 해결하는 방식을 알 수 있을뿐더러 창조적으로 설계된 위원회 조직에 대해서도 이해할 수 있다. 1960년 싱가포르의 기반시설과 주택 부족, 민족 간 갈등 문제를 해소하기 위해 주택개발법이 입안되었다. 이 법은 주택개발청에 큰 권한을 주었으며 싱가포르의 주거복지 개선을 뒷받침했다. 그리하여 1959년 당시 주택을 소유한 시민은 10퍼센트 미만이었으나 오늘날에는 90퍼센트가 넘는다. 주택은 주택개발청이 지은 것들이 상당 부분을 차지하고 있다.[37]

주택개발청은 주택 문제뿐만 아니라 민족 간 갈등과 같은 사회문제에도 통합적으로 접근했다. 즉 주택 정책은 싱가포르인으로 하여금 진정한 사회 구성원으로서의 동기를 부여하는 동시에 다양한 민족이 어울려 살게 함으로써 민족적 다양성을 수용하는 여건을 마련했다. 또한 거시적인 스마트 국가정책은 개개인에게 중앙후생기금 계좌를 제공하여 주택 자금을 모을 수 있도록 해주었다.

싱가포르 당국은 실질적인 주거공간을 조성하기 위해 추상적 체계에 안주하지 않고 공동체가 어떻게 진화할 것인가 하는 거시적인 시선으로 여러 기능을 고려했다. 무엇보다도 에너지 소비와 출퇴근 거리를 단축시켜 자족적인 주거 단지를 이루는 데 신경 썼다.

1961년 초기, 리콴유의 정책팀은 주택개발청 말고도 경제 정책을 관장하는 경제개발청을 설치했다. 당시는 싱가포르가 스마트 국가를 향해 막 나아가던 격동의 시기로, 유연하고 창조적인 경제개발청은 해외투자 유치 프로그램을 세우는 한편 리콴유의 초기 인민행동당 정부에 대한 다국적기업의 의구심을 해소하고자 노력했다. 경제개발청은 반세기 동안 600명이 채 안 되는 인적 자원만으로 경제구조를 노동집약적인 제조업 국가에서 고부가가치 산업 중심으로 바꿔놓았다. 싱가포르가 스마트 국가로 거듭나는 과정에서 핵심 역할을 한 인물은 바로 재정부 장관 고켕쉬로, 일인당 GNP가 US 320달러에 못 미치던 당시[38] 그는 싱가포르 경제개발청에 100만 싱가포르달러 예산을 확보해주었

다.[39]

1970년대 들어 경제개발청은 텍사스 인스트루먼트사를 싱가포르 내에 유치시킴으로써 자국의 전자부품 산업 발전에 크게 기여했다.[40] 이후 몇 년 사이에 경제개발청은 싱가포르 경제 구조를 제조업에서 서비스업으로 전환하기 시작하여 마침내 서비스업 중심의 종합 비즈니스 중심지로 개혁시켰다. 1980년대에는 독일, 일본, 프랑스 기관과 함께 기술연구소를 설립하여 기술 인재를 양성하는 동시에 필립스, 롤라이, 타타 등의 세계적인 기업에서 싱가포르인이 경험을 쌓을 수 있도록 각국에 요청하기도 했다.

경제개발청 직원들은 싱가포르의 일류 교육기관에서 장학금을 받고 공부한 최고 인재들로, 졸업 후 12개국에 설치된 21개 지사에서 고된 현장 연수를 받는다.[41] 해외 지사에서 근무한 이후에는 세계 명문 대학 경영대학원이나 법과대학원으로 진학하기도 한다.[42] 경제개발청 직원들은 프로젝트별로 밤낮없이 일하며, 미국의 매킨지나 골드만삭스 같은 컨설팅 및 투자회사처럼 성과와 결과에 따라 인센티브가 주어진다.

사회경제 문제에 잘 대응할 수 있는 새로운 기관을 만드는 것 외에도 스마트 정부는 경제개발청이나 주택개발청 같은 법정위원회 내부의 역동성을 중요하게 여긴다. 이에 싱가포르는 경력순으로 승진하는 정적인 시스템을 지양하고 새로운 인물을 주요 자리에 앉혀 새 바람을 불어넣고자 노력한다. 물론 패기만만한 젊은 직원과 경륜 있는 선임 간의 돈독한 네트워크에도 신경을 쓰고 있다.

수직적 네트워크: PPS 시스템

핵심 지도자들의 리더십을 증진하고 스마트 거버넌스를 강화시
킨 싱가포르의 독특한 관습이 있다. 바로 리콴유의 PPS(Principal
Private Secretaries) 시스템이다. 리콴유는 초기 총리 시절부터 지
도자로 일하는 동안 항상 젊고 열정적인 인물을 직접 선발했으
며, 장래가 촉망되는 이들을 개인 비서관으로 고용하여 그들의
멘토가 되었다. 그리고 이 '미래의 지도자'들을 도전적인 직책에
전략 배치하여 종합 관리자로서의 자질을 키우고 거시적 시각을
갖추게 했다. 리콴유는 PPS 출신들과 지속적으로 의사소통하
며 그들의 발전을 지켜보았다. 예를 들어 행쉬킷Heng Swee Keat은
싱가포르통화청장을 거쳐(2005~2011) 교육부 장관(2011~2015)
과 재정부 장관(2015~2016)을 지냈다.[43] 2000~2002년까지 리
콴유의 PPS 중 한 명이었던 레오 입Leo Yip은 이후 교육부 장관
(2005~2009), 경제개발청장(2009~2014)을 거쳐 2014년 내무부
장관을 맡았다.[44] 최고 지도자를 양성하기 위한 개인적 지원 그
리고 그들간의 관계는 어디까지나 제도에 바탕을 두고 구조적으
로 만들어지는 것이지만 복잡하게 연결된 개인적인 네트워크는
조직의 경계를 넘나들 수 있다. 이들이야말로 국가를 지탱하는
'힘줄'인 것이다.

스마트 외교정책 구조 만들기

싱가포르는 초기 외교정책상 여러 도전에 맞서기 위해 영악한 전략을 세웠다. 이를 테면 건국 초기, 미국과 친밀하면서 다른 나라에도 배타적이지 않은 외교관계를 전개했다. 이렇듯 외부로부터의 도전에 대응하기 위해 빈틈없는 외교정책을 전개한 것이 결국은 스마트 정부의 기틀을 만드는 중요한 역할을 했다. 또한 하드 파워와 소프트 파워를 상호보완적으로 이끌어나가야 '스마트 파워'를 구축할 수 있다는 조지프 나이Joseph Nye의 충고를 받아들였다.[45] 하드웨어의 측면에서는 잘 훈련되고 최신 장비를 갖춘 군대를 창설했고, 소프트웨어 측면에서는 공공외교와 국제교류 프로그램, 개발원조, 재난 구호 활동, 국가별 군대 교류에 역점을 두었다.

미군이 베트남에 진주한 지 몇 달이 지난 1965년 8월, 갓 독립한 신생국가 싱가포르는 그야말로 실존적인 도전에 맞닥뜨리게 되었다. 나아질 기미가 보이지 않는 두 자릿수 실업률을 비롯한 내부적 취약성으로 인해 위기는 더욱 악화되었다. 독립 이후 제도가 확립되지 않은 상태에서 나라 안팎으로 중대한 위기에 직면했기 때문에 지도층이 내리는 하나하나의 결정은 매우 중요했다.

리콴유와 그의 동료들은 위기에 적극적으로 대응했다. 현실의 급변하는 상황을 피할 수 없다고 판단한 그들은 실용적이고 비이념적인 방식으로 안팎의 도전에 대처했다. 리콴유는 토인비의 '도전과 응전' 개념을 자주 활용했고, 그 자신이 주창한 '생존

본능'을 언급하면서 싱가포르 노동조합원들이 정부의 정책 방향에 따르도록 유도했다.[46]

대외적으로는 이웃한 국가들이나 이스라엘 그리고 궁극적으로 미국과의 관계를 강화해나갔다. 그러면서도 동맹국을 자처하지는 않았다. 국내적으로는 경제성장에 집중했다. 특히 낮은 세율과 다국적기업을 유치하기 위한 인센티브에 초점을 맞추었고, 공공주택을 확대하는 데도 많은 노력을 기울였다.

이스라엘 배우기

싱가포르 독립 이후의 대외 정책을 살펴보면 리콴유가 얼마나 실용적으로 외교를 펼쳤는지, 그의 부하들 사이에서 왜 분열이 발생했는지를 알 수 있다. 그러나 역설적이게도 그 분열은 국가 유연성을 향상시키는 데 기여했다. 싱가포르가 처음으로 대외적인 정치·군사적 관계를 맺으려 한 국가는 중립국인 이집트와 인도였으나 외교부 수장이었던 라자라트남의 노력에도 불구하고 실패하고 말았다. 이후 이스라엘과 접촉했다. 리콴유는 이스라엘이 처한 전략적 상황이 싱가포르와 상당히 비슷하다고 생각했다.[47] 1960년대 중반 인도네시아와의 전쟁에서 언급했듯이, 작은 두 국가는 덩치 크고 인정사정없는 적들에 둘러싸여 있었기 때문이다.

리콴유는 이스라엘이 적대적인 지역 환경에서 훌쩍 벗어나 유럽이나 미국을 상대로 외교를 펼쳤듯이 싱가포르도 그러한 전략적 선택이 필요하다고 믿었고, 향후 동북아시아 국가와도 대화로써 관계를 맺을 수 있다고 생각했다. 전략적으로 싱가포르는 수카르노의 인도네시아 같은 이웃 적들이 쉽게 삼켜버릴 수 없게끔 스스로를 거칠고 무장된 "독이 든 새우poisonous shrimp"로 자리매김할 필요가 있었다.[48]

리콴유의 전략적 비전에 따라 스스로 재무부 장관에서 국방부 장관으로 자리를 옮긴 고켕쉬는 방콕의 이스라엘 대사였던 모데카이 키드론Mordecai Kidron에게 조심스럽게 도움을 청했다. 말레이시아와 절연하고 며칠 후인 1965년 8월 9일, 키드론은 방콕에서 싱가포르로 날아와 군사 훈련을 돕겠다고 약조했다.[49] 이후 이스라엘은 자체적으로 개발한 박격포 솔탐 모르타르Soltam mortar를 비롯하여 다양한 무기를 싱가포르에 제공했고, 전투에 관한 독트린Brown Book과 군사 정보의 구조Blue Book에 대해서도 자문해주었다.[50] 그중에는 대규모 징집, 전문 군대의 양성, 대규모 예비군 창설 등 군사력을 확보하기 위한 세 가지 처방도 담겨 있었다.[51]

싱가포르를 스마트 국가로 이끈 지도자들은 신중하고 조심스럽게 이스라엘과의 전략적 관계를 유지하는 한편 다른 잠재적 대안을 모색했다. 이에 따라 1969년까지 이스라엘과 공식적인 외교관계를 수립하지 않았고, 텔아비브나 예루살렘과는 끝내 공식적인 외교 채널을 형성하지 않았다.[52] 그 와중에 외교부 장관이었던 라자라트남은 이스라엘에 적대적인 아프리카와 아시아 중립국을 향해 공을 들이고 있었다. 1970년에는 공식적으로 비동맹 운동nonaligned movement 미·소 냉전시대 제3세계 국가들의 협력—옮긴이

에 참여하기도 했다.[53]

이스라엘과 이슬람 세계에 동시적으로 접근하는 투 트랙 전략은 당시 싱가포르 지도층에 심각한 의견 충돌이 있었음을 반영하는 것이다. 하지만 역설적이게도 이러한 전략은 리콴유의 실용주의와 더불어 싱가포르의 유연성을 강화했다. 사실 이스라엘에 비판적이었던 외교부 수장 라자라트남은 1967년 이스라엘이 주변 아랍 국가들을 공격한 6일전쟁에 대해 공식 규탄하려 했다.[54] 이에 대해 국방장관 고켕쉬는 군사 자문을 위해 싱가포르를 찾은 이스라엘의 국방 전문가가 떠날 것이라고 경고하면서 강력히 반대했다. 이 문제는 리콴유에게 넘겨졌고, 결국 라자라트남의 의견을 조용히 각하하는 방식으로 마무리되었다.[55]

다극 외교

싱가포르 초기 지도층은 외교 사안에 대해 분열을 보였으나 실용적으로 접근했다. 그 대상은 장기적으로 접근할 필요가 있는 이웃 국가들과 미국, 중국이었다. 1965년 수카르노가 퇴위함에 따라 인도네시아와의 전쟁이 잦아들면서부터 싱가포르는 적극적으로 주변의 비공산 국가에게 손을 내밀었다. 이 외교를 이끈 타밀 출신의 라자라트남 외교부 장관은 1967년 초기 동남아시아국가연합을 창설하는 데에도 큰 역할을 했다.[56] 그러나 확고한 리콴유의 외교적 견해는 주변 국가들에게 우호적으로 받아들여지지지 않았다. 그래서 그는 항상 배후에 머물렀고, 그를 비롯한 싱가포르의 모든 지도자들은 중국과 깊은 관계를 피했다.

독립 이후 싱가포르의 안보는 공식적으로 영국, 호주, 뉴질랜드, 말레이시아와 맺은 영연방 5개국 방위협정FPDA에 기반을 두었다.[57] 반식민지 정책을 추구하는 리콴유로서는 말레이시아와의 관계가 상당히 조심스러운 반면, 영국의 해럴드 윌슨 총리는 아시아에 별 관심이 없었다. 결과적으로 이러한 다자 안보 체제는 싱가포르 안보에 제대로 부응할 수 없었다. 따라서 1968년 윌슨이 수에즈 운하의 동쪽에 위치해 있는 영국 군대를 철수하기로 결정했을 때 미국과 전략적 강화를 택한 것은 당연한 수순이었다. 리콴유는 아주 훌륭하고 매끄럽게 워싱턴과 관계를 맺었다.

리콴유는 리처드 닉슨에게 중국과 대화할 것을 권유했다.[58] 당시 닉슨은 동남아시아로부터 미군의 완전한 철수가 아닌 점진적 재배치를 계획 중이었으며 중국과의 관계 개선을 원했다. 이러한 점은 리콴유의 전략적 사고와 맥락을 같이하는 것이었다.[59] 또 리콴유는 오바마에 이르기까지 미국의 모든 대통령에 대해 개인적인 직접외교 전통을 이어갔다.[60] 인구 600만 명이 안 되는 작은 싱가포르는 미대통령 집무실인 오벌 오피스에 거의 제한 없이 접근할 수 있고 생산적인 관계를 유지하는 몇몇 국가 중 하나다.

리콴유의 개인적 접촉

싱가포르 초기, 중국이 동남아시아를 의심스러운 눈빛으로 바라보고 있을 때의 국면에서 리콴유는 싱가포르의 중요한 대화 상대인 중국과 접촉하기 위해 개인적 외교에 나섰다. 1978년 10월 덩샤오핑을 싱가포르로 초청한 것이다. 이 회동으로 덩샤오핑은 4대 근대화 정책의 기반을 수립하는 데 도움을 받았으며 1979년 미국 카터 행정부와 관계를 개선하는 데 유용한 자문을 얻었다.[61] 그러나 정작 싱가포르는 1990년대 후반까지도 중국과의 관계 정상화에 나서지 않았고, 인도네시아와 중국이 수교하고 나서 한 달 뒤에 공식적으로 외교를 수립했다. 아세안 국가들에게 한 약속, 즉 싱가포르는 중국과 마지막으로 관계를 맺겠다고 한 약속을 지키기 위해서였다. 하지만 리콴유가 중국 지도자들과 쌓은 개인적 친분은 중요한 역할을 했다. 리콴유는 이러한 방식으로 중국의 부통령과 2010년 당시 차기 지도자로 점쳐지던 시진핑을 싱가포르로 불러들였다.

2단계 도전: 지식 기반 글로벌 경제에서 살아남아 번창하기

싱가포르가 스마트 국가로 진화한 첫 번째 단계(약 1959~1990년)에는 국가 형성과 통합에 중점을 두고 스마트 국가와 경제 체제를 위한 기반시설 및 기능을 집약하는 데 노력했다. 세월이 흘러 리콴유가 오랜 공식적 지위를 내려놓고 물러나는 시기에 즈음하여, 이전과는 다른 의미의 스마트 역량을 필요로 하는 도전 과제가 생겨났다. 냉전의 쇠퇴에 이어서 통신과 금융 분야의 혁명적 변화로 인해 한 세기 만에 처음으로 글로벌 정치경제 체제가 등장한 것이다. 새로운 시대는 기술적으로 발전할 뿐만 아니라 복잡한 양상으로 급격히 변화하고 있었고, 싱가포르가 생존하고 번영하려면 디지털 혁명을 십분 활용해야만 했다. 하지만 디지털 혁명은 기회뿐만 아니라 위험도 내포하고 있었다. 기술과 지정학적 변화의 속도가 점점 빨라지기 시작하자, 싱가포르는 새로운 기회와 더불어 이전에 겪어보지 못한 위험에 직면하게 되었다. 결국 싱가포르 진화의 두 번째 단계에서 지도층은 디지털 시대를 헤쳐 나가기 위해 '사자의 도시'의 제도와 전략을 개선하는 힘든 과업을 맡았다.

싱가포르는 경제적으로나 국가 구조 면에서 지식 집약적 방식으로 새로운 도전에 대응했다. 이는 대니얼 벨Daniel Bell이 주창한 후기산업사회의 사회경제적 패러다임, 즉 전통적인 제조업 기반의 경제 체제보다 지식과 아이디어 기반의 체제가 더 많은 부를 창출할 수 있다는 이론에 따른 것이었다.[62] 결국 더욱 정보 집약적인 형태를 갖출 때 제조업의 역할도 의미가 있게 되는 것이다. 실제로 사물인터넷 시대가 시작되면서 자동화, 인공지능 피드백 시스템 등 컴퓨터를 활용한 제조 방식은 점점 중요해지고 있다.

싱가포르 설립자들은 1960년대, 1970년대, 1980년대의 변화하는 산업사회에 발맞춰 새로운 제도적 틀을 고안해야 하는 과업을 수행해야 했다.(표 3-1 참조) 싱가포르 2대, 3대 총리였던 고촉통과 리셴룽은 리콴유 시절에 만들어진 스마트 제도를 지식 집약적으로, 또한 세계화된 시대에 걸맞게 개선했다. 물론 1990년대와 2000년대에 주어진 과제는 앞선 시대와 다르기 때문에 새로운 정책적 대응이 필요했다. 그럼에도 불구하고 싱가포르는 과거의 노력으로부터 스마트 제도의 기본적인 틀을 갖추었다. 즉 1970년대와 1980년대의 경제적 성공을 이끌었던 개방적이고 거시적인 관점 그리고 이념에 휘둘리지 않는 방식으로 정책을 세우고 집행했다.

싱가포르 후기 지도자들도 초기 설립자들과 기본적인 기조를 공유했다. 문제에 맞닥뜨렸을 때 실용적이면서 신속하게 대응하고 협력하는 것, 그리고 장기적인 발전을 위해 위험을 무릅쓰는 정신이 그것이다. 또한 새로운 지도자들은 활발한 기업활동을 위해 안정적이고 일관적인 환경을 만들어주는 것과 법을 존중하는 풍토를 중시했다. 이와 같은 맥락 안에서 21세기를 이끌어갈 지도자들이 싱가포르의 제도를 재정립하고 조정하는 데 유효한 모범을 만들었다.

1990년 11월 리콴유가 31년간의 정부 수장직에서 물러나고, 그가 신임하는 부총리 고촉통이 총리직을 이어받았다. 이후 리콴유는 선임장관(1990~2004), 선임장관 고문관(2004~2011)으로서 정책에 직접적으로 개입하여 싱가포르 스마트 국가 설립을 도왔다. 리콴유가 공식적인 권한을 고촉통에게 이양할 무렵, 싱가포르 정세는 불안정한 시기로 접어들었다.

고촉통은 몸에 밴 책임감과 진실한 자세로 새로운 도전을 받아들였다. 그는 아홉 살 무렵 아버지가 결핵으로 사망하자 어머니를 도와 형제들을 키웠다.[63] 정부에서 일하기 전에는 넵튠 오리엔트 라인Neptune Orient Lines이라는 민간기업에서 8년 이상 근무했으며 이 시기에 실용적인 사고방식을 체득했다. 홍콩의 Y.

1960년대(노동 집약적 시대)	1970년대(기능 집약적 시대)와 1980년대(자본 집약적 시대)
기본적인 산업시설, 기반시설과 편의시설 개발	주거지역 내 경공업 공장 위치
주거지역에서 멀리 떨어진 곳에 산업시설 개발	산업 활동을 지원하는 주거지역 내 노동자
중공업은 인구에 큰 영향을 미치지 않도록 위치.	직주근접職住接을 통해 노동자들의 통근 거리 최소화
1990년대(기술 집약적 시대)	21세기(지식 집약적 시대)
R&D에 초점	지식산업
토지 복합용도 개발	산업 클러스터와 통합
기술·과학 단지를 조성하여 연구개발 시설에서 시제품 개발 및 시장 수용성 증진	생명공학, IT, 멀티미디어 개발에 초점(예를 들어 바이오폴리스, 미디어폴리스, 퓨처폴리스)
	노동, 주거, 여가, 배움의 환경 조성: 토지이용 강도 강화, 도시농업 장려, 빌딩형 공장, 지하공간 활용

성공을 위한 핵심 요소

— 여러 부처를 아우르는 경제개발 전략과 정책을 실용적이고 통합적인 방법으로 진행하는 역량
— 새로운 요구사항에 신속하게 대응할 수 있는 시설과 기반시설을 개발하는 능력
— 경제발전의 새로운 동력이 무엇인지 신속하게 파악하는 능력
— 안정적이고 투명한 법적 도구를 활용하여 새롭게 떠오르는 문제와 환경에 신속하게 적응하는 역량

표3-1 싱가포르의 경제개혁과 변화하는 당면 과제

K. 파오Pao 같은 부유한 기업인들과 관계를 맺었으나 그들의 화려한 생활방식에 물들지 않고 소신과 역량을 두루 갖춘 헌신적인 관료가 되었고, 초창기 지도자들과 더불어 스마트 국가를 만드는 데 크게 기여했다.[64] 실제로도 리콴유 총리는 고촉통의 파란만장한 인생 스토리와 탁월한 역량을 높이 평가하여 그가 미국 윌리엄스대에서 학업을 마치고 귀국하자마자 자신의 개인 비

서로 채용했다.[65]

고촉통의 재임 기간 중 스마트 국가의 진화: 혁신의 자극, 시민 접근성 향상과 후견주의 방지

고촉통에게 정부의 근본적인 역할이란 사회적 책임을 지는 것이었다. 대중의 요구에 초점을 맞추었고 새로운 아이디어와 인재들을 정계로 흡수했다. 이는 정부의 경직성과 사적 이익을 낮추고 국가 권력 메커니즘을 작동시키는 데 시민이 직접 참여함으로써 수혜가 원활히 이루어지도록 하고자 함이었다. 전자정부 시스템을 만들어 정부의 투명성을 높이고 부패 방지를 위한 법령을 만든 것은 이러한 목적을 달성하기 위한 필수 작업이었다.

전자정부 도입

새로운 기술 변화에 대응하는 차원에서 싱가포르가 취한 스마트한 정책 중 하나는 1990년대와 2000년대에 전자정부를 적극 도입한 것이다. 지금은 거의 모든 공공 서비스, 예컨대 운전면허 발급, 수출입 규제, 기업 설립에 관한 업무 등이 온라인상에서 신속하고 투명하게 이루어지고 있다. 스마트 국가를 입증하는 특징이라 할 수 있다.

전 세계에서 가장 긴 역사를 자랑하는 싱가포르 전자정부의 기원은 1982년 공공서비스 전산화 프로그램으로 거슬러 올라간다.[66] 글로벌 정보혁명이 도래하면서 시작된 전자정부는 세계적인 수준의 정보 기술을 최대한 활용할 수 있는 정부 체제로 개혁하기 위한 것이다.[67] 이후 전자정부는 3단계에 걸쳐 추진되었고, 2000년대에 추동력을 얻어 전략적 방향을 설정하게 되었다.

1990년대 후반은 정보 기술과 통신이 기술적으로 수렴된 시기로, 싱가포르에서 공공서비스라는 개념 자체를 변화시켰다. 획기적인 기술 변화는 최대한 다양한 서비스를 온라인으로 제공하는 데 초점을 둔 '전자정부 액션 플랜'(2000~2003)을 낳았다.[68] 이를테면 여권 신청, 학자금 납입, 중앙후생연금 관련 사항, 소득세 및 재산세 납입, 싱가포르 전투가 벌어진 역사적인 장소에 대한 정보 제공, 심지어 부모가 아이들의 숙제를 돌보는 포털 서비스도 가능해졌다. 현재는 이 모든 서비스가 'e-Citizen' 웹사이트로 합쳐졌다.[69]

전자정부 액션플랜은 사용자의 편의를 높이는 후속 계획(2003~2006)으로 이어졌다. 그리고 모바일 서비스에 중점을 둔 'i-정부 기본계획'(2006~2010)이 수립되었다. 이 계획의 핵심은 더욱 나은 대민 봉사를 위해 매끄러운 공공서비스를 통합적으로 제공하는 것으로, 2015년 싱가포르 시민과 기업의 97퍼센트가 전자정부 서비스 질에 만족한 것으로 나타났다.[70]

최근 5년간 발전해온 싱가포르 전자정부는 국제적으로 큰 찬사를 받았다. 예컨대 매년 전자정부 세계 랭킹을 집계하는 와세다대 전자정부연구소의 발표 결과 2015년 싱가포르가 1위를 차지했다.[71] 2014 UN의 전자정부 개발지표에서는 3위, 온라인 서비스에서는 2위를 차지했다. e-Citizen 포털, 공공문서를 전자문서로 받는 안정적인 플랫폼 구축, 모바일 정부 서비스의 업그레

이드 등의 노력이 제대로 평가받은 결과였다.[72]

싱가포르는 이런 성공 사례를 적극 활용하여 전자정부를 수출 아이템으로 만들었다. 중요한 점은 전자정부 행정을 '크림슨 로직Crimson Logic'이라는 준공공기관 관할로 이관했다는 사실이다. 크림슨 로직은 1988년 싱가포르가 세계 최초로 '트레이드넷TradeNet'이라는 무역 통관 단일창구를 개발할 때 처음 만들어졌다.[73] 이 기관은 계속 성장하여 온라인으로 의료보험과 법적 서비스를 제공하는 데까지 영역을 확대했고, 현재 30여 개국에 상업적인 전자 서비스를 제공하고 있다.(전자정부의 구체적인 내용에 대해서는 6장 참고)[74]

과정의 혁신

고촉통은 스마트 정부 기능을 제도적·기술적으로 강화하기 위해 행정 절차상의 중요한 혁신을 시도했다. 이를테면 국회의원들이 정치를 하는 과정에 필요한 지식을 바로바로 제공해주는 시스템을 도입했으며, 국가 하위 공동체의 역할을 강조하기 위해 집단선거구를 도입하여 다양한 집단의 대표성을 강화시켰다. 국회 상임위원회 운영에도 스마트 정부 기능이 도입되었고, 국민에게 더 가까이 다가가기 위한 방안으로 풀뿌리 운동에 관여하는 공동체 조직(시장과 공동체개발의회)도 혁신하고자 했다.[75] 대통령 직선제를 위해 헌법을 개정한 것도 스마트 정부를 세우는 데 일조했다. 동시에 내부 감사나 종교 화합법에 의거해 공무원 부패를 조사하고 권력 남용을 방지할 수 있도록 대통령 특권도 강화했다.[76] 결과적으로 정치적인 다원성을 증진시켰고 정치적 토론도 활발해졌다.[77] 고촉통이 총리가 되어 주도한 여러 변화는 싱가포르 정치에 큰 영향을 끼쳤을 뿐만 아니라 시민사회에 잘 부응하는 더욱 '스마트'한 정부를 이끌었다.

인민행동당 국회의원 후보들은 대부분 싱가포르 지도층 네트워크와 연결되어 있다. 싱가포르 고위층은 그들에 대해 아주 작은 것까지 속속들이 평가하는데, 이 평가 작업은 상의하달식으로 이루어지며 총리도 참여한다. 고촉통은 학계나 특정 분야에서 탁월한 역량을 보인 인재들을 선거를 통하지 않고 국회의 일원으로 영입하는 체제를 도입하기도 했다.

글로벌한 경쟁력을 뒷받침하는 스마트 기관

고촉통은 세계화라는 거대한 도전에 대응하기 위해 다양한 기관과 제도를 신설했다. 이를테면 국가정보화위원회, 전자정부 원스톱 포털, 중앙후생기금CPF 에듀세이브Edusave, 메디세이브Medisave, 메디펀드Medifund 그리고 인도네시아·말레이시아와 체결한 '성장의 삼각지대', 즉 '시조리SIJORI 협정'싱가포르를 중심으로 말레이시아의 남부 조호르Johor와 인도네시아의 리아우Riau를 경제협력 지대로 정한 협정—옮긴이 등이 있다. 1990년에 창설된 정보기술부는 싱가포르를 '세계적인 르네상스 도시'로 키우고 '아이디어가 넘치는 나라'로 만들어 21세기에 세계적인 경쟁력을 갖추고자 하는 고촉통의 비전이 반영된 것이었다.[78] 전임자들과는 달리 다양한 방법을 모색했던 고촉통은 런던 하이드파크의 연설 코너Speaker's Corner를 도입하여

자유분방함을 장려하기도 했다.[79]

고촉통은 조용하지만 원칙이 뚜렷한 리더십으로 1990년대와 2000년대 초기 글로벌 환경을 잘 헤쳐 나갔다. 1997년 아시아 금융위기, 뉴욕과 워싱턴의 9·11 테러, 2003년 사스SARS 전염병 등의 위기가 닥칠 때마다 그는 싱가포르 국민의 에너지를 하나로 모았다. 더욱이 고촉통은 총리직을 수행하는 동안 국제사회를 향해 "더 열려 있고 시민과 소통하는" 국가 이미지를 각인시켰다.[80] 선임장관 리콴유는 싱가포르를 국제사회에 투영시키는 데 초점을 맞추고, 광범위한 국제 네트워크를 활용하여 고촉통을 도왔다. 그러나 국내 문제와 동남아시아의 지역적 이슈에는 전혀 관여하지 않았다.[81] 전 국방장관이자 부총리였던 토니 탄Tony Tan은 안보 분야에 집중하되 부총리로서는 예외적으로 교육 정책을 주관했다.[82] 이후 리콴유의 천거로 총리가 되었고 나중에는 대통령직을 수행했다.

반직관적인 방법으로 스마트 국가를 세우려 노력한 리셴룽 총리

이스타나Istana 말레이어로 '궁궐'을 뜻하며, 싱가포르 총리 관저를 일컫는다—옮긴이 리셴룽 총리 집무실 벽에는 중국 당나라 때의 경구가 담긴 우아한 족자가 걸려 있다. "평화로울 때 위험에 대비하고, 풍요로울 때 절약하라."[83] 이 구절이야말로 이 젊은 총리의 과거 10년간, 그리고 앞으로의 리더십을 잘 대변한다. 무엇보다 그는 혁신적인 스마트 국가를 이루기 위해 끈질기고 체계적인 노력을 기울였다. 우선 그는 기술 변화에 발맞추어 기존 스마트 국가 정책에서 당연하게 여겨온 가정들을 다시 점검했다. 그리고 현재 잘 정립된 정책 접근방식조차도 새로운 세기에 맞게 변경하려 했다. 리콴유의 장남인 그로서는 아버지라는 거대한 후광을 등에 업고 있는 게 사실이지만 충격적이라 할 만큼 새로운 접근방식으로 국가를 통치했고, 매우 성공적으로 그러한 방식을 안착시켰다.[84]

리셴룽의 접근방식은 생각을 변화시키는 데 기반을 두고 있다. 리셴룽은 "새로운 상황을 위기로 인식하기보다는 그 속에서 기회를 찾아야 한다. 보수적이어선 안 되며 모험할 준비가 되어 있어야 한다. 한 개인으로서, 정부로서, 그리고 사회 전체로서 개혁을 추진해야 한다"고 말했다.[85] 다년간의 군복무 경험으로 단련된 그는 규율 잡힌 사람이다. 그는 또한 싱가포르 스마트 국가의 전통에 따라 이념보다는 현실을 중시하는 실용주의자이다.

젊은 리셴룽 총리는 아버지 리콴유가 오랫동안 유지해온 정책적 원리조차도 반직관적인 방법으로 풀어가려 했다. 부친이 단합과 희생을 강조한 반면 리셴룽은 다원성을 강조했고, 교육받지 못한 국민과 고령자와 장애인에 대한 배려에 무게를 두었다.[86] 리콴유는 이따금 권위적이라는 비판을 받았지만 팀워크를 중요시한 리셴룽은 혜택의 그늘에 놓인 이들에게 공감을 표했다.[87] 1980년대 중반 풀뿌리 민주주의 운동에 개입할 때부터 그는 개혁가로 알려지기 시작했다. 특히 싱가포르가 마초 실력주의 사회가 되어가고 있다는 대중의 불만이 얼마나 위험한지 깊이 자각했다.[88]

2004년 고촉통의 뒤를 이어 총리가 된 리셴룽은 글로벌 경쟁력을 강조하면서 싱가포르를 세계경제 속에서 부가가치 높은 지식경제 허브로 만들기 위해 노력했다. 이러한 정책 기조 덕분에 역량 있고 혁신적인 외국인들은 싱가포르를 매력적인 일터로 인식하기 시작했다. 리셴룽 정부는 다양한 글로벌 협력사업과 싱가포르에 위치한 다국적 연구소에 인재들을 유치하고자 노력했다. 고촉통 전 총리와 마찬가지로 리셴룽도 정보개발청과 같이 기술적 측면을 정교하게 다루는 정책기구를 통해 정보기술에 우선순위를 부여했다.[89]

글로벌화된 세상에서 마주한 과제들을 위기가 아닌 기회로 인식한 리셴룽의 정책 기조는 싱가포르가 경쟁력을 유지하고 번영하는 데 큰 영향을 끼쳤다. 싱가포르는 글로벌 지식경제 허브가 되기 위해 구조적인 개혁을 지속하고 있으며, 연구개발 분야에서 세계적으로 권위 있는 연구기관들을 연결하는 역할도 담당하고 있다. 리셴룽이 총리직을 수행한 지 2년이 안 된 2006년 1월 무렵 설립된 국립연구재단NRF이 그러한 전략을 수행한다. 이 재단은 창조적인 아이디어와 발명에 재능이 있는 전 세계의 연구자 및 기업가에게 훌륭한 연구 환경을 제공하고 있다. 그리고 공기업 타마섹의 투자를 받아 새로운 연구 결과와 발명품을 상품화시키기도 한다.

이처럼 국립연구재단이나 타마섹 같은 정부기관들은 다양한 방법을 동원하여 미래 동력을 키우고, 각각의 발전 단계에 맞춰 전략적으로 정책을 펼친다. 다시 말해 혁신을 일궈가는 각 단계별로 벤처 기업가들은 상당한 수준의 지원을 받을 수 있는데, 개념을 입증하는 연구에도 보조금이 주어지며 기술 격차를 좁히는 부문에도 자금이 지원된다. 이러한 지원은 창업을 준비하는 벤처 기업가들이 아이디어를 개념화하고 시제품을 만드는 데 큰 도움이 된다. 정부의 지원은 제품 수명의 초기부터 양적으로 팽창하는 단계까지 이어진다. 분야별 가속화 프로그램이나 초기 단계 벤처자금 지원 프로그램이 그러한 지원을 뒷받침한다.[90] 또한 국립연구재단은 기업가를 양성하기 위한 대학혁신기금 프로그램을 만들어 기본적인 혁신 역량을 육성하고 있다. 중요한 점은 기업이 새로운 아이디어를 제안했을 때 그것을 개념화하는 과정부터 상업화에 이르기까지, 나아가 경제성장으로 연결되게끔 지속적으로 돕는 것이다. 궁극적으로는 기업이 주식 시장에 상장되어 금융 시장에서 인정받도록 하는 것이 목표다.

리셴룽은 연구개발에 대한 강조를 넘어 자유무역 제도를 강화하고, 싱가포르가 글로벌 경제에 깊숙이 통합되도록 활동 영역을 확장시켰다. 고촉통 역시 2004년 퇴임을 앞두고 미국과의 자유무역 협정을 성사시킨 공로가 있으나 인도(2005), 중국(2008), 유럽연합(2012) 등의 가장 큰 경제단위와 자유무역 협정을 이루어낸 장본인은 리셴룽이다. 2008년 리먼브라더스의 몰락으로 시작된 금융위기가 싱가포르를 궁지에 몰아넣었을 때, 고통스러운 손실을 감내하며 싱가포르를 지켜낸 사람도 리셴룽이었다.

글로벌 경제에서 경쟁력을 강화하기 위한 리셴룽의 정책은 여러 방면에서 외국인들을 끌어들이는 효과를 낳았다. 총리가 된 지 1년 만인 2005년에 그는 두 개의 카지노 개장을 허가했다. 물론 큰 논란이 일었다. 이에 대해 리셴룽은 인도네시아 바탐 섬 주변에 카지노가 13곳밖에 없다는 점을 상기시킨 후, 말레이시아와 마카오를 비롯한 주변 국가에서 고속 페리정을 타면 45분 만에 싱가포르에 올 수 있는데 실용적 측면에서 싱가포르가 부유한 인도인과 중국 관광객을 유치할 수 있는 매력적인 사업을 포기해야 할 이유가 무엇이냐고 반문했다.[91] 한편 종교 지도자 등의 비판적인 견해를 수용하는 측면에서 카지노 입장료를 매우 높게 책정했다. 이는 고소득층이 아닌 이들이 카지노에서 생활비를 탕진하지 못하도록 하는 조치였다.[92] 리셴룽의 실용적이고 개방적인 사고는 F-1 자동차 경주를 싱가포르에 유치한 것에서도 드러난다. 2008년 싱가포르의 좁은 도로를 세계 최초의 야간 F-1 경주의 무대로 만들어낸 것이다.[93]

안정과 사회보장을 제공하는 스마트 국가

싱가포르 건국 초기, 갓 태어난 도시국가는 주요한 두 가지 과제를 안고 있었다. 첫째는 경제성장을 위해 안정적인 제도를 마련하는 것이고, 둘째는 적은 비용으로 효과적인 사회보장 제도를 만드는 것이었다. 이 복합적 처방은 리콴유 총리가 시작한 이후로 계속 이어졌다. 고촉통과 리셴룽은 서구 복지국가에 만연한 좌우 이념 갈등을 넘어 실용적인 접근방법을 고수했다.

　고촉통은 경제의 효율성을 높이면서도 사회복지를 확대할

수 있는 새롭고 창조적인 정책들을 광범위하게 도입했다. 이 혁신적인 정책들은 '넥스트 랩Next Lap'이라는 이름으로 불렸는데, 이후에는 '싱가포르21Singapore 21'로 새롭게 포맷되었다.[94] 다양한 정책 가운데 몇 가지를 꼽는다면, 세금 우대 정책으로서 자기 계발 비용을 포함하여 교육비를 지원하는 에듀세이브, 중산층과 저소득층에게 의료비를 보조하는 메디세이브 및 메디펀드,[95] 교통 혼잡을 방지하는 차량 할당제, 주택개발청의 다양한 주택 프로그램들이 개발되었다.[96] 국제관계에서도 고촉통은 중요한 성과를 냈다. 인도네시아와 말레이시아가 참여하는 시조리 SIJORI 경제특구 삼각성장 협정(1994), 중국과 체결한 쑤저우 산업단지 협정(1994), 일본·뉴질랜드·호주에 이어서 2003년 4월에 미국과 체결한 자유무역 협정 등을 들 수 있다.[97]

싱가포르의 독특한 리더십과 진화하는 스마트 국가

1960년대 초반부터 지금까지 싱가포르는 안정과 번영을 위협하는 다양한 도전에 맞서왔다. 도전은 때로는 내부에서 때로는 외부에서 생겨났는데, 기간에 따라 두 가지 형태로 요약이 가능하다. 첫 기간은 1959년 자치 정부와 1965년 독립 이후부터 냉전이 끝난 1990년까지로, 이 시기 싱가포르의 주요 과제는 국내 안정을 꾀하고 해외 안보를 다지는 것이었다. 정부는 스마트 기관을 활용하여 사회경제적 환경에 유연하게 대응했다. 단순하면서도 확장성을 가진 사회복지 정책을 수행하는 주택개발청과 중앙후생기금, 경제개발청 등의 기관이 경제개발을 촉진하는 데 앞장섰다. 당시 싱가포르 지도층에게는 엄격하면서도 부드러운, 권위주의적 리더십이 요구되었다.

이 시기에는 리콴유와 개인적 유대 관계가 있는 친위대를 중심으로 효율적이면서도 창의적인 리더십이 발휘되었다. 수십 년간 잘 알고 지냈으며 수많은 정치 투쟁을 함께한 고켕쉬, 라자라트남, 림킴산, 토친차이는 다양한 경험을 공유하고 있었기 때문에 친밀하고도 효율적으로 협력할 수 있었고, 관료제 안에서 큰 충돌 없이 각기 맡은 임무를 원활히 수행했다.

1990년대부터 세계가 글로벌 시장경제로 통합되고 기술 변화가 가속화되자, 싱가포르에서도 새로운 형태의 스마트 기관과 리더십의 변화가 요구되었다. 차세대 지도자들은 친위대가 구축해놓은 제도의 틀을 확장하기 위해 전자정부를 도입했고, 이로써 경제개발과 사회 복지를 실현할 수 있는 하이브리드 스마트 국가를 구축했다. 그들은 글로벌 지식과 네트워크 허브로서의 싱가포르, 즉 기술 혁신과 새로운 지식을 창출하는 중심지를 추구했다. 따라서 글로벌 시장에서 세계를 대상으로 하는 고부가가치 산업을 육성하여 부를 축적하고자 노력했다.

싱가포르는 전 세계와 상호작용하는 조그만 도시국가다. 그런 만큼 급변하는 세계 정세에 쉽게 휘말릴 수 있다. 그러한 취약성 때문에 훌륭한 리더십이 무엇보다 중요했고, 역량 있는 인재들에게 많은 권한이 주어졌다. 덜 불안정한 세계에서 마초 실력주의는 합리적이지 못하며 정당성을 확보하기도 힘들다.[98] 자치 정부 시기에 말레이시아와의 파국, 아시아 금융위기, 리먼브라더스 붕괴 등 간헐적으로 발생한 위기에도 싱가포르 지도자들은 패기있는 리더십을 통해 적절한 제도를 안착시킨 동시에 외교적 성취를 거두었다.

그러나 이러한 업적은 세 명의 총리가 이루어낸 것이 아니고, 총리의 의사결정 과정이 왜곡된 정치에 얽매이지 않았기 때문만은 아니다. 그보다는 지도자들이 광범위한 네트워크를 갖추고 있었던 점이 큰 역할을 했다. 이는 싱가포르 리더십의 가장 큰 특징이자 스마트 국가의 중요한 요소이기도 하다. 또한 싱가포르의 여러 국가기관이 설계된 방식, 실력을 중심으로 한 인재 선발, 법에 의한 통치, 기술 변화에 따른 잠재력을 발굴하는 정부의 대응력도 크게 기여 했다.

결론

싱가포르는 식민지 정부 아래 자치 공동체로 시작되었다. 권한은 있었지만 주인의식 없이 수동적으로 행정이 이루어졌고, 당시의 사회문제들을 해결하지 못했다. 실업률은 14퍼센트였고 경제성장은 더뎠다. 10명 중 1명만이 집을 소유했으며, 민족 간 갈등으로 폭동이 잦았고, 미래에 대한 비관주의가 만연했다.

이 책의 초반에 서술했듯이, 사회적으로 혼란했던 이 시기는 새로운 제도와 정책을 요구했고, 결과적으로 싱가포르의 진화에 중요한 기점이 되었다. 리콴유 정부는 경제개발청 같은 새로운 기관을 설립하고, 기존의 기관을 재편하여 중앙후생기금이나 주택개발청을 신설했다. 이렇듯 새로운 지도자들은 국가 운영의 전체 틀을 짜고, 그 안에서 특정 기능을 하는 기관을 만들었다. 그리고 많은 시민이 낮은 공공요금으로 사회적 혜택을 누릴 수 있도록 기관 간의 적극 협력을 도모했다. 바로 이것이 스마트 국가의 시작이었다. 즉 외부환경을 종합적으로 이해하여, 효율적이고 통합적으로 대응한 스마트 기관이 스마트 국가를 만든 것이다.

이 모든 것은 리콴유와 그 친위대의 이상적이면서도 실용적인 접근방법에서 잉태되었다. 이러한 방식은 앞서 언급한 여러 스마트 기관들로 요약된다. 사회적인 문제에 대응하면서도 관료적이고 통합적인 접근방법을 채택했고, 의회에 대한 의무가 없어 정치적인 압력으로부터 보호받았다. 이렇듯 싱가포르 스마트 기관은 하이브리드적 성격을 갖고 있었다. 효율적인 공공행정 체제는 싱가포르 정치구조와도 연관이 있다. 이를테면 단원제로 구성된 의회, 그리고 어떤 정당에도 속하지 않는 임명직 국회의원 등의 정치 구조가 행정의 효율성을 높여주었다.[99] 인재들에게 장학금을 주고 유학을 보내 경험을 쌓게 한 뒤에 공무원으로 임용하는 능력 위주의 제도도 정부 서비스 질을 높였다. 그리고 디지털 혁명이나 사물인터넷 같은 기술 발전은 싱가포르가 1960년대부터 취해온 통합적인 정책에 힘입어 효율적인 전자정부 시스템을 만들어냈고, 이로 인해 공공서비스의 질을 높일 수 있었다.

사회정치적인 위기와 기술 변화에 꾸준히 실용적으로 대응한 결과, 오늘날 싱가포르의 도시국가는 세계에서 가장 유연하고 대응력이 뛰어난 정부 시스템을 만들었다. 이에 대해서는 다음 장에서 더 구체적으로 소개하겠다.

제4장

스마트 국가,
싱가포르

국민이 자립할 수 있도록 돕는
최소주의 정부

"우리는 영국이 아니다.
 우리는 영국이 될 수도 없다. 그것을 기억해야 한다."
 _ 리콴유(1976)

이 장에서는 스마트 국가가 무엇이며, 그 개념이 싱가포르에 어떻게 적용되었는지를 살펴보기로 한다. 전통적 의미의 국민국가에서 스마트 국가는 사회보장, 경제개발, 외교활동이라는 세 가지 중요한 역할을 담당한다. 여기서는 "스마트 국가, 국민이 자립할 수 있도록 하는 최소주의 정부"라는 개념에 함축된 국가의 다양한 역할에 대한 이해를 높이고, 국가의 역할에 대한 새로운 패러다임을 제시하고자 한다. 이는 지금까지 논의한 스마트 국가 싱가포르의 두 가지 핵심 역량인 실용주의 그리고 최신 기술을 여러 분야에 적용하는 것과 직접적으로 연관된다.

국가의 역할을 다룬 문헌은 수없이 많다. 예를 들어 존 미클스웨이트John Micklethwait나 에이드리언 울드리지Adrian Wooldridge는 국가의 재정 지원으로 인해 비용이 증가하는 점을 강조했다.[1] 토머스 프리드먼Thomas Friedman과 마이클 맨댈바움Michael Mandelbaum은 재정 지원정책이 외교정책을 제한할 수 있음을 지적했다.[2]

이들의 논의는 다음과 같은 질문을 던지게 만든다. 어떻게 해야 국가는 시민과 암묵적으로 체결한 사회계약에 일치하는 사회보장을 지속적으로 제공할 수 있을까? 인구 구성의 변화에 따라 사회정책은 늘어나는 반면 집행이 어려워지는 부분에 대해 짚어보겠다.

또 다른 중요한 질문은 스마트 국가는 어떻게 경제개발을 주도할 것인가다. 지난 30년간 경제성장과 사회 안정을 추구하기 위한 정부 시스템이 어떻게 설계되었나 하는 문제는 사회과학의 주요 이슈였다. 차머스 존슨Chalmers Johnson은 1950년대와 1960년대 일본처럼 합리적인 계획에 의거한 개발국가가, 떠오르는 고부가가치 산업을 촉진시키고 덜 유망한 분야에는 자원을 투입하지 않는 방향으로 사회를 변혁시킬 수 있다고 했다.[3] 이러한 논의를 다듬은 피터 에번스Peter Evans는 국가가 지엽적인 정치 개입으로부터 관료를 보호해준다면 그들이 중요한 역할을 수행할 수 있다고 보았다.[4] 여러 시기의 다양한 국가를 연구한 피터 홀Peter Hall은 정책 결과물을 내는 데 국가기관의 역할이 중요하다고 강조했다. 시다 스코치폴Theda Skocpol이나 스테펀 해거드 Stephan Haggard 등의 학자도 같은 해석을 내놓았다.[5]

스마트 국가의 개념

여기서 말하는 스마트 국가는 개발국가와 달리 정치경제 체제의 변혁을 주도하지 않는다. 21세기 들어 개방되고 불안정한 글로벌 경제 시대에 정치경제적 미래는 예측 불가능하며 관료제의 정치 자원도 충분치 않다. 기술의 발전도 차머스 존슨이 언급했던 30년 전보다 불확실한 전개를 보인다. 무엇보다도 자본이 불안정하고 선택적으로 움직인다. 따라서 글로벌한 세계에서 구조적 개혁을 위해 국가가 통제정책을 주도하는 방식은 비효율적이고 비생산적이다. 스마트 국가라는 개념은 이러한 현실을 반영하고 있다. 이 새로운 패러다임은 국가가 이끄는 변혁과는 연관성이 적으며 오히려 그보다는 변화하는 상황에 대한 국가의 적응, 정보 흐름에 대한 접근, 글로벌 네트워크의 활용, 시장 인센티브에 대한 민감한 반응 등과 더 밀접한 관련이 있다.

스마트 국가의 이러한 특징은 사회복지나 경제개발 정책뿐만 아니라 기민한 외교정책에서도 드러난다. 국제 무대에서 정부의 역할은 오랫동안 학자들의 논쟁거리였다. 전통적인 현실주의 이론은 국가의 규모와 권력 자원이 국제 정치의 영향력을 결정한다고 보았다.[6] 국가 간 동맹도 체제 안정이나 국가의 영향력을 높이는 주요한 기능을 한다고 보았다.[7]

국가의 국내외적인 행동에 대해서는 전통적인 연구가 많았지만 세계화와 국가 간의 심화된 상호 의존이 국가 기능과 효율에 어떤 영향을 미치는지에 대해서는 깊게 분석되지 않았다. 반면 조지프 나이나 로버트 코헤인 같은 신현실주의자들은 국가 간 관계와 초국가적 구조에 대해 접근한 바 있다. 하지만 국가의 운영보다는 그 하위 개념인 시민사회나 초국가적인 영향력을 중요시했다.

각각의 이론은 일반적인 의미에서 국가의 행태를 이해하는 데 도움을 준다. 그러나 이것들이 오래전에 만들어진 탓에, 급변하는 21세기의 유동적인 국가 양태를 설명하기에는 충분하지 않다. 글로벌 시대의 불안정한 정치경제적 상황에서 국가가 어떤 역할을 해야 하는지를 실질적으로 이해하려면 새로운 개념, 즉 스마트 국가라는 새로운 개념이 필요하다. 무엇보다도 현대 글로벌 정치경제의 맥락 안에서 국가의 역할을 이해해야 한다. 스마트 국가는 외부 환경의 변화를 인지하여 신속하고 실용적이며 전략적으로, 그리고 공감적으로 대응하는 주체라 할 수 있다. 이러한 통합적인 개념으로 스마트 국가를 이해하는 게 규범적으로나 경험적으로 필요하다.

정책적인 측면에서 스마트 국가는 두 가지 중요한 특질을 갖는다. 첫째, 스마트 국가는 적은 예산과 인력으로 시민과 시장 참여자 그리고 여러 기관이 자립할 수 있도록 돕는다는 점에서 최소한의 자원만을 소비한다. 즉 '미니멀'하다. 개발국가와는 달리 스마트 국가는 사회정치적 사안에 대해 지배적 역할을 하기보다는 조정자로 기능한다. 사회적인 상호작용에서 스마트 국가는 주변에 머물면서, 조용하지만 필수적인 역할을 수행한다. 국가가 낮은 자세를 취함으로써 시민과 시장의 여러 기관은 자유롭게 자신을 위한 결정을 내릴 수 있다. 이렇게 되면 세금을 낭비하지 않고도 국가는 사회 안전망을 제공하고 경제성장에 대한 사회적 기대에 부응할 수 있다.

둘째, 스마트 국가는 시민이 독립적으로 자립하여 성과를 낼 수 있도록 한다. 매우 기본적인 역할만을 수행하는 미니멀한 스마트 국가는 직접 일을 벌이기보다 시민과 시장 참여자들이 필요로 하는 자원, 가이드라인 그리고 정보를 제공한다. 이로써 이론적으로만 사회에 참여하던 주체들이 스스로 결정을 내리고 빠르게 변하는 세계에서 자신감을 가지고 전략적으로 대응할 수 있다. 정부의 역할은 예측 가능한 원칙의 틀을 만듦으로써 안정성과 예측 가능성을 높여주는 것이다. 다시 말해 공교육, 직업 훈련, 창업 초기 자금을 제공하는 등 민간 참여자들이 사회적으로 인정받는 목표를 달성할 수 있도록 자원과 정보를 지원할 뿐이다. 따라서 스마트 국가의 지출은 전통적 복지가 경제적 이득을 거의 창출하지 못하는 경우와 사뭇 다르다. 스마트 국가의 계획은 공공투자와 비슷해서, 한 개의 돌로 두 마리 새를 잡는 효과가 있다. 즉 사회 참여자들이 적극적인 경제활동을 통해 자립하도록 돕는 동시에 사회적 안정을 촉진한다.

스마트 국가의 작동방법

최소한의 자원minimalist으로써 시민이 자립하여 성과를 내도록 돕는enabling 것은 스마트 국가의 전형적인 통치 방식이다. 싱가포르는 이 정책 패러다임이 어떻게 작동하는지 잘 보여주는 국가로, 그야말로 효과적인 스마트 국가의 대표주자다.[8] 싱가포르에서 정부와 기업의 관계는 독특한 패턴을 보인다. 정부는 변화에 민감하고 발 빠르게 대응하는 시민사회와 민간기관을 전략적으로 활용한다. 그렇다고 정부가 시민 개개인의 생활에 간섭을 덜 하는 것도 아니다. 싱가포르 각 지역의 행정기관은 사회를 변혁하려는 야심찬 포부를 가지고 있다. 많은 기관은 구체적이고도 창의적으로 기능이 설계되어 있으며, 항상 발전적 변혁으로 연결되는 것은 아니지만 광범위한 국가의 이익을 실현하고자 실용적으로 움직인다.

싱가포르의 위치, 국가 구조, 정책 포트폴리오는 경제개발과 사회복지를 동시에 제공해야 하는 역사적 도전에 잘 대처하도록 한다. 이는 다른 나라에도 핵심적인 사안이다. 대부분 규모가 큰 국가에서는 복잡한 관료제와 이익단체가 발전의 발목을 잡는다. 그러나 규모도 적당하고 효율적인 국가 구조를 갖춘 싱가포르는 이러한 문제가 없어서 비교적 수월하게 최신 기술을 채택할 수 있다. 따라서 싱가포르 사례는 주변 국가를 비롯한 다른 나라에도 적용 가능한, 전 세계적 응용 가능성을 지닌 진정한 정책 실험실이라 할 수 있다. 싱가포르에서 사회경제적 현상에 대한 국가의 역할은 두드러진다. 따라서 정부와 경제·사회정책이 어떤 관계를 갖는지 탐구하기에 적합하다. 탁월한 리더십은 둘째 치고, 이 도시국가의 사회경제를 이끌어가는 정부의 탁월한 역할이야말로 싱가포르의 결정적인 특징이다. '사자의 도시'가 눈부시게 성공하게 된 주요 원인이다.

싱가포르 스마트 국가는 정치경제 시스템에서 세 가지 기능, 즉 사회보장, 경제개발, 국가 안보를 수행한다. 그리고 정부는 각 분야에서 최소주의를 채택하면서도 시민이 자립하여 성과를 낼 수 있도록 돕는다. 그 분야별 정책을 살펴보면, 작은 스마트 국가가 급격하고 파괴적인 기술 변화로 요약되는 오늘날의 불안정하고 글로벌화된 세계에 어떻게 적응했는지를 알 수 있다.

1. 사회보장과 안정을 꾀하는 스마트 국가

산업화된 선진국이든 개발도상국이든, 시민의 사회복지 보장은 오늘날 정부의 기본적인 역할이다. 노년의 시민이 건강을 관리하고 안전하게 살아갈 수 있도록 하는 것, 즉 국가의 사회보장 정책은 현대 사회의 안정을 담보하는 국가와 시민 간의 암묵적인 사회계약으로 간주된다.

국가는 이러한 필수적인 사회복지 기능을 다양한 방법으로 수행한다. 1930년대 대공황 이후 서구의 전통적 패러다임은 시민 각자의 사회적 요구에 맞추어 재정 지원을 제공하는 방식이었다. 그러나 싱가포르가 제시한 대안적 패러다임은 최소한의 자원으로 개인의 자립을 돕는 방식이다. 정부가 많은 비용을 들여 시스템을 지원하기보다는 시민들로 하여금 질병, 은퇴 등 각 생애주기에 맞히하게 될 상황을 대비하도록 돕는 식이다. 싱가포르 스마트 국가가 하는 일은 개별 시민의 자립과 사회 전체가 성장하고 안정되는 데 필요한 분석적인 도구와 기반 시설을 구축하는 것이다.

이제 최소한의 자원을 활용하여 시민이 자립할 수 있도록 돕는 방식이 어떻게 기본적인 사회보장을 제공하는지, 더욱이 포용적이면서도 비용 효율이 높은 방식이 어떻게 가능한지 살펴보고자 한다. 먼저 공식적인 싱가포르 정부의 제한된 역할과 예산에 대해 소개하고, 중앙후생기금이 의료 서비스와 주택에 필요한 자금을 적립하도록 돕는 방식을 소개한다. 또한 광범위한 교육, 직업 훈련, 기술 활용, 창업 지원 프로그램, 풀뿌리 민주주의 장려 등이 어떻게 편안하고 지적이며 생산적인 삶을 지원하는지 살펴본다.

사회보장을 위한 지속 가능한 최소주의 메커니즘: 의료보험과 중앙후생기금

싱가포르 공무원의 비율이 전체 노동력의 5퍼센트 이하라는 점에서 최소주의 기조가 명확하게 드러난다.(그림 4-1) 반면 미국은 전체 노동력의 10퍼센트가 공무원이고 영국은 16퍼센트나 된다.

싱가포르 정부는 국가 GDP의 10퍼센트를 지출하는 반면 미국은 14퍼센트, 일본은 20퍼센트 이상을 지출한다.(그림 4-2) 또한 지난 40년간 싱가포르의 GDP에서 정부의 몫은 줄어들었다. 미국, 일본, 영국, 자유방임주의의 수호자인 홍콩에서도 정부 지출이 상당히 늘어난 것과는 확연히 대조된다.

비용 대비 효율적으로 공공 서비스를 제공한다는 차원에서

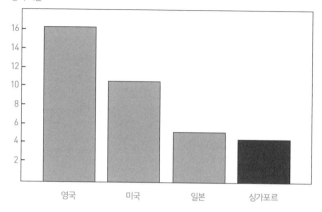

노동력 비율

그림 4-1 공무원 수와 국가 전체 노동력(나라별 비교, 2014)

최소주의는 싱가포르 사회정책의 가장 중요한 특징이다. 사업 범위나 예산 규모의 크기와는 상관없이, 이 사회정책은 광범위한 사회경제적 기능을 수행한다. 예컨대 의료정책은 예산상의 압박을 성공적으로 상쇄시켰다. 그러나 서구 국가들은 고령 인구의 급격한 증가로 인해 정부의 부담이 급격히 증가했다.

싱가포르는 최소주의 정부 구조를 구축한 덕분에 선진 산업 국가에서 흔히 벌어지는 고통스러운 타협의 과정, 즉 사회복지 프로그램의 확장과 예산 절감의 요구 사이에서 생기는 갈등을 최소화할 수 있었다.[9] 싱가포르 사회보장 프로그램의 1인당 지출액은 두드러지게 낮다. 그들보다 가난한 국가인 타이나 인도와 비슷하며 필리핀, 파키스탄, 말레이시아보다도 훨씬 낮다.(그림 4-3). 그런 반면 정부의 혜택을 받는 싱가포르 인구 비율은 극

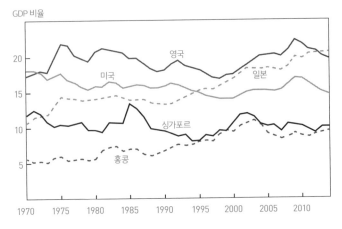

GDP 비율

20

15

10

5

영국

미국

일본

싱가포르

홍콩

1970 1975 1980 1985 1990 1995 2000 2005 2010

그림 4-2 GDP 대비 공공지출 비율로 본 싱가포르 최소주의 정부와
다른 주요 국가와의 비교(1970~2014)

히 높아서, 대상자의 약 80퍼센트가 재정 지원을 받고 있다.

이제 중국과 한국 등 주요 아시아 국가들도 싱가포르의 사회
복지 방식을 추구한다.(그림 4-3) 이 방식은 재정적으로 관대한
복지 혜택을 제공하면서도 의료보험과 같은 중요한 분야에서는
개인마다 혜택 범위에 차이를 두는 서구 복지국가의 전통적인
시스템과는 판이하게 다르다. 결과적으로 서구 모델은 고비용
을 들이면서도 때때로 균등하지 않은 결과를 낳으며, 아시아 정
책 입안자에게 그러한 방식은 매력적일 수 없다. 경제성 있고 평
등한 결과를 낳는 싱가포르의 대안에 비교하면 더욱 그러하다.

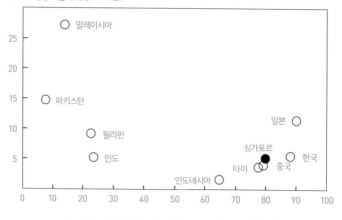

수혜자 1명당 지출액(1인당 GPD 비율)

그림 4-3 아시아 주요 국가 사회보장 프로그램의 재정과 보장 범위

비교 관점에서 본 의료보험

의료보험은 시민 자립을 위한 싱가포르 정부의 최소주의 패러
다임과 서구 복지국가의 차이점을 극명하게 보여주는 영역이다.
싱가포르가 어떻게 사회복지에 드는 지출 규모를 낮게 유지하는
반면 보장 범위를 넓게 유지하는지 알아보기 위해 의료 프로그
램을 비교 관점에서 세세히 들여다보자. 싱가포르는 영국과 일
본뿐만 아니라 오바마 케어가 도입된 이후의 미국처럼 보장 범
위가 넓은 보편적인 의료보험 체계를 갖추었지만 비용 지출 면에
서 정부의 부담은 영국이나 일본의 절반도 안 된다. 심지어 오바
마 케어로 인해 의료보험 보장 범위가 싱가포르 수준으로 확장
되기 전 미국의 65퍼센트 수준이었다.(그림 4-4)

보장 체계 설계의 중요성

앞서 비교한 국가는 모두 보편적 의료보험 체계를 갖추고 있다. 그러나 싱가포르의 공공비용은 서구 산업화된 민주 국가나 일본에 비해 낮다.(그림 4-4) 싱가포르는 세 가지 중요한 운영정책을 통해 한정적인 지출로 광범위한 의료보장 체계를 제공한다. 첫째, 기본적인 의료 서비스를 저렴하고 단순한 행정으로 집행한다. 둘째, 환자의 선호도와 소득 수준에 따라 보조금 수준을 달리하고, 일괄적으로 재정 지원 혜택을 제공하지 않는다. 셋째, 개인별 적립계좌를 의무적으로 갖게 하여 시민들이 상대적으로 높은 부담금을 내게 한다.

다른 나라와 싱가포르의 큰 차이점은 의료보장 체계를 설계한 방식이다. 영국·미국·일본의 시스템은 국적이나 연령 등의 귀속적 특성에 기초하여 수혜자가 광범위한 의료 혜택을 받을 권리가 있다는 시각을 바탕으로 한다. 반면 싱가포르 시스템은 소득 수준에 따라 재정 지원 혜택을 급진적으로 줄였다. 그 기저에 국가는 스스로 돕는 자를 도와야 한다는 철학이 깔려 있는데, 의료보험 이상의 의료 혜택은 세금 우대 보험이나 적립계좌 프로그램을 통해 지원한다. 그 혜택 대상자는 극빈자나 장애자 또는 싱가포르를 설립한 개척자 세대로 제한된다.

영국의 의료보험 체계와 비교해보면 싱가포르와 서구 복지국가의 차이점은 더욱 명확하다. 영국의 의료보험은 "성별, 인종, 장애, 나이, 성적 지향, 종교, 믿음, 성 전환, 임신, 미혼모, 동성 간 혼인관계 등과 상관없이 모든 시민에게 종합적인 혜택을 제

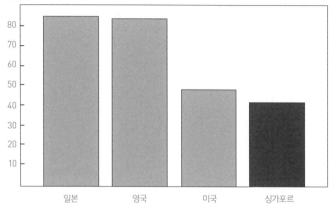

퍼센트

그림 4-4 국가 전체 의료 비용에서 공공지출 비율

공한다"고 명시하고 있다.[10] 이러한 보장은 시민의 권리로서, 무료로 제공된다. 반면 싱가포르는 가장 기본적인 의료 혜택만을 지원한다. 싱가포르 시민은 평균 의료비의 61퍼센트를 부담하고 있는데 환자의 선택, 월 소득, 의료 서비스 질 등에 따라 개인별 보조금의 규모가 다르다. 이런 편차는 소득 재분배의 성격을 띠는 동시에 개인의 선택을 중시하는 의료보험 체계에서 기인하는데, 정부의 의료보험 지출을 줄이는 효과도 있다.

일본의 의료보험은 무상으로 제공되는 것은 아니지만, 보조금이 훨씬 많고 환자 부담은 싱가포르보다 적다. 비교해보자면 2009년 일본의 환자는 전체 의료 비용의 14퍼센트를 부담했고, 싱가포르의 환자는 61퍼센트를 부담했다.[11] 일본 국가의료보험

환자 월수입 (싱가포르달러)	C등급 보조금 (퍼센트)	B2등급 보조금 (퍼센트)
3,200 이상	80	65
3,201-3,350	79	64
3,351-3,500	78	63
3,501-3,650	77	62
3,651-3,800	76	61
3,801-3,950	75	60
3,951-4,100	74	59
4,101-4,250	73	58
4,251-4,400	72	57
4,401-4,550	71	56
4,551-4,700	70	55
4,701-4,850	69	54
4,851-5,000	68	53
5,001-5,100	67	52
5,101-5,200	66	51
5,201 이하	65	50

표4-1 선택의 자유와 평등을 고려한 싱가포르 의료 서비스 가격 체계

은 전체 의료 비용의 약 49퍼센트를 충당했는데, 이때 국가가 지불한 보조금은 37퍼센트였다. 반면 싱가포르 국가의료보험 지출은 전체 비용의 32퍼센트, 보조금은 7퍼센트에 불과했다. 이마저도 개인 메디세이브 계정과 중앙후생기금 메디쉴드에서 지출되었다.[12]

싱가포르와 달리 일본의 환자 부담 비용은 나이에 따라 결정된다. 75세 이상은 전체 의료비의 10퍼센트를 부담하는 반면 7~69세까지는 30퍼센트를 낸다.[13] 반면 싱가포르는 소득 수준 등의 경제적 기준과 개인 선택을 바탕으로 부담할 의료 비용을

환자가 결정한다.[14] 따라서 총 의료 비용의 81퍼센트를 정부가 부담하는 일본의 경우, 영국의 84퍼센트보다는 조금 낮지만 싱가포르의 32퍼센트에 비하면 엄청 높은 편이다.[15] 결국 일본 의료보험 체계는 낮은 환자 부담액으로 인한 적자를 사회보장연금으로 메우고 있다.

　미국 정부가 의료보험에 지출하는 비용은 일본이나 싱가포르보다 훨씬 많다. 미국의 총 의료보험 비용의 48퍼센트는 공공 재정으로 충당되고 있다. 이 수치는 OECD 국가 평균치인 62퍼센트보다는 낮지만,[16] 고령자와 저소득층에 대한 재정적 지원에 훨씬 많은 비용을 지출하고 있다. 높은 수준의 보조금을 지불하고 있는 메디케어, 메디케이드, 오바마 케어는 미국 GDP에서 큰 비중을 차지할뿐더러 계속 증가하는 추세다.[17]

　싱가포르 환자의 의료 비용 부담률은 일본, 미국, 영국보다 높다. 즉 싱가포르 환자들은 다른 산업화된 국가보다 더 많은 의료 비용을 부담한다. 그러나 싱가포르 정부가 시민을 방치한다고 볼 수는 없으며, 오히려 싱가포르의 강제 의료비 적립 프로그램인 메디세이브로 시민의 자립을 돕는다. 다음 장에서는 중앙후생기금에 대해, 그중에서도 메디세이브를 집중적으로 논의해보기로 하겠다. 중앙후생기금이 제공하는 스마트한 사회보장 방식이란 결국 모든 시민에게 의무적으로 적립계좌를 부여하는 것으로, 시민은 이 계좌에 기반하여 살아가는 동안 겪게 되는 여러 도전(의료보험, 주택, 은퇴 등)에 적절히 대처할 수 있다.

중앙후생기금의 중요한 역할

싱가포르 최소주의 정부에서 시민 자립을 위한 사회보장 프로그램의 심장부는 중앙후생기금이다. 철학적으로도 그렇고 운용하는 측면을 보아도 그렇다. 자립을 중요하게 생각하는 국가 철학을 바탕으로 한 종합적이면서도 의무적인 저축 시스템이다. 이 기금은 시민 개인의 재정을 탄탄하게 해주는 중요한 세 요소, 즉 의료보험, 주택 소유, 은퇴 자금을 뒷받침한다. 싱가포르 시민은 메디세이브 계좌 덕분에 높은 의료비 부담을 개인적으로 해결할 수 있다. 메디세이브와 더불어 국가의료보험 체계의 중요한 두 가지 요소인 메디쉴드는 싱가포르 국민이 질 좋은 의료 서비스를 받을 수 있게 해준다.[18] 이렇듯 중앙후생기금은 싱가포르를 '주택 소유자들의 나라'로 이끌어냄으로써 시민을 '존 로크' 사회계약의 일원으로 만들었을 뿐만 아니라[19] 정기적인 저축으로 은퇴 이후를 대비할 수 있도록 했다.

1955년 설립된 중앙후생기금은 영국 식민지 시대의 흔적이다. 거대한 대영제국으로부터 뚝 떨어져 있는 식민지의 사회문제가 본국에 부담이 되지 않도록 고안한 자립정책이었다. 초창기에는 단순히 의무 적립하는 프로그램이었으나 1965년 이후 리콴유가 이끄는 야심찬 인민행동당에 의해 세계에서 가장 혁신적이고 효율적인 적립 프로그램으로 탈바꿈하여, 결과적으로 싱가포르 초기 30년 동안 저축률을 급격히 끌어올리는 역할을 했다. 중앙후생기금은 사회 공학을 구현하고 거시경제 관리 및 산업정책을 추진하는 도구로 활용됨으로써 지난 반세기 민주적인 통

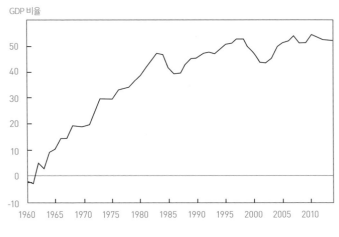

GDP 비율

그림 4-5 지속적으로 저축하는 싱가포르(1960-2014)

치를 해오는 동안 정치 안정을 꾀할 수 있었다.

중앙후생기금의 개인별 계정은 노동자와 고용자가 함께 적립한다. 2016년에 55세 이하는 소득의 20퍼센트를 적립하고 고용주는 여기에 17퍼센트를 추가 적립했다.[20] 노동자가 젊을 때 고용주는 적립 비율을 높게 하여 자산 형성을 돕지만(그림 4-6) 노동자가 나이 들고 부유해지면 적립 비율을 단계적으로 낮춘다. 현재 싱가포르에 거주하는 노동력의 90퍼센트인 약 200만 명이 중앙후생기금 회원이다.[21] 이렇게 적립된 자산은 회원의 의견에 따라 영리 목적으로 투자된다.[22]

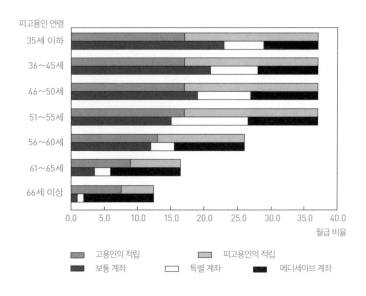

그림 4-6 평생 적립하는 중앙후생기금에서 고용인과 피고용인 역할 변화

중앙후생기금의 중요한 특징

회원이 적립하는 자금은 세 가지 독립된 계정에 쌓이게 된다. 첫째는 주택이나 투자 등 승인을 받아 지출할 수 있는 보통 계좌, 둘째는 은퇴와 관련 있는 투자 상품을 구입할 수 있는 특별 계좌, 셋째는 개인과 가족의 병원비로 쓸 수 있는 메디세이브 계좌다. 각각의 계좌에 얼마를 적립할지는 정부가 만든 공식을 기준으로 하는데, 생애 주기에 따라 금액이 다르다. 즉 초반에는 보통 계좌에 적립하여 주택을 구입하고, 나중에는 메디세이브 계좌에 적립하는 비율이 커진다. 가입자는 55세 생일까지 특별 계

좌와 메디세이브 계좌에 규정으로 정해놓은 최소한의 금액 이 상을 의무적으로 적립해야 한다.[23] 만일의 사태에 대비하기 위해서다. 여기에 적립된 금액은 싱가포르 정부가 중앙후생기금에 발행한 채권에 투자되는데, 정부가 보증하는 이 채권은 매매가 불가능하다.[24] 일단 이 최소 금액이 채권으로 적립되면 그 이상의 금액은 중앙후생기금 보통 계좌와 특별 계좌를 통해 기대 수익률이 높은 주식이나 금처럼 위험도가 높은 자산에 투자할 수 있다.[25]

월급이 750싱가포르달러 이상인 피고용자는 정해진 비율에 따라 세전 소득을 세금 혜택을 받는 중앙후생기금 계좌에 적립해야 하는데, 적립 금액은 나이가 들수록 줄어든다.(그림 4-6) 고용주도 50싱가포르달러 이상의 월급을 받는 모든 피고용자 계좌에 적립할 의무가 있다. 이 금액도 피고용자의 나이와 반비례한다. 연령을 기준으로 적립 금액을 설계한 이유는 젊은 세대가 사회생활 초기에 보금자리를 마련할 수 있게 하고, 나이 들어서는 복리 효과를 통해 능률적으로 목돈을 모으도록 지원하고자 함이다.

세계에서 가장 성공적인 적립 프로그램이라 할 수 있는 싱가포르 중앙후생기금은 다음의 여섯 가지의 특성을 가진 강력한 정책 도구다.

-피고용자의 저축을 강제화하고 고용주와 정부를 지원한다.
-최소 금액을 의료비와 은퇴 자금으로 확보하여 고령화에 대

비하도록 하며, 평생 연금을 받을 수 있는 옵션도 제공한다.

– 젊은이는 적립을 많이 하게 하여 주택 구입을 돕고 고령자는 의료 비용에 대한 적립 비율을 높게 하는 등 생애주기에 따라 요건을 달리한다.

– 서구 산업화된 국가의 사회보장 프로그램과는 달리 재분배를 하지 않는다.

– 이러한 의무사항 외에도, 주택 소유를 용이하게 하여 사회 발전에 이해관계를 갖도록 한다.

– 은퇴 자금을 충분히 모은 사람에게는 주식이나 금 등의 위험하지만 수익성 높은 투자를 허용한다.

중앙후생기금 개념이 다른 나라에 어떤 식으로 적용될 수 있을지는 앞으로 연구해야 할 주제이다.

사회 안정을 위한 최소주의 방식: 주택정책과 다양성 관리

싱가포르 정책의 가장 중요한 특징은 통합적이라는 점이다. 요약하자면 싱가포르 지도자들은 여러 정책 목표를 동시적으로 공략한다. 그들은 여러 부처에서 근무하면서 훈련을 받은 덕에 다양한 정책들이 어떻게 맞물리는지 잘 이해하고 있다. 따라서 싱가포르의 주택, 재정, 다문화 정책은 이러한 통합적인 성격이 어떻게 구현되는지를 보여준다.

정치경제적으로 싱가포르 중앙후생기금 계좌의 두드러진 특징은 여러 가지 용도를 지니고 있다는 것이다. 즉, 이 계좌는 은퇴 자금, 의료 서비스, 교육, 무엇보다도 주택 구입에 활용된다. 시민이 주택 소유에 대한 책임감을 갖도록 하는 것은 스마트 최소주의 정부의 핵심이다. 말 그대로 정부의 지원 가운데 사회보장의 몫을 직접적이지 않은 방식으로 전환하는 것으로, 재정 지원은 정부의 대규모 지출을 동반하지만 주택 자산은 그렇지 않기 때문이다. 이로써 싱가포르에서 주택을 소유한다는 것은 사회적으로 안정된 삶을 영위할 수 있는 자산을 축적하는 것을 의미한다. 뿐만 아니라 유독 다양한 인종이 어울려 살아가는 환경에서 공동체 의식을 함양하기도 한다.

주택을 소유하고 주택으로 자산을 축적하도록 장려하는 방식은 미국을 비롯한 여러 산업국가가 전통적으로 시행해온 사회보장 제도의 일환이다. 하지만 주택 가격이 상승하고 금융시장이 불안정한 시대에 미국의 담보대출 공제 같은 전통적 주택금융 제도는 도시민에게 재정적 안정감을 부여하지 못하고 있다. 이러한 변화는 저렴한 주택 공급을 축소시키고, 일반 시민들로 하여금 주택 소유를 위해 효율적으로 저축하는 것을 어렵게 만든다. 싱가포르는 중앙후생기금과 공공주택을 공급하는 주택개발청을 통해 다른 나라에서 벌어지고 있는 중산층의 주택 위기 상황을 주시하고 있다.

주택정책으로 사회발전 '지분'을 확보하게 한다

싱가포르는 주택을 활용한 독특한 방식으로 복지를 제공한다. 정부는 시민들에게 주택을 그냥 내어주지도 않지만 소유의 자격조건 같은 것을 내걸지도 않는다. 대신 체계적으로 공공주택을 대단위로 짓고, 중앙후생기금 계정에 적립된 자금을 주택 구입에 활용하는 매력적인 조건을 제시한다. 이로써 정부 전략가들에게 주택은 대규모 재정 지출 없이 사회보장을 제공하면서도 정치적 안정을 꾀할 수 있는 정책 수단인 동시에 민족 간 갈등을 해소하는 요소라 할 수 있다.

오늘날 대부분의 싱가포르 시민은 주택을 소유하고 있다. 싱가포르 국민의 약 82퍼센트가 공공주택에 살고, 주택개발청 주택 거주자 중 90퍼센트가 소유주다. 조사에 따르면 94퍼센트 이상의 가구가 현재 거주하는 주택에 만족하고 있다.[26] 주택개발청 주택은 외부인 출입을 제한하지 않아서 방문자가 자유롭게 드나들 수 있지만 CCTV로 항상 보안이 유지된다. 주택개발청이 주택을 대규모로 공급하고 중앙후생기금 자금을 활용하는 공공주택 정책으로 싱가포르는 거의 모든 시민이 사회발전에 대한 '지분'을 가진 국가가 되었다.

1959년 영국의 자치령이 되었을 때 싱가포르는 고질적인 주택 문제를 안고 있었다. 대체로 제2차 세계대전으로 인한 막대한 피해, 건설업의 낮은 단가, 만연한 판잣집들로 인해 주택을 소유한 시민은 10퍼센트도 안 되었다.[27] 이러한 문제는 신출내기 지도자 리콴유가 해결해야 할 첫 번째 과업이었다. 그 이후 주택 사업은 싱가포르의 독특한 복지정책의 상징이 되었다. 결과적으로 주택 사업은 사회 안정과 국민의 안녕을 추구하는 동시에 먼 안목으로 합리적인 공공정책을 펼치는 본보기가 되었다.

리콴유는 주택개발청 활동의 근거가 된 1960년의 주택개발법 입안에 앞장섰다. 이를 바탕으로 1960년대 빈민가와 판잣집을 철거하고 거주민들을 주택개발청이 제공하는 주택에 효율적으로 재정착시켰다. 이후 주택 소유는 광범위하게 확산되고 장려되었다.

1968년 주택개발청은 노동자가 중앙후생기금을 통해 주택을 구입할 수 있도록 주택 소유에 관한 규정을 수정했다.[28] 이후 주택 소유를 위한 정부 융자나 세금 혜택이 꾸준히 향상되어, 1989년에는 싱가포르 국민뿐만 아니라 영주권자도 주택개발청 주택을 소유할 수 있게 되었고, 1991년에는 미혼자라도 35세 이상이면 누구나 주택을 소유할 자격이 주어졌다. 1994년에는 전매轉買 시장에서 주택을 구입하는 부부에게 보조금이 주어졌고, 2004년부터는 미혼 남녀든 부부든 자격을 갖추면 나이를 따지지 않고 어디서나 주택을 구입할 수 있게 되었다.[29]

이런 주택 구입에 대한 특혜와 더불어 '주택보장계획Home Protection Scheme'이라 불리는 저렴한 보험이 있다. 보험 가입자가 사망하거나 65세 이전에 질병 등으로 정상적인 생활을 영위하지 못하게 되었을 때, 유족이나 가족이 그 주택에 계속 살 수 있도록 하는 보험이다. 즉 가입자가 예상치 못한 신체적 장애를 입었거나 사망한 경우, 가입 보험을 토대로 싱가포르 중앙후생기금이 미지불된 주택 대출금을 대신 지불해주는 식이다.[30]

이렇듯 싱가포르는 주택과 관련한 상당한 '지분'을 시민에게 부여함으로써 사회적·정치적 안정을 꾀해왔다. 그 결과 1997년

주택개발청에 대한 만족도는 93퍼센트, 2013년에는 91퍼센트로 나타났다.[31]

인종 다양성에 대한 통합적 접근 방법

새뮤얼 헌팅턴을 비롯한 여러 학자들이 지적했으며 최근의 역사가 확인해주듯, 시리아와 이라크, 우크라이나와 러시아, 미얀마와 방글라데시의 민족 간 갈등은 냉전 이후 세계적으로 가장 심각한 사회정치적 이슈다.[32] 싱가포르를 포함한 동남아시아에서도 이 폭발적인 문제를 최대치로 경험한 바 있다.

싱가포르는 국가 정체성을 자연스럽게 확립하기 어려운 환경이었음에도 불구하고 민족 갈등을 희석시키고 국민 통합을 위한 큰 걸음을 내딛었다. 실제로 1966년 제정된 국가에 대한 맹세는 "인종, 언어, 종교에 상관없이 단합된 국민"을 호소하고 있다. 민족 통합의 과정에서 싱가포르는 다른 많은 나라가 공통적으로 시행하던 방식, 즉 특정 민족을 우대하는 정책이나 구체적인 차별을 시정하는 조치, 분야별 민족 할당 계획 같은 것을 도입하지 않았다. 싱가포르 정부는 오직 최소주의와 통합적인, 동시에 시민의 자립을 돕는 구체적인 정책으로써 이를 뒷받침해왔다. 세계 여러 나라에서도 진지하게 고려해볼 만한 정책이다.

일본과 같이 민족 구성이 균일한 국가 또는 미국과 같이 다양한 인종으로 구성된 국가의 기준에 비추어볼 때, 싱가포르는 사회적 다원성이 상당히 높은 편이다.(그림 4-7) 싱가포르에서 가장 큰 비중을 차지하는 민족은 중국인으로, 전체 인구의 74퍼센트다. 일본에서 98퍼센트를 차지하는 일본인 규모보다 낮고, 중국 내 한족 비율인 91퍼센트보다도 낮은 수준이다.

싱가포르의 민족 다원성은 여러 가지 측면이 있다. 우선 여느 나라의 경우와는 달리 싱가포르에 거주하는 중국인은 덜 지배적이며, 다른 소수민족 집단들도 규모가 크다. 말레이시아 공동체는 전체 인구의 13.3퍼센트이고 인도인이 9.2퍼센트다.[33] 이세 그룹만 보더라도 규모가 꽤 커서, 국내 정치적으로 심각한 도전을 야기할 가능성이 있다. 싱가포르의 이웃 나라들은 이러한 상황에 처해 있지 않다. 중동 지역이나 태평양, 아프리카에서는 민족 간 갈등이 심각한 국가, 이라크와 피지 그리고 남아프리카에서만 보이는 현상이다.

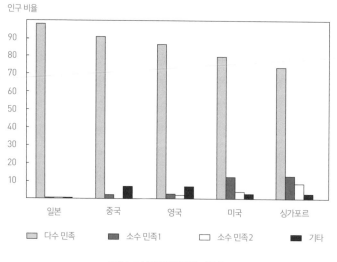

그림 4-7 싱가포르의 민족 다양성

한때 민족 갈등은 싱가포르의 국민 화합과 안정을 심각하게 위협했다. 3장에서 언급했듯이 1964년 두 번의 심각한 민족 폭동이 있었다. 하나는 이슬람교 창시자인 예언자 무함마드 탄신일 집회에서 이슬람 근본주의자가 주도한 것이었고, 다른 하나는 중국인이 말레이 인력거 운전자를 살해한 사건으로 촉발된 것이었다. 1969년에는 싱가포르와 말레이시아에서 또다시 심각한 민족 폭동을 겪었다.

　싱가포르 정부는 새로운 형태의 민족 갈등을 겪기도 했다. 민족 공동체 내에서 민족 교육활동을 하던 열성분자들의 위협으로 온 나라가 갈등 국면에 봉착한 것이다. 중국 출신 지도자들이 이끄는 싱가포르에서 가장 강하게 반발한 민족은 역설적이게도 중국인이었다. 그들은 이미 중국어 학교를 설립하고 대중매체에도 정교한 네트워크를 구축하고 있었는데, 1949년의 중국 공산혁명에 동정적인 이들이 많았다. 중국을 향한 이러한 정서는 1950년대와 1960년대 미국과 동남아시아 국가들이 중국에 적대적이었던 상황과는 대조되는 것이었다. 이로 인해 곤란한 입장에 처한 싱가포르 정부는 해외동포와 중국 본토 간의 유대를 어떻게든 억제하려 했다. 중국인 공동체 내 민족주의는 1965년 싱가포르가 독립했을 때 발현하여 문화혁명과 베트남 전쟁을 거치는 동안 심화되었고, 1980년대까지 이어졌다. 한 가지 중요한 점은 싱가포르는 중국인의 비중이 가장 높음에도 불구하고 아세안 국가 중 가장 늦게 중국과 수교를 맺었다는 사실이다. 싱가포르가 독립한 지 25년이 지난 1990년이었다.

최근 학자들이 강조하는 바에 따르면, 국가의 정체성은 정해져 있거나 고정된 것이 아니다.[34] 또한 강력한 국가 정체성은 대부분 전쟁과 혁명으로 인해 형성되는 경우가 많다.[35] 하지만 다채로운 민족 다양성을 지닌 싱가포르는 극심한 격동 속에서 태어난 나라가 아니었으므로 일관성 있는 국가 정체성을 확립하기가 쉽지 않았다. 엎친 데 덮친 격으로, 선거에 참여하는 주요 민족 집단은 고대 문명을 지닌 강대국(특히 중국과 인도) 출신으로, 저마다의 뿌리 깊은 전통을 지니고 있었다.

이렇게 강한 민족적 원심력에 직면하여 싱가포르는 국가로서의 일관성을 유지하기 위해 새로운 국민국가를 구성할 때 으레 사용하는 전통적 도구에 의존했다. 바로 전통의 발명이다.[36] 스마트 국가 싱가포르는 이전에 없었던 정체성을 시민에게 심어주기 위해 독립과 개발을 향한 투쟁의 역사를 부각시켰다. 학교 교육과정은 물론이고 박물관, 기념물, 관광지 정책에 이러한 점을 강조했으며 사회 안정을 꾀하기 위해 주택정책과 언어를 효과적으로 활용했다.

다양성을 관리하기 위한 통합적인 최소주의 전략

싱가포르가 민족 다원성을 관리하는 정책을 살펴보면, 최소주의적이고도 통합적인 방식으로 사회 안정을 꾀한다는 사실을 알 수 있다. 즉 국가의 제도와 거주 형태 면에서 민족 통합을 강화하는 방향으로 설계함으로써 직접적인 법적 구속력의 의존도를 낮추고 민족 갈등의 요소를 줄이는 방식이다. 이러한 방식은 한때 대립을 일으켰던 민족 간의 갈등을 간접적으로 풀어주는 효과가 있었다. 특히 시민에게 공공주택을 제공한 정책이 크게 기여했다. 싱가포르와 이웃한 말레이시아 등 여느 개발도상국과는 달리, 이 스마트 국가는 공공기업에게 고용 할당제를 강제하거나 특정 계층을 우대하는 고용정책을 시행하지 않았다. 대신 세 가지 창의적인 방법으로 민족 갈등을 완화했다. 첫째는 주택개발청이나 인민협회People's Association(PA) 같은 법정위원회의 정책이었고, 둘째는 민족 다양성과 민족 간 차이에 대해 이해를 높이는 교육, 셋째는 제도가 허용하는 범위 안에서 민족을 대표하는 다양한 프로그램을 마련하는 것이다.

국회법에 근거하여 설립되고 정부 부처가 감독하는 법정위원회는 국가정책을 수행하는 독립된 기관으로, 싱가포르 공공정책의 중요한 구조적 특징을 보여준다. 법정위원회는 식민지 치하에서 시작되었지만 독립 이후부터 주요 정책을 역동적으로 추진해왔다. 이곳에서 일하는 직원들은 공무원 신분이 아닌 만큼 정책을 유연하게 운용할 수 있으며, 민간 분야에서 인재를 선발하기 때문에 그 전문성이 각 부처보다 높다.

법정위원회는 부처 간의 알력 다툼 등 정책 집행을 어렵게 만드는 관료정치를 피하기 위해 직원들에게 명확하고 구체적인 임무를 부여한다. 뿐만 아니라 각 부처에 만연한 정치적 책임으로부터 자유롭게 해줌으로써 기술상 정교하고도 전문적인 공공정책을 수행하도록 뒷받침하고, 예산을 낭비하는 정치적 목적의 프로젝트를 저지한다. 법정위원회는 필요할 때마다 조직에 정책 결정권을 넘겨 명확한 감독권을 가지고 신속하고도 효과적으로 문제를 처리하도록 한다.

싱가포르의 두 법정위원회인 주택개발청과 인민연합은 다양성을 관리하기 위해 만들어진 측면이 있다. 1959년 인민행동당은 정권을 잡은 지 몇 개월 만에 여러 사회정책의 시너지 효과를 얻고자 두 위원회를 설계했다. 국가 통합을 지원하는 주택개발청은 1960년 2월에 설립되었고, 인민연합은 5개월 뒤인 7월에 설립되었다.[37] 그 이후 지금까지 두 위원회는 다양성을 관리하는 중요한 역할을 하고 있다.

주택개발청이 주도한 다양성 정책의 핵심은 주거 통합에 있다. 주택개발청은 공공주택을 좋은 조건으로 구입할 수 있는 선택권을 시민에게 제공했고, 앞서 밝혔듯이 현재 80퍼센트가 넘는 국민들이 공공주택에 살고 있다. 이와 더불어 1989년부터 주택단지에 민족 할당제를 시행함으로써 명확한 민족 통합을 꾀했다. 공동체 내에서 갈등을 일으킬 수 있는 사회적 계층화를 방지하기 위해 주거단지와 신도시에 소득 수준이 서로 다른 민족이 섞여 살도록 했다.[38] 단지 내에는 여가시설 같은 공용 공간을 대규모로 설계하여 중국인, 인도인, 말레이시아인, 그리고 사회적 배경이 다른 여러 집단이 운동이나 다양한 사회활동을 통해 소통하도록 했다.

인민연합이 다양성을 장려하고 잠재적인 인종 갈등을 근절하기 위해 활용한 도구는 풀뿌리 조직이었다. 주택개발청에서 민족 다양성을 보존하기 위해 물리적 계획과 규제를 시행하는 과정에서도 인민연합의 활동이 큰 시너지 효과를 제공했다. 인민연합은 싱가포르가 공산당의 전통적인 대중 동원 전술에 대응하기 위해 만든 조직이라 할 수 있다.[39] 1960년에 28개의 공동체 센터로 시작해서 현재는 1800개가 넘는 풀뿌리 조직으로 발전했으며,[40] 대부분 많은 싱가포르 시민이 살고 있는 공공주택 단지를 바탕으로 긴밀히 연결되어 있다. 인민연합은 시민상담위원회(1965년 설립), 여성간부위원회(1995년 설립), 주민위원회(1997년 설립), 지역개발협의회(1997년 설립), 지역스포츠클럽(2006년 설립)과 같은 여러 플랫폼을 기반으로 풀뿌리 조직과 관계를 맺고 있다.[41]

위의 시민단체들은 공공주택 단지에 조성된 광범위한 공용 공간을 풍부하고 다양한 풀뿌리 사회활동으로 채워준다. 마을위원회(1998년 설립)는 적극적인 풀뿌리 조직의 개념을 민영 주택단지까지 확장시켰으며, 모든 단체활동은 여러 민족의 참여를 전제로 장려되었다. 이러한 활동은 다양성의 관리뿐만 아니라 정부가 시민의 요구와 열망을 청취할 수 있는 중요한 소통의 도구로 활용되었다. 그중에서도 인민연합은 대중의 열망과 우려를 가장 잘 이해할 수 있는 위치에 있다.

싱가포르 지도자들은 다양성을 교육적 차원에서도 관리할 수 있다는 사실을 분명하게 인식했다. 이에 따라 풍부하고 다양한 민족적 유산을 풍부하게 인식할 수 있도록 정교한 교육기관들을 세웠다. 국가유산위원회NHB[42]는 1억 싱가포르달러 규모의 예산으로 이러한 기관을 조정하고 있다.[43] 한 가지 특기할 점은, 주택개발청과 인민연합이 생긴 지 30년이 지난 1993년까지 국가유산위원회가 설립되지 않았다는 점이다. 이는 싱가포르 다양성 정책의 특징을 보여주는 것으로, 다양한 민족의 역사나 민족 자존감을 높이는 등의 민감한 이슈를 직접적으로 다루기에 앞서 사회정치적 조처로써 공동체를 구성한 것이다.

뒤늦게 설립되긴 했지만 지난 20년 동안 국가유산위원회와 관련 기관들은 싱가포르의 특별한 경험을 연대순으로 정리하는 과업을 잘 수행해왔고, 균형 잡힌 태도로 그 역사적인 결과물을 대중과 소통해왔다. 그러한 노력을 대표하는 것이 바로 박물관으로, 현재 싱가포르에는 민족의 역사를 강조하는 여러 국립박물관이 운영되고 있다. 현재 아시아문명박물관, 페러나칸Peranakan 박물관페러나칸은 15~17세기에 말레이 군도로 건너온 중국인을 뜻한다—옮긴이, 쑨원 난양기념관, 그리고 싱가포르의 주요 민족 공동체(인도, 말레이시아, 중국인) 문화유산 전시 센터가 운영 중이다. 2014년 9월에 리셴룽 총리는 1억1000만 싱가포르달러를 들여 설계한 싱가포르-중국인 문화 센터 프로젝트 개소식에 참여했다. 이 센터가 완공되는 2017년부터는 싱가포르의 다양한 문화유산을 전파하는 새로운 차원이 열릴 것이다.[44]

싱가포르는 민족 간 압력을 희석시키고 국가의식을 드높이고자 좀더 긍정적이고 다른 나라에도 의미가 있을 법한 프로그램들을 시행했다. 예컨대 국가國歌를 말레이어로만 부르게 한 정책은 확실히 주요 소수집단에 대한 양보였다. 싱가포르의 법정 공휴일이 표시된 복잡한 달력만 보아도 다섯 가지의 개별적인

문화 전통을 존중하는 다양성의 확고한 증거라 할 수 있다.(표 4-2)

싱가포르 정부는 정부의 요직을 배분하는 데도 민족 간 균형을 고려함으로써 다양성을 관리한다. 독립 이후 총리직은 인구 대다수를 차지하는 중국인 공동체에서 배출되었는데, 세 명의 총리 가운데 두 명은 부자관계인 리콴유와 리셴룽이다. 그러나 일곱 명의 대통령 중 네 명은 중국인이 아니라 말레이시아인, 유라시아인, 인도인이었고, 다섯 번째는 페러나칸이었다. 민족별로 돌아가면서 대통령을 맡는 순번제가 공식화될 확률도 높아지고 있다. 내각 구성원도 다양한 민족으로 구성되고 있으나 의무적인 민족정책에 따른 것이 아니라 실력 위주로 선발한다. 그러나 외교부 장관은 인도 계열에서 맡는 게 일반적이다.

최소주의 스마트 국가의 탁월한 안정화 전략

앞서 언급했듯이, 싱가포르 같은 스마트 국가는 정치적 안정을 담보하는 주요한 수단으로써 재정 지원이나 금전적 보상보다는 최소주의적 전략을 활용한다. 이러한 점에서 싱가포르는 재정 지원 혜택과 보상에 의존하는 영국, 미국, 일본 등의 오래된 산업 국가와는 확연하게 다르다.[45] 이는 G7 국가를 고통스럽게 만들고 있는 복지국가의 재정 위기를 답습하지 않으려는 노력이다.

싱가포르의 사회 안정 전략은 두 가지 차원을 지니고 있다. 첫째, 싱가포르는 시민이 실질적인 '사회의 지분'을 가질 수 있도록 하는 데 우선순위를 둔다. 이를 위해 공공주택 건설, 의무 저축, 안전하고 신속하게 주택 자산을 모으게 해주는 주택융자 프로그램을 시행한다. 둘째, 공동체 갈등을 줄이기 위해 설계된 주택 및 교육정책, 정부의 임명정책을 통해 민족 간 긴장을 중화시킨다. 두 가지 전략 모두 복지 및 사회보장 지출을 최소화하는 동시에 사회 안정이라는 국가적 과제에 민간기업과 시민사회가 동참할 구체적인 동기를 부여한다. 다음 장에서 다루게 될 중요한 스마트 전략도 시민 자립에 초점을 맞추고 있다. 최소주의 정부답게, 공공지출을 제한하면서 사회적인 요구를 해소하려는 전략이다.

시민 사회에서 자립을 가능하게 하는 스마트 거버넌스

스마트 국가 싱가포르는 긴축적이고 최소주의적이다. 그러나 다원주의나 극보수의 전통을 바탕으로 하는 자유방임주의를 따르

법정 공휴일	일자(2016)	관련 전통 및 종교
새해	1월 1일	전 세계
춘절	2월 8일, 9일	중국
성금요일Good Friday	3월 25일	기독교
노동절	5월 1일	사회주의/공산주의
부처님 오신날	5월 21일	불교
하리 라야 푸아사Hari Raya Puasa	6월 6일	이슬람교
독립기념일	8월 9일	싱가포르
하리 라야 하지Hari Raya Haji	9월 12일	이슬람교
디파발리Deepavalli	10월 29일	힌두교
크리스마스	12월 25일	기독교

표4-2 다양성을 존중한 싱가포르 법정 공휴일

지는 않는다. 싱가포르 정부는 설립자들이 추종한 주자朱子학과 파비앵의 점진적 사회주의라는 지적 전통을 반영하여, 국가를 설립한 초기부터 정부의 복지 지출을 최소화하면서 시민 개개인이 성장하고 발전하도록 돕는 일을 국가의 책임으로 받아들였다. 지도자들은 교육, 직업 훈련, 기업가 정신 함양, 가정 내 기술 향상 등을 복지의 긍정적인 요소로 보았다. 그들은 이와 관련된 정책들이야말로 개별 시민들에게 생산적인 투자를 하는 것이라고 생각했고, 더 효율적이고 안정적이고 역동적인 나라를 세우는 역할을 한다고 보았다. 반면 복지 혜택은 비생산적인 매몰 비용이라는 시각을 갖고 있었다. 심지어 주택정책과 중앙후생기금의 저축 프로그램에 대해서는 민족 갈등을 중화시키고 시민의 자립을 돕는 투자로 인식했다. 나아가 정치적인 안정과 사회보장을 꾀할 수 있다고 보았다.

생산적인 노동력으로 가는 교육 기회 지원

"재정 지원 대신 기회를"이라는 기조 아래 더 나은 교육의 질을 강조하는 싱가포르 정부는 특히 최고 인재에 대한 교육을 중시한다. 2014년에는 전체 예산의 21퍼센트를 교육에 투자했는데, 이는 25.6퍼센트에 달하는 국방 예산에 버금가는 금액이자 정부 행정 예산의 다섯 배나 된다.[46] 싱가포르의 교육 예산은 비율로 일본의 약 두 배이며 영국과 미국의 1.5배에 달한다.(그림 4-8)[47] 이러한 투자는 시민에게 폭넓은 교육의 기회를 제공하여 자립을 돕는 한편, 고부가가치 경제 체제에서 숙련자로 살아가도록 하

지위	이름	출신 배경
총리	리셴룽	중국 하카
부총리 겸 국가안전보장부 장관	테오치힌	중국 차오저우
부총리 겸 경제사회정책조정실장	타르만	스리랑카 타밀 힌두족
인프라 및 교통부 조정장관	콱분완	중국 호키엔
통상산업부 장관(무역)	림홍경	중국 차오저우
인력부 장관	림스위세이	중국 차오저우 말레이
정보통신예술부 장관	야콥 이브라힘	중국 호키엔
국방부 장관	응엥헨	인도 타밀 힌두족
외교부 장관	비비안 발라크리쉬난	인도
내부부 장관 겸 법무부 장관	K. 샨무감	중국 차우저우
보건부 장관	간킴영	중국 호키엔
통상산업부 장관(산업)	S.이스와란	중국 호키엔·인디안
재무부 장관	헹스위킷	중국 차오저우
문화공동체청소년부 장관	그레이스 푸	중국 호키엔
총리실 장관	찬충싱	중국 광둥민족
사회가족개발부 장관	탄촨진	중국 하이난족
국토개발부 장관	로렌스 웡	중국 하이난족
환경수자원부 장관	마사고스 줄키플리	말레이
교육부 장관(학교) 권한대행 겸 교통부 수석장관	엔치멩	중국
교육부 장관(고등교육 및 기술) 권한대행 겸 국방부 수석장관	옹예쿵	중국 호키엔

표4-3 다양성을 존중한 싱가포르 내각(2016)

정부 지출 비율

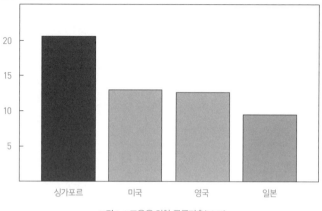

그림 4-8 교육을 위한 공공지출(2011)

기 위해서다.

전통적인 교육에 대한 지원

싱가포르 교육 예산은 글로벌 경쟁력을 키우는 세계적인 대학과
기술학교에 중점적으로 투자된다. 그러나 지출의 상당 부분은
공공복지 차원에서 집행된다. 즉 모든 젊은이에게 교육의 기회
를 제공하고 초·중등학교의 수준에서 타고난 재능을 육성하도
록 학교와 학생을 장려하는 식이다. 이러한 스마트 국가의 노력
은 다른 나라에서도 유용할 법한 에듀세이브 프로그램으로 집
약된다.

에듀세이브는 종일학교, 직업학교, 특수학교에 다니는 7~16
세 학생들을 위한 재정 지원 프로그램으로, 1993년 싱가포르 정

부의 다양한 기부금으로 에듀세이브 기금이 설립되었다. 싱가포르 아이들은 정규학교뿐만 아니라 직업학교나 특수학교에 입학하면 자동적으로 에듀세이브 계정이 생성되고 정부로부터 최소한 200싱가포르달러를 매년 지원받는다.[48]

성적이 뛰어난 학생에게 포상하는 다양한 프로그램뿐 아니라 저소득층 학생을 위한 프로그램도 마련되어 있다. 에듀세이브 장학금, 굿 프로그레스 어워드, EAGLES 등이다.[49] 정부는 대학 등 중등교육 이후의 과정을 위한 포상 프로그램도 마련하여, 가정에서 부담하는 등록금에 맞춰 일정 한도까지 금액을 적립해준다. 여기서 지출되지 않은 자금은 학생이 30세가 되었을 때 중앙후생기금 개인계좌로 송금된다.[50] 2008년 이후에 싱가포르에서 태어난 모든 아이들은 7세부터 개별적으로 보조금을 받게 된다.[51]

고용 자격 갖추기: 직업훈련 프로그램의 강조

서구의 전통적인 복지 국가와는 달리 싱가포르는 실업보험 제도를 채택하지 않는다. 그러한 제도는 정부 예산과 국가 역할을 확대하는 의미를 갖기 때문이다. 그 대신 괜찮은 일자리를 만들고 일자리를 원하는 사람들에게 효율적으로 정보를 제공하는 것에 가치를 둔다. 여느 국가와 달리 싱가포르는 노동부 산하에 국가생산성 자문위원회와 노동력개발청을 두고 있다.

노동부는 노동자의 숙련성과 생산성을 높이기 위해 평생교육 훈련 캠퍼스라는 전국적 시스템을 구축했고, 매년 5만 명에게 교육을 제공하고 있다.[52] 노동자들은 싱가포르 노동력 기능 자격 프로그램에 등록하여 숙련도를 향상시키고 고용 가능성을 높일 수 있다.[53] 노동부는 여러 분야의 산업에서 장래 수요가 기대되는 직종을 간부직과 비간부직으로 정리하여 노동시장 안내서를 펴낸다. 또한 정부는 국가생산성기금에 20억 싱가포르달러를 출연하여 전문성을 개발하고 생산성을 높이는 기업을 지원한다.[54]

교육 투자의 결실

싱가포르가 재정적 문화적으로 교육을 지원한 덕에 젊은이들의 능력이 향상되었고, 그에 따라 국가의 복지와 경쟁력도 강화되는 놀랄 만한 효과를 얻었다. 그 예로 2012년 국제학생평가 프로그램에서 싱가포르는 종합 점수에서 근소하게 한국을 이겼으며, 수학에서는 세계 2위, 읽기와 과학에서는 3위라는 성과를 거두었다.[55] 이는 OECD 선진국 평균을 훌쩍 상회하는 결과다.[56] '문제 해결'이라는 좀더 근본적인 차원에서는 싱가포르가 1위를 차지했다.[57] 싱가포르는 가장 어려운 분야에서 상위권을 차지한 셈이며, 대부분 싱가포르인에게 모국어가 아닌 영어에서도 마찬가지다.

1960년대부터 모든 차원의 교육을 강조한 덕분에 이 도시국가의 노동 숙련성은 꾸준히 향상되었다. 1985~2001년 사이에 대학교를 졸업한 노동자 비율은 5퍼센트에서 17퍼센트로 늘었으며, 중등교육 이상의 교육 또는 직업훈련을 받는 비율도 11퍼센트에서 21퍼센트로 두 배 가까이 늘었다.[58] 이로써 21세기 들어 싱가포르 노동자는 3분의 1 이상 숙련된 기술을 지니게 되었다. 이전 세대와 비교했을 때 두 배에 해당하는 수치다.

기업가 정신 함양: 창의력, 혁신, 경제성장의 지렛대

교육 이외에 싱가포르 스마트 국가의 우선순위는 기업가 정신의 함양이다. 선임장관 인드라니 라자Indranee Rajah는 이렇게 말했다. "혁신과 문제 해결을 돕는 기업가 정신은 우리 경제에 필수적이다. 기업가 정신은 자립, 경제적인 탄력성, 인내심과 같은 가치를 육성한다."[59] 사실 기업가 정신의 함양은 교육과정에서부터 비롯되고 있다. 예를 들어 2013년 싱가포르 교육부는 스타트업 지원 기관인 ACE(Action Community for Entrepreneurship)와 함께 1500만 싱가포르달러를 들여 중등학교에 3년 과정의 기업가 양성 프로그램을 만들었다.[60] 이를 통해 매년 600명이 넘는 학생들이 기업가 훈련을 받는다. 또한 통상산업부 산하에 스프링 싱가포르SPRING Singapore Standards, Productivity and Innovation Board의 약자로, 표준 생산성 및 혁신위원회를 말함. 현재는 Enterprise Singapore로 변경—옮긴이라는 기업 개발청을 두고, 비즈니스 엔젤 스킴Business Angel Scheme 등의 프로그램으로 전망 있는 신생 기업에 창업자금을 보조하고 있다.[61]

작지만 확고한 재정 지원 혜택

싱가포르 정부는 직접적인 재정 지원보다 교육이나 주택을 통해 자립을 돕는 정책을 선호하지만 그렇다고 해서 저소득층과 장애인을 위한 직접적인 지원에 무관심한 것은 아니다. 한 예로, 저소득층 노동자에게는 직장을 구할 때까지 3개월 동안 지원하는 프로그램을 운영하고 있다.[62] 싱가포르는 고령 극빈자, 장애로 인해 일할 수 없는 사람들, 12세 이하의 아이를 둔 여성에게 현금, 의료 서비스, 주거비, 수도·전기 등의 비용을 보조해준다. 또한 근로복지 체계와 디지털 펀드를 통해 저득층 가정의 생활비를 지원하고 컴퓨터와 인터넷을 사용할 수 있게 해준다.[63] 정부는 출산을 장려하기 위해 네 번째 출산까지 각각 8000싱가포르 달러를 수당으로 제공하고, 1만 2000싱가포르달러까지 매칭펀드를 제공한다.[64] 또한 40억 싱가포르달러에 달하는 금액을 메디펀드와 메디펀드 실버로 책정하여 형편이 어려운 환자의 의료비를 지원한다. 2014년부터는 개척자 세대pioneer generation 싱가포르의 독립과 발전에 이바지한 노년층—옮긴이에도 적용되고 있다.[65] 이 모든 프로그램에서 가장 중요한 점은 광범위하면서 비용 효율이 높은 사회 안전망을 만드는 것이다.

2. 경제개발의 주체, 스마트 국가

최소주의적이고 자립 위주의 싱가포르 정책은 서구의 전통적인 복지국가와 방향이 다르긴 하지만 사회복지는 정부의 업무 가운데 상당히 큰 비중을 차지하는 분야다. 물론 스마트 국가의 궁극적인 목표는 경제개발이다. 그러나 이 분야에서도 싱가포르 정부는 예산과 인력을 제한하고 민간에 권한을 주며 그들의 활동을 촉진하는 등 민영화 및 사유화를 통해 최소주의와 시민 자립이라는 원칙을 지키고 있다.

독립 이후 사반세기 동안(1965~1990) 싱가포르는 타이완, 말레이시아 등 다른 개발도상국과 마찬가지로 경제개발의 주체라 할 수 있는 공기업과 법정위원회에 크게 의존했다.[66] 그러나 최근 글로벌 경제의 불안정성과 불확실성으로 인해 싱가포르 스마트 국가는 자세를 낮추어 공기업을 민간기업으로 전환시키는 민영화를 대대적으로 추진했다.

현재 싱가포르 정부는 경제활동에 관한 직접적인 개입을 줄이고 규칙의 틀을 제공하는 방향으로 역할을 제한하고 있다. 이로써 변화하는 글로벌 시장에 참여하는 주체들은 국내외적으로 안정적이고 예측 가능한 환경에서 활동할 수 있다. 단, 싱가포르의 주권과 관계가 있는 사안은 분야별 준 공공기업, 즉 창이 공항공사, 항만청, 주롱 공사, 싱가포르 항공 같은 기업이 운용한다. 정부가 소유하고 있는 타마섹 투자회사는 시장 원칙에 따라 상당 규모의 자금을 투자한다.

국유기업을 민영화시켜 시장에 구애하기

기업식으로 경영하는 정부 구조는 공공의 이익을 위해 인센티브를 부여하는 강한 도구가 될 수 있다. 싱가포르 정부는 공공부문에서 시장 친화적인 공공정책을 수행하고, 예산 지출이나 인력 활용의 측면에서도 확고한 최소주의를 수행하고 있다. 그러나 앞 장에서도 서술했듯이 싱가포르는 자유방임적 정책을 택하지 않는다. 이 도시국가 지도자들은 국가가 어디로 향해야 하는지 확실히 방향을 잡고서 주택, 토지 이용, 교통 등의 정책 수단을 활용하여 그 길을 간다.

사회의 시장 원리와 공공정책은 자연스럽게 충돌이 발생할 수밖에 없다. 이 충돌을 해소하는 방법은 어느 정도는 임의적일 수밖에 없는데, 싱가포르는 국가의 통제 아래 단일한 방향으로 나아가는 전통적인 개발국가와는 달리 분산적인 접근 방법을 택하고 있다. 싱가포르 스마트 국가는 부처와 법정위원회에 의존하고 있지만 국유기업을 활용하기도 한다. 현직 또는 전직 공무원이 국유기업의 최고위직을 맡고 있으며 정부는 직간접적으로 상당한 지분을 보유하고 있다. 하지만 시장 원리를 따라 작동한다는 점에서 하이브리드 기업이다.[67] 국유기업은 정부의 창업 지원을 받기도 하고 금융위기와 같은 비정상적인 글로벌 위기에는 정부의 도움을 받을 수도 있으나 그 생존 여부는 궁극적으로 시장 경쟁력에 좌우된다. 또한 국유기업은 효율적이고 수익성이 있어야 하고, 어떠한 특혜나 감춰진 보조금도 받을 수 없으며, 열린 시장에서 경쟁적으로 직원을 모집할 수 있다. 그러나 수익을 내지 못하는 경우에는 파산의 수순을 밟아야 한다.[68]

1990년대부터 항만청이나 주롱 공사와 같이 국가가 일정 지분을 소유한 국유기업의 중요성은 점점 커졌다. 정부는 민영화를 적극적으로 도입하여 국가의 지분을 줄이는 대신 정책 입안과 규제 등 핵심적인 역할에 집중하기 시작했다.[69] 싱가포르 정부가 민영화를 강력히 추진하게 된 동기는 기술의 변화를 따라잡고, 사회 기반시설의 개발 자본을 조달하고, 미국 등 세계 주요 시장과 자유무역협정을 체결하기 위해서였다. 그 결과 재정이 강화되고 경쟁력을 갖춘 국유기업이 자리를 잡게 되었으며, 공공정책에 대한 경험과 기술 전문성도 갖출 수 있었다.

지구상에서 가장 효율적인 공항으로 손꼽히는 창이 공항의 발전과정을 살펴보면 싱가포르의 최소주의와 자립을 중시하는 경제개발 방식을 이해할 수 있다. 무엇보다도 차머스 존슨이 주창한 통제형 개발국가 모델과는 확연히 다르다. 원래 창이 공항은 공기업으로 운영되었으나 효율을 높이기 위해 2009년 민영화되어 싱가포르 정부가 소유한 기업인 타마섹 홀딩스로 지분이 넘어갔다. 민영화 이전에는 싱가포르 항공청이 공항 관련 규제와 운영을 책임졌지만 2009년부터는 규제 관련 역할만을 수행하게 되었다.

민영화 이후 창이 공항은 쇼핑센터와 관련된 산업단지를 확장하고 공격적으로 마케팅 활동을 펼치는 등 기업적 면모를 이어갔다.[70] 공항 단지 주변에는 의료관광에 필요한 시설을 유치했다.[71] 국제적인 활동도 적극적으로 펼쳤다. 공항공사 자체적으로 상당한 투자 조건을 갖추기도 했지만 싱가포르에서 성공한 경험을 적극 활용함으로써 국제 컨설팅을 시작한 것이다. 2014년 소치 동계올림픽을 앞두고 개장한 소치 국제공항은 창이 공항공사가 러시아 정부와 협력하여 만들어낸 결과였다.[72]

최소주의를 표방하는 싱가포르 경제개발의 두 번째 사례로, 타마섹 홀딩스를 들 수 있다. 타마섹은 1974년의 싱가포르 기업법을 바탕으로 싱가포르 정부 소유의 자산을 시장 원리에 따라

관리하는 투자 회사다. 타마섹 웹사이트에는 회사의 목적이 다음과 같이 설명되어 있다. "재무부가 핵심 역할인 정책 입안과 규제에 집중할 수 있도록 상업적으로 자산을 관리하고 투자하는 것이다."[73]

타마섹은 스스로를 국부 펀드라기보다는 "싱가포르에 위치한 아시아 투자신탁 회사"라고 자처하고 있다. 여느 국부 펀드와는 달리 수익이 나지 않는 투자는 하지 않고 빚을 지지도 않는다.[74] 타마섹의 운용 방식은 1960년대와 1970년대 일본이나 한국을 비롯한 개발국가 기관의 그것과 전혀 다르다. 하지만 시장 친화적이고 스마트 국가의 패러다임에 걸맞게 운용된다는 점에서, 싱가포르의 정치경제에 매우 긍정적인 측면이 있다.

타마섹은 다양한 나라에서 온 500여 명의 직원이 이끌어가는 작은 조직이다. 순액 240조 싱가포르달러가 넘는 자금을 관리하고 있는데 그중 29퍼센트만 싱가포르에 투자한다.[75] 나머지 자금의 27퍼센트는 북미·유럽·호주와 뉴질랜드, 42퍼센트는 아시아에 투자한다. 자유무역 신봉자이며 세계은행 총재와 미국 무역 대표를 지낸 로버트 졸릭Robert Zoellick이 2013년부터 타마섹 이사를 맡아 활동하고 있는데, 기업가 또는 과거 정부의 지도자였던 쟁쟁한 인물들과 교류하고 있다.[76]

타마섹은 이윤을 추구하는 방향으로 운영되지만 재정 서비스, 통신, 미디어 기술, 교통, 생명과학, 부동산, 천연자원, 에너지 등 싱가포르의 미래를 위한 분야에 자산을 투자하는 편이다.[77] 이 과정에서 타마섹은 글로벌 시장 동향이나 싱가포르의 여타 기업에 도움이 될 만한 가치 있는 정보를 축적하게 된다. 즉 전략적인 지주회사인 타마섹은 정부는 말할 것도 없고 국유기업들을 지원하는 여러 역할을 수행하는 것이다.

앞서 언급했듯이 싱가포르에 기반을 둔 타마섹은 세계 곳곳에 열려 있는 투자 기회와 경쟁해야 하며, 이러한 경쟁적인 접근 방식을 통해 국제 시장에 개방되어 있는 싱가포르의 소규모 경제를 다변화시킬 수 있다. 또한 타마섹 포트폴리오에 속해 있는 싱가포르의 회사들을 단련시킨다. 예컨대 타마섹의 투자를 받는 기업이 시장 친화적인 방향에 따르지 않으면 타마섹은 그 기업의 지분을 팔고 경쟁 우위를 지닌 다른 기업에 투자하는 것을 원칙으로 삼는다.

타마섹이 감독하는 주요 국유기업들은 주로 서비스 분야에 몰려 있다. 이 기업들은 싱가포르의 지역경제를 위해 공공재를 공급하고, 이로써 글로벌 경제 중심지로서 싱가포르의 역할을 강화하는 데 기여한다. 타마섹의 지분 투자 형태로 국유기업이 되면 금융시장에서 이자에 20퍼센트 프리미엄이 붙는다.[78] 타마섹이 지분을 갖고 있는 국유기업 중에는 영국이 싱가포르 식민지 시대를 청산할 때 식민지 기업이었던 탄종 파가Tanjong Pagar 항무국을 흡수하여 건설된 케펠 조선소도 포함되어 있다. 이외에도 고촉통 전 총리로 인해 명성을 더한 넵튠 오리엔트 유한책임회사, 싱가포르 개발은행, 싱가포르 항공, 창이 공항공사, 항만청 그리고 주롱 공사가 있다.[79]

싱가포르 정부는 국유기업들을 통해 해외 투자를 유치하고 지역경제를 활성화시키는 데 오랜 시간 노력했고, 그 결과 지난 10년간 국유기업들은 매우 세계화되었다. 이 기업들은 최소주의적이고 시장 중심적인 싱가포르가 넓은 세계의 열린 정책 실험실로 기능하게 해주는 중간 매개자라 할 수 있다. 지난 20년간 싱가포르의 민영화 정책은 2차 세계대전 이후 일본 통산성이 수행해온 관官 주도 방식과는 확연히 다르다. 바로 이 점이 작은 도시국가가 세계화 과정을 발전의 기회로 삼을 수 있었던 주요한 이유다.[80]

제도적으로 나타나는 자립정책

싱가포르 스마트 정부는 법정위원회와 같은 작고 효율적인 단위로 구성되어 있다. 이 단위들은 그들을 둘러싼 정치경제적 환경의 일반적인 논리에 따라 움직인다. 그러나 이 집단들이 부처의 하위 단위로 기능하게 되면 운용을 왜곡하거나 노동력 규모를 부풀릴 수 있는 후견주의적인 정치 압력을 받게 된다. 이 부처들은 의회에 책임을 져야 하기 때문이다. 법정위원회는 이러한 정치적 압력으로부터 전략적으로 분리되어 있다.[81] 즉 법정위원회와 국유기업은 시장과 밀접한 관련이 있지만 정치로부터는 분리된, 이상적인 자율성을 지닌다. 따라서 명목상 민주주의 시스템 안에서 탁월한 기술 관료가 운용할 수 있는 방어벽을 지닌 셈이다. 이렇게 구조적으로 정치와 분리한 덕분에 싱가포르 최소주의 정부는 최소의 자원을 투입하여 최대 결과물을 유도하는 경제개발을 이끌고 있다. 다음 절에서는 가장 효율적이고 최소주의적이면서 자립적인 기관이 실제로 어떻게 운용되는지, 경제개발청의 사례를 들어 살펴보자.

싱가포르의 위험부담을 조정하는 경제개발청

싱가포르에서 가장 중요한 정부기관인 경제개발청은 싱가포르가 글로벌 경제의 중심지가 되도록 이끌었고, 그 과정에서 민간의 기능을 강화했다. 경제개발청의 공식적인 임무는 "기업과 투자자에게 새로운 가치를 만들 수 있는 솔루션을 제공함과 동시에, 활기찬 기업활동과 좋은 일자리를 만드는 지속 가능한 경제성장"[82]을 이끄는 것이다. 12개국에 21개 사무국을 두고 있는 경제개발청은 세계 무대에서 커다란 위상을 지니고 있다.[83]

경제개발청은 글로벌 경제의 허브를 유지하기 위한 전략의 일환으로, 우선순위가 높은 고객이 쉽게 싱가포르에 진입할 수 있도록 하는 원스톱 서비스를 제공하고 있다. 말하자면 입주할 기업의 위치를 추천해주고, 사원을 위한 주택을 찾아주고, 직원 모집부터 재정적 인센티브까지 제공한다. 그런가 하면 경제개발청의 위상과 넓은 인맥을 활용하여 주요 다국적기업에 유연하게 대응하기도 한다. 예컨대 총리실 장관, 싱가포르의 걸출한 투자회사 타마섹 홀딩스 의장, 중앙후생기금 최고경영자 등이 경제개발청 출신이다.[84]

이렇듯 경제개발청의 네트워크는 싱가포르 제도권 내에 광범위하게 펼쳐져 있지만 정당 정치로부터 독립되어 있기 때문에 독특한 영향력과 효율성을 발휘한다. 그러면서도 시장으로부터 분리되어 있지 않다는 점이 중요하다. 이러한 특징은 법정위원회라는 구조가 엘리트 기술 관료를 최소한 명목상이나마 민주적인 정치 체계에서 소신껏 일할 수 있도록 보호해주기 때문에 가능한 것으로, 미시경제학적 관점으로 볼 때 절묘한 위상이다. 경제개발청은 싱가포르 정치경제에서 중요한 전략적 역할을 수행하고 있지만 입법부의 직접적인 심의나 여타의 간섭을 받지 않기 때문에 어떠한 사안도 정치화되지 않는다. 표면상 개발국가인 일본에도 비슷한 조직이 있지만 싱가포르와는 전혀 다르다. 경제개발청은 운용 상황에 관한 일반적인 정보를 국회에 제공하지만 특정 프로젝트를 책임지고 있는 부처를 통해서만 보고한다. 이렇듯 구조적으로 "고착화된 독립성embedded autonomy"으로 인해 경제개발청은 서구나 동아시아의 경제개발 기관보다 유연하고 효율적으로 작동된다. 이는 싱가포르의 다른 법정위원회에서도 누리는 특징으로, 최소주의와 자립정책의 핵심 요소다.[85]

경제개발청은 광범위한 해외 네트워크와 직원들의 세계화 훈련 덕분에 더욱 글로벌화되고 있으며, 이사회 구성진에서도 글로벌 지향성이 지속되고 있다. 이사회 의장은 의사이자 경제개발청에서 사반세기 동안 컨설팅과 행정을 경험한 베테랑이다. 그는 생물의학에서부터 산업 구조조정까지 다양한 분야를 경험했고, 최근에는 법무부 장관(2012~2014)을 지냈다.[86] 이사회 구성은 민간 요소가 강하며(12명 중 8명이 민간 출신), 국제적인 이력(8명 중 7명이 외국인)을 자랑한다.[87] 싱가포르의 주요 노동조합인 NTUC도 이사회에 참여함으로써 사회적 포용성을 갖추고 있

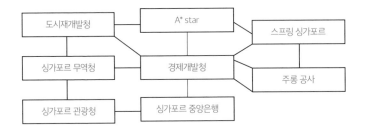

그림 4-9 경제개발청 원스톱 쇼핑 네트워크

다. 이는 영국이나 미국 다국적기업보다는 유럽 대륙에 가까운 모델이다.

이사회와는 별개로, 경제개발청은 장관 그리고 다국적기업의 최고경영자 13명으로 구성된 국제 자문단을 두고 있다.[88] 경제개발청의 글로벌 지향성을 더욱 강화하기 위해서다. 자문단은 매년 회의를 열어 싱가포르 성장전략에 관한 중요한 조언을 하고 있다. 2013년에는 구체적인 정책 제언을 제시했다. 이는 앞으로 싱가포르가 역량 있는 인재를 확보하고, 기업가 정신과 혁신을 장려하는 분위기를 드높이며, 제조업과 디지털 통신 부문에서 아시아 허브가 되어 글로벌 도시로 발돋움하는 데 중요한 조언이었다.[89]

경제개발청이 1991년에 설립한 투자 자회사는 위험을 무릅쓰고 신진 벤처 기업의 지분을 획득하기 시작했다. 바로 경제개발청 투자회사EDB Investment로, 자국 기업이나 다국적기업을 파트너로 삼아 싱가포르의 중요한 산업 클러스터를 확장하는 프로젝트에 투자하고 있다. 전략적 직접투자라 불리는 이 방식은 새로운 프로젝트를 가동시키고 박차를 가해 독립적으로 지속될 수 있도록 하는 게 목적으로, 해당 프로젝트에서 소기의 목적을 달성하면 경제개발청 투자회사는 프로젝트를 떠난다. 경제개발청 투자회사가 지분을 사들인 벤처 기업의 성공 가능성을 높이기 위해 투자회사 계열사인 경제개발청 관리회사는 운영상 이슈에 관해 국내외적으로 공동 투자자들과 긴밀한 협력을 꾀한다.

다면적·통합적으로 시장 민감도를 높이는 경제개발청
경제개발청은 정치로부터 분리되어 있다는 점뿐만 아니라 여러 정부 기관과 긴밀한 협력을 통해 시너지 효과를 얻는다. 즉 경제개발청은 8개의 주요 기관으로 이루어진 공공정책 복합체의 핵심이다.(그림 4-9) 주요 임무는 양질의 해외투자를 유치하여 싱가포르 경제를 활성화시키는 것이며, 나머지 기관들은 경제개발청의 임무를 직간접적으로 돕는다. 예컨대 외국 기업에 대해 사원들을 위한 주택, 컨퍼런스 시설, 재정 혜택 등의 다양한 서비스를 제공한다. 이러한 도움이 있기 때문에 경제개발청도 잠재적 투자자들에게 여러 가지 매력적인 인센티브를 제시할 수 있다. 한마디로, 경제개발청은 다른 부서들과 연계한 통합적인 거시적 조직을 구성하고, 이를 활용하여 글로벌 기업들에게 원스톱 서비스를 제공하는 것이다. 일본, 한국, 프랑스 같은 개발국가는 고질적인 관료주의적 내부 경쟁 때문에 이러한 패턴을 적용할 수 없었다.

경제개발청의 지도 아래 여러 지원기관들이 상호작용하며 시너지를 발휘하는 방식은 다른 나라와 비교했을 때 매우 독특한 점이다. 이처럼 여러 기능을 효율적으로 분산시켜 관료제에서의 경쟁 구도와 업무 중복을 방지하는 통합적인 시스템은 최소주의 정부의 이점이기도 하다. 또한 외국인 투자자들이 원하는 부분에 민감하게 반응할 수 있다는 점에서 싱가포르의 글로벌 경쟁력을 향상시키는 주요 요소라 할 수 있다.

경제개발청의 원스톱 서비스는 다국적기업들이 각각의 생산 네트워크와 전략 계획에 맞게 맞춤형 인센티브를 얻어낼 수 있는 기회를 제공한다. 세제 혜택, 사회 기반시설 제공, 주택개발청과 같이 경제개발청의 협력 기관에서 제공하는 기업 사택은 일반적으로 인센티브 패키지에 포함된다. 이런 방식을 통해 경제개발청은 자연스레 현지 기업에 도움이 되는 방향을 모색하는데, 국가 기준을 정립하는 스프링 싱가포르의 역할이 대표적이다. 1970년대 경제개발청에서 파생된 이 기관은 싱가포르 기업의 성장을 돕고 그 제품과 서비스의 신뢰도를 쌓는 데 초점을 맞춘다. 그러나 궁극적인 목표는 세계적 수준의 제조업 회사와 서비스 기업들이 작지만 효율적인 도시국가에 투자하게 만들고, 다국적 기업의 본사와 핵심 관리 기능까지 유치시키는 것이다.[90]

과거 10년간 경제개발청은 세계 기업들과 협력해서 문제를 해결하는 시너지를 강조했다. 그러면서 싱가포르를 기업활동, 혁신, 인재의 본거지로 만드는 노력도 쉬지 않았다. 그중에서도 경제개발청은 생명의학(약학, 건강 서비스, 의료 기술), 정보과학, 물류·교통(항공, 해상 운송, 공급체인 관리)에 우선순위를 두고 있다. 경제개발청은 기업을 육성하는 생태계인 벤처 캐피털, 기업 육성 시설, 저작권 보호와 같은 분야에도 관심을 기울이고 있다.[91]

광범위한 협력의 촉진제로서 경제개발청

경제개발청의 통합적 접근 방식은 다른 법정위원회와 협력하는 과정에서도 관찰된다. 예컨대 경제개발청은 국립예술자문위원회나 싱가포르 관광청과 협력하여 싱가포르 예술주간Art Week 를 조직하는데, 해마다 9일간 개최되는 이 행사를 통해 싱가포르는 아시아에서 꼭 가봐야 할 예술 행사지로 거듭나고 있다. 또한 싱가포르를 금융기술 허브로 만들기 위해 싱가포르 중앙은행과 협력하여 2016년 5월 핀테크 사무소를 설립했다.[92] 싱가포르 무역청은 세계 각국의 투자를 유도하기 위해 노력하는 한편, 각국의 관세 등 다양한 무역 기준에 대한 방대한 데이터 베이스를 바탕으로 국제시장의 변화를 날카롭게 분석한다.

경제개발청은 보조금으로 지분 투자를 한다. 그러나 생명의학과 같이 유망한 분야의 잠재적 투자자는 과학기술연구단체 또는 A*STAR와 협력하여 활로를 찾기도 한다. 싱가포르에 들어오는 새로운 벤처기업에게 "지적이고 인간적인 산업자본"을 제공하는 A*STAR는 과학, 공학, 기술 분야의 인력 개발에 초점을 맞추고 있다.[93] A*STAR는 도시재개발청과 협력하여[94] 창업에 필요한 주택과 사무 공간을 맞춤형으로 제공하고, 산업단지를

관리하는 주롱 공사를 통해 필요한 기반시설을 지원한다.[95]

경제개발청과 정부는 해외투자를 통해 국내 기업에 긍정적인 파생 효과를 기대하고 있다. 그런데 국가의 정책이 싱가포르 자국민을 희생하여 외국인을 돕는다는 국내 비판이 거세지자 경제개발청과 협력기관은 파생 효과에 우선순위를 두기 시작했다. 이러한 압박이 2002년 4월 스프링 싱가포르를 설립하게 된 동기가 되었는데, 1996년 설립된 프로덕트 앤 스탠더드 보드Products and Standards Board를 구조 조정한 결과라 할 수 있다. 스프링 싱가포르는 중소기업을 비롯한 싱가포르 기업의 창의성과 기업가 정신을 고취함으로써 생산성을 향상시키고, 혁신의 결과를 공유하고 글로벌 시장에서의 경쟁 역량을 강화하도록 지원한다. 그러나 거대한 다국적기업이 우위를 차지하는 사회경제적 환경에서 이러한 노력이 장기적으로 얼마나 효과적일지는 미지수다.

경제개발청은 자립적이고 정적인 기관이라기보다는 시너지를 일으키는 조정자다. 국내와 해외 기업이 서로 연결될 수 있는 장소와 플랫폼을 제공하며, 구체적인 실행 계획까지 지원하여 시장 주체들이 전반적인 전략과 내부 운영, 혁신에 초점을 맞출 수 있도록 해준다. 소규모의 엘리트 직원들이 포진해 있고, 싱가포르 지도층과 친밀한 열정적인 리더가 있으며, 국제 기업 자문단의 자문을 통해 관련 기관들의 활동을 조정한다. 전체적으로 볼 때 경제개발청을 중심으로 하는 이 그룹은 각 기관 부분들의 총합 이상의 무언가를 실현한다. 경제개발청이 조직 간 조정자 역할을 훌륭하게 소화하여 체제의 효율성을 향상시키기 때문이다.

싱가포르 스마트 국가는 확실히 지역경제 발전에 중요한 역할을 맡고 있다. 다만 제한된 예산과 소수의 핵심 공무원으로 수행된다는 점에서 간접적이고 최소주의적이다. 대체로 경제개발청을 비롯하여 시장에 민감한 소규모 법정위원회, 국부펀드인 타마섹 등 공공기관이나 이에 연계된 민영 기업이 구체적인 임무를 맡는다. 정부의 이러한 활동은 민간에 영향력을 끼쳐 국내 또는 국제적으로 활동하는 싱가포르 기업의 글로벌 경쟁력을 높이는 데 큰 도움을 준다.

3. 스마트 국가와 국제관계

오늘날 세계는 쉴 새 없이 요동친다. 국내적으로 안보를 위협하는 민족 간 갈등이나 테러리즘도 발생하지만 우크라이나, 시리아, 이라크, 남중국해에서도 위기가 빚어지고 있다. 특히 지구에서 가장 인구 밀도가 높은 지역에 위치한 싱가포르는 탐욕스럽게 성장하는 국가들에 둘러싸여 있다. 그러한 상황에 처한 작은 도시국가에게 오늘날의 세계란 확실히 맬서스적으로 식량과 자원이 부족한 곳이며, 이러한 경향은 가까운 미래에 더 강화될 것이다. 무역과 금융의 상호 의존성이 심화된 글로벌 세계에서 싱가포르는 수만 킬로미터 떨어진 곳의 시장 변화에도 민감하게 반응할 수밖에 없다. 말하자면 세계 정치경제의 가벼운 불확실성조차 싱가포르의 소프트웨어 및 하드웨어적 안보 위협을 증폭

시킨다.[96]

따라서 굳건한 안보란 이루기 어렵지만 많은 이가 소망한다. 특히 싱가포르를 둘러싼 개발도상국에서 더욱 그렇다. 그리고 싱가포르는 주변 국가뿐만 아니라 세계 여러 나라에 전수해줄 만한 요소를 많이 지니고 있다. 사자의 도시 싱가포르의 경험은 타이완이나 쿠르디스탄 등 정치적으로 입지가 모호하고 국제적으로 인정받지 못했으나, 독립적으로 기능하는 지역 권력집단에게도 유효하다.

앞으로 살펴볼 내용은 싱가포르 국제안보 정책에 관한 것이다. 소프트웨어와 하드웨어의 혼합으로 이루어진 싱가포르 국제안보정책은 정치·군사, 전통적 외교, 국제 네트워킹과 의제 설정이라는 세 가지 차원에서 중요하다. 이 세 가지 영역에서 싱가포르의 접근 방식은 규모가 더 큰 국가에도 상당한 의미가 있다. 여기서는 싱가포르의 식량·자원안보 정책을 살펴보고, 싱가포르의 종합적인 안보 전략이 하위 기관 또는 다른 나라와도 관련이 있을지 검토해보기로 한다.

전반적으로 싱가포르의 외교 방식은 사회복지와 경제개발을 다루는 방식과 놀랄 만큼 닮았다. 두 분야의 공공정책과 제도는 최소주의에 기초하여 맞닥뜨린 과제의 규모에 비해 매우 적은 예산으로 운용되며, 법적 제한이 별로 없으며, 최소한의 인력으로 과업을 수행한다. 이처럼 외교정책 역시 최소주의를 따르며 무언가를 가능하도록 돕는다는 특징이 있다. 재정이나 인력을 과도하게 투입하지 않으며 지구적 의미에서 싱가포르의 국익을 다각도로 증진시킨다.

정치·군사적 차원

말라카 해협은 동북아시아로 향하는 에너지 벌크선을 포함하여 세계 무역의 4분의 1 이상이 일상적으로 오가는 전략적 요충지다. 싱가포르는 말라카 해협 양쪽에 걸쳐 있는 아주 작은 도시국가임에도 불구하고 미국을 포함하여 어떠한 강대국과도 공식적인 동맹관계를 맺지 않고 있다. 그러나 싱가포르는 스스로 안전하다고 여기고 있으며, 미국뿐만 아니라 미국과 조심스럽게 관계를 유지하고 있는 중국 등 여러 나라와 신뢰를 쌓았다. 이처럼 관계의 폭이 넓은 한편 모호한 면도 있다. 즉 싱가포르는 정치적으로 불투명한 입장을 견지하면서, 타이완이나 한때 버림받은 국가들(이를테면 1990년대 초 미얀마나 베트남)처럼 특이한 위상을 지닌 국가와도 견고한 정치·군사적 관계를 유지해왔다. 그 시기는 그들 국가가 국제사회 질서에 재편입되기 이전부터였다.

싱가포르는 정치·군사적 관계에서 세계 여러 나라에 상당한 지분을 갖고 있다. 일반적으로 이러한 관계를 쌓으려면 일반적으로 큰 비용을 지불하기 마련이지만, 싱가포르는 그렇게 하지도 않았다. 이러한 관계를 만들고 유지하는 싱가포르의 역설적인 역량은 어떻게 가능한 것일까? 이에 대한 답은 네 가지로 요약된다. 첫째는 세간의 이목을 끌지 않는 행태이고, 둘째는 견고하고 효율적인 국방력을 갖고 있지만 신중하게 처신하여 잘 알려져 있지 않다는 점이고, 셋째는 용의주도하게 개발한 국제 네

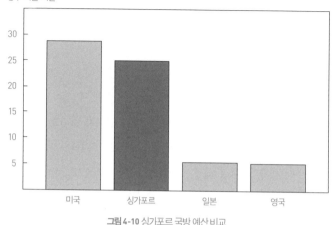

정부 지출 비율

그림 4-10 싱가포르 국방 예산 비교

트워크이고, 넷째는 국제사회에서 상당한 기여를 했다는 점이다. 이는 정치·군사적 관계에서 세계 각국에 적용 가능한 '싱가포르 모델'이라 할 수 있다.[97] 무엇보다도 싱가포르가 막강한 군사력을 보유하고 있다는 점이 중요하다. 실제로 싱가포르는 이스라엘을 본받아 조심스럽게 외부지역 국가를 친구로 만들었고, 지역 내에서는 신속히 대응할 수 있는 국방력을 키웠다. 싱가포르 국방예산의 비율은 미국과 맞먹으며, 영국과 일본의 거의 5배에 달한다.(그림 4-10) 동남아시아에서 면적이 가장 작지만 그 어떤 나라보다도 국방에 많은 비용을 지출하는 나라가 바로 싱가포르다.[98] 100억 달러의 국방예산은 베트남이 국가 안보에 지출하는 금액의 두 배가 넘는다.[99]

미국은 싱가포르의 주요 정치·군사 파트너로, 양국은 조용하지만 견고한 관계를 맺고 있다. 일본이나 한국과 공식적 안보 관계를 맺고 있는 것과는 달리, 싱가포르와는 조약이 없다.[100] 하지만 위의 두 나라와 마찬가지로 미군은 싱가포르 주둔을 바탕으로 하여 주목을 끌지 않으면서도 실질적이고 중요한 역할을 수행한다. 실제 싱가포르에 주둔한 미군의 규모는 제한적이다. 총 350명 이하이고 실제 군복을 입은 인력은 200명이 채 되지 않으며, 공식적인 미군기지에 주둔하지도 않는다. 이들의 활동은 미국 제7함대의 군수 지원에 초점을 두고 있으며, 여기에는 식량, 군수품, 연료 공급과 함정 수리가 포함된다.[101] 덧붙여 미국 정부는 태평양에 걸쳐 배치된 미국 시설에 대한 상당한 규모의 회계 업무(급료 지불이나 택시 영수증 변제까지 포함하는)를 싱가포르 외부에서 수행한다.

시선을 끌지 않으면서 실질적인 싱가포르와 미국 간의 군사 협력으로는 다음과 같은 내용도 포함되어 있다.

—미국의 기술적인 요구에 맞춘 1등급 기반시설 제공
2001년 3월 싱가포르는 자비를 들여 흘수吃水가 깊은 함정이 정박할 수 있는 부두를 창이 해군 기지에 건설했다. 이곳에서 미국 항공모함을 정비하거나 수리할 수 있다. 일본 요코스카에 주둔하고 있는 키티호크 항공모함이 맨 처음 이 시설을 사용했다. 또한 싱가포르 정부는 미군을 수용하기 위해 기존 해군기지를 개조해 두 배 규모로 확장했다. 이는 일본과 인도양의 디에고가르시아섬 사이에 미국 함정이 정비작업을 할 수 있는 유일한 시설

이다.[102]

—싱가포르 환승시설을 신중히 활용하는 미국

매년 100개가 넘는 미국 함정이 싱가포르에 정박하고, 미 전투
기가 정기적으로 배치되고 있다. 싱가포르는 걸프전 당시와 그
이전에 미군의 항공기, 군대, 선박의 환승 장소로 활용되어, 파
야 르바Paya Lebar 공군기지는 미 전투기의 소말리아와 사우디아
라비아 작전을 지원했다. 2012년부터 미국은 프리덤 항공모함과
포트워스 항공모함 등의 연안 전투함을 번갈아서 싱가포르에 배
치했다.[103]

—공동 훈련과 연습

싱가포르는 1981년부터 격년 단위로 미 육군 태평양 부대
와 공동 훈련(타이거밤Tiger Balm, 번개Lightning Strike 작전 등)
을 실시한다.[104] 또한 격년마다 미 해군과 CARAT(Cooperation
Afloat Readiness and Training) 공동 훈련을 수행하고 있으며,
RIMPAC(Rim of the Pacific Exercise)이나 코브라 골드Cobra Gold
같은 훈련 프로그램에도 참여한다.[105] 싱가포르 군대는 미 공군
과도 적극적으로 교류한다. 싱가포르와 미국에서 공동으로 수
행하는 프로그램, 이를테면 1990년부터 싱가포르에서 격년 단
위로 수행하는 코만도 슬링Commando Sling, 1993년부터 미국 애
리조나 루크 공군기지에서 운용 중인 피스 카빈IIPeace Carvin II
등의 훈련을 수행하고 있다.[106] 싱가포르 공군은 매년 미 공군

과 긴밀한 협력 아래 루크 기지에서 F-16 조종사와 엔지니어들을 강도 높게 훈련한다. 레드 플래그Red Flag(1976년부터 시행했고, 2006년부터 재수행), 코프 타이거Cope Tiger(1994년부터 시행)와 같은 미 공군과의 다국적군 훈련에도 참여한다.[107]

—장비의 사전 배치

2005년 싱가포르는 중장비, 군수품, 보급품에 대한 전략적 프레임워크 협정에 따라 싱가포르에 주둔하고 있는 미군에게 시설을 제공해오고 있다. 이는 동남아시아와 주변 지역에 예상치 못한 비상사태가 일어날 것에 대비해 병력 배치 속도와 효율성을 높이기 위한 조치다.[108]

—정보 협력

싱가포르와 미국은 동남아시아의 테러 위협 등의 문제에 관해 주기적으로 정보를 공유한다. 그동안 싱가포르와 미국의 안보 협력은 실질적이고 현실적이며 유연하게 진행되었고, 미국은 이 부분을 높게 평가하고 있다. 미국의 한 정보 담당 관료는 싱가포르와의 협력은 호주를 제외한 태평양의 그 어떤 동맹국과의 협력보다 유용하다고 평가했다. 또 어느 전직 국방부 관료는 1991년 미군의 필리핀 기지 사용 협력이 무산되었을 때 싱가포르가 병참과 수송 부문에서 공백을 신속히 메워준 것에 대해 극찬했다.

또한 싱가포르는 냉전 이후 미국이 세계에 두루 병력을 배치하는 과정에서 지정학적으로 중요한 빈틈을 채워주었다. 미국은 동북아시아에 중요한 기지(한국, 일본)를 확보하고 있으며, 인도양에는 디에고가르시아섬, 서태평양에는 괌에 기지를 두었다. 그러나 오키나와와 페르시아만 사이에는 주요 공군기지가 없었다.(그림 4-11) 따라서 효율적인 병참·수송 차원이나 전략적 측면에서 싱가포르 또는 필리핀의 협력이 필요했다.

미국은 태평양에서 공식적으로 동맹을 맺고 있는 3개국과 군사관계를 유지하는 데 많은 노력을 기울여왔지만 논란도 적지 않았다. 반면 싱가포르와 미국의 안보 협력은 공식적인 것이 아니기 때문에 그러한 정치적인 논란을 노련하게 피할 수 있었다. 미국은 기지 대여 비용을 놓고 흥정을 벌이다가 필리핀에서 기지 사용권을 잃었다. 그리고 일본이나 한국과는 미군기지 이전 문제로 쓰디쓴 협정을 벌여 종종 관계가 악화되기도 했다.[109] 일본의 경우 미군을 재배치하는 사안에 대한 자국의 정치적인 반대로 인해 군대를 효율적으로 운용하기 쉽지 않았다. 하지만 싱가포르는 비공식적이고 시선을 끌지 않는 접근 방식을 취하기 때문에 이런 문제로부터 자유롭다. 미국과 싱가포르의 긍정적인 유대와 같은 사례는 군사관계에서 흔치 않은 일이다.

다각적인 안보 외교

주목을 끌지 않는 미국과의 안보 협력 덕분에 싱가포르는 아시아 태평양 지역의 다른 정부와도 광범위한 외교활동을 유지할 수 있었다. 이 중에는 과거와 현재 미국에 적대적인 국가도 포함

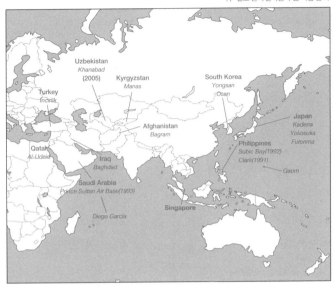

그림 4-11 미국의 세계 군사 배치 계획에서 싱가포르의 전략적 위치

된다. 예를 들어 타이완과 공동으로 스타라이트Starlight 작전이
라는 군사훈련을 수행해 오면서도 지난 30년 넘도록 중국과 고
위급 대화를 지속해왔다.[110] 그래서인지 중국과 타이완의 "양안
대화Cross-Straits Dialogue"에서 싱가포르가 중요한 역할을 수행하
고 있다는 사실은 그다지 놀랍지 않다. 1993년 처음 중국과 타
이완이 외교관계를 수립하고 2015년 11월 시진핑과 마잉주가 만
나 정상관계를 수립한 곳도 싱가포르였다.[111]

　싱가포르는 중국과 민감한 관계에 있는 베트남이나 필리핀의
군대와도 적극적으로 교류한다. 그리고 미국과 미얀마가 관계

를 정상화하기 20년 전인 1980년대 후반에 이미 싱가포르는 미얀마 군부와 관계를 다졌으며, 1988년 버마의 군 지도층이 정권을 잡았을 때 무기와 탄약을 제공한 첫 국가이기도 하다. 이후 1990년 미얀마에서 대학살이 발생하고 말았다.[112]

싱가포르의 민족 다양성은 안보 문제를 대하는 외교 전략에도 영향을 끼쳤다. 그러나 이러한 잠재적인 약점을 외교의 강점으로 잘 전환함으로써 다른 나라에도 참고가 되었다. 싱가포르에서 다수의 최고위급 정치 지도자는 중국인이며 인구의 4분의 3이 중국인이기 때문에 자연스럽게 중국 대륙과 친밀하다. 그러나 이 친밀감은 동남아시아 국가들에게 두려움을 안겨주는 요소다. 싱가포르는 그러한 우려를 가라앉히고 잠재적 파트너의 범위를 넓히기 위해 10개 회원국이 참여하는 ASEAN 지역포럼을 공식 외교활동의 중심에 두었다. 이를테면 1990년 ASEAN의 마지막 회원국인 인도네시아가 중국을 공식적으로 인정하기 전까지 싱가포르는 중화인민공화국을 인정하지 않았다. 또한 싱가포르 인구의 약 4분의 1을 차지하는 인도 및 말레이시아의 소수민족 출신을 종종 외교장관으로 임명해왔다.

외교 영역에서 싱가포르의 주요한 안보 전략은 세 가지로 요약될 수 있다. 첫째는 지역 내 강국에 위협을 주지 않으려 노력하고 있다는 점이다. 적어도 1978년 베트남의 캄보디아 침략 이후 널리 퍼진 'ASEAN 우선주의' 정책 같은 전략을 활용하여 그들의 신뢰를 쌓고 있다.[113] 중국인이 대다수를 차지하는 싱가포르에서 인도나 말레이시아 출신을 외교장관으로 임명하는 것 또한 신뢰를 구축하는 또 다른 전략이라 할 수 있다.

싱가포르 안보 외교의 두 번째 축은 미국을 비롯한 글로벌 강대국의 광범위한 안보 이해관계를 의식하여 방향을 정하는 것이다. 앞서 언급한 미국과의 정치·군사 협정은 논외로 하더라도, ASEAN 확대 외무장관회의와 ASEAN 지역포럼에 미국을 끌어들이거나 환태평양 전략적 경제동반자협약Trans-Pacific Partnership(TPP)과 같이 미국이 주도하는 자유무역 정책에 지지를 표했다. 이와 맞물려 2003년 미국과의 자유무역 협정을 강하게 밀어붙여 성사시켰는데, 이는 이스라엘과 요르단 이후 미국이 세계에서 세 번째로 체결한 협정이자 동아시아 국가 중에서는 첫 번째 협정이었다. 싱가포르는 강한 안보 협력과 자유무역 중심의 경제 사이에서 국가 간의 상호적 관계를 정확히 인식한 것이다.

다른 나라에서 본보기로 삼을 만한 싱가포르 안보 외교의 세 번째 요소는 국제 정세에서 나타나는 여러 유형의 체스판을 인지하고 활용하는 것이다. 아주 작은 도시국가인 싱가포르는 때로는 도시로서 때로는 국가로서 입장을 취한다. 국제관계에서 보기 드문 이러한 다층적 전략을 통해 동아시아의 복잡한 정치 문제를 매우 능수능란하게 다룰 수 있다. 예를 들어 타이베이, 타이완의 주정부, 중국의 여러 지방정부와는 도시 단위로 의제를 상의하지만 베이징과 뉴델리의 국가 지도자들과는 국가 대 국가로 만난다. 게다가 기능적으로 국가 개발에 중요한 시민단체와도 긴밀한 관계를 형성하는데, 매년 6월 '싱가포르 세계물주간Singapore International Water Week' 컨퍼런스를 통해 세계물위원회와 같은 단체를 지원하고 있다.[114]

네트워크: 싱가포르의 '워싱턴'에 대한 이해

워싱턴 D.C.의 정책에 영향을 끼치려는 노력은 세계 안보 전략의 필수적인 요소로서, 태평양에 자리잡은 국가 가운데 그 중요성을 가장 잘 아는 나라는 (한국을 제외한다면) 싱가포르일 것이다. 싱가포르는 일본, 인도네시아, 중국처럼 규모가 큰 국가들에 비해 한 가지 중요한 사실을 잘 인식하고 있다. 바로 두뇌 집단, 언론, 칼럼니스트로 연결된 워싱턴의 "권력의 그늘penumbra of power"이 글로벌 전략에 영향력을 행사하는 전쟁터라는 점이다.[115] 싱가포르는 워싱턴에서 대두되고 있는 역동적이고 다차원적인 사회정치 환경에 대응하기 위해, 가장 영향력 있는 국가로 인식시킬 만한 전략들을 개척했다. 이는 다른 나라에게도 충분히 이득이 될 만한 전술들이다.

로비 방식은 싱가포르의 핵심 전략이 아니다. 일본, 한국, 중국, 타이완과 달리 싱가포르 외교 분야에는 전문 로비스트가 많지 않다. 사실, 이슈가 구체적이고 단기적인 경우를 제외하고는 싱가포르 대사관은 로비스트를 거의 고용하지 않는다.

워싱턴에 주요한 영향력을 행사하는 여느 국가와 달리, 미국 수도에 있는 싱가포르 대사관의 규모는 크지 않다. 실제로 길 건너 중국 대사관의 10분의 1 규모에 불과하고 공식적으로 대사관에서 근무하는 외교관은 20명 정도다. 그러나 경력이 많은 외교관을 임명하여 다년간 근무케 하고, 그렇게 얻은 노하우를 적극 활용하는 등 소규모 외교 군단을 최대한 활용한다. 현재 대사인 아쇼크 쿠마 머푸리Ashok Kumar Mirpuri는 하버드 경영대학원 졸업생이고, 이전 대사인 찬헹치는 대학의 석좌교수였다. 찬 대사는 16년 동안 워싱턴 대사로 활동하면서 광범위한 인적 네트워크를 쌓았으며, 미국외교협회와 국제전략연구원 등 영향력 있는 자문위원회에도 참여했다. 그는 2012년 자국으로 돌아온 뒤, 전 유엔 대사 토미 코Tommy Koh와 마찬가지로 싱가포르의 외교적 이익을 위해 자신의 드넓은 글로벌 네트워크를 적극 활용했다.[116]

싱가포르 대사관은 규모가 작다는 점을 오히려 유리하게 활용하고 있다. 대사관 직원들은 즉 대사관 행정에 시간을 소비하기보다는 미 의회에서 많은 시간을 보내거나 언론계나 연구단체 관계자와 접촉하는 등 주로 외부활동에 주력하는 편이다. 또한 몸집이 작아서 현안에 신속하게 대응할 수도 있다. 뉴스 매체들의 순환주기가 짧은 인터넷 시대에는 유용한 자산이다. 싱가포르 대사관은 가용 자원을 최대한 활용해서 브루킹스 연구소나 국제전략 연구소와 같은 주요 싱크탱크와 협력하여 공동 프로그램을 만든다. 이들 연구소는 워싱턴이 정책 의제를 설정하는 과정에서 비공식적으로 비중 있는 영향력을 행사하는 기관이다. 이처럼 싱가포르가 워싱턴에서 정책 네트워크를 구축하는 데 주력하는 이유는 네트워크를 통해 미국의 새로운 정치 및 경제에 관한 비공식적인 정보를 얻을 수 있고, 싱가포르가 과거에

취했거나 고려 중인 조치들에 대해 피드백을 얻을 수 있기 때문이다. 이에 따라 싱가포르 대사는 미국의 전현직 공무원, 오피니언 리더들이 합석할 수 있는 편안한 저녁 모임을 자주 주관하고 있으며, 중국 설날이나 재즈 페스티벌을 비롯하여 규모 있는 자선 행사도 개최한다. 이 모두가 네트워크를 확대하고 유지하기 위해서다.[117]

싱가포르 국가 지도자들은 태평양 너머의 국가와의 연결망을 개발하고 유지하기 위해 워싱턴을 자주 찾는 편이다. 리셴룽 총리도 다른 장관들과 마찬가지로 워싱턴을 자주 방문한다. 싱가포르는 인구는 물론이고 땅이나 경제 규모로도 작은 국가다. 미국과 공식적인 동맹관계를 맺지 않았음에도 불구하고 충실한 동맹국으로 인식되고 있어, 싱가포르 지도자들은 워싱턴의 고위급 정책 서클에서 환영받고 있다.

결론

지난 반세기 동안 선견지명과 실용성을 겸비한 리더십이 싱가포르의 눈부신 경제성장과 외교적 성공을 이끌었다는 점은 의심의 여지가 없다. 그 리더십은 시장 친화적인 신자유주의 정책을 가능하게 했지만, 1당 체제 그리고 기술관료 지배 구조라는 사회 정치적 맥락 안에서 작동하고 있다. 이 장에서는 싱가포르 정부와 공공정책을 비교 관점에서 광범위하게 살펴보았다. 스마트 국가로서 싱가포르의 특징을 알아보았고, 스마트 국가의 최소주의적이고 시민 자립을 돕는 정책이 싱가포르에서 어떻게 작동하는

지 살펴보았다.

이 책의 서두에서 서술했듯이, 산업화된 다른 국가와 비교할 때 싱가포르는 GDP의 상당히 작은 몫을 공공부문에 할당하는 편이다. 국가의 전체 노동력에서 차지하는 공무원 비율도 다른 나라보다 낮고, 따라서 국가 재정도 많이 소비되지 않는다. 시민들에게는 다양한 서비스가 제공되지만 그에 따르는 시민의 비용 부담은 높은 편이다. 자립의 원칙에 따라 저축 프로그램과 재해 대비 보험에 강제 가입하는 규정이 중시되기 때문이다. 물론 최소한의 안전망을 갖추고 있으므로 완전한 자유 방임국은 아니다.

싱가포르 스마트 국가는 경제개발과 사회복지에 대해 최소주의와 시민의 자립을 돕는 관리 방식을 추구한다. 정부 기능은 민간 기업과 비슷한, 즉 법정위원회와 같은 상대적으로 작은 공공조직들이 분할 수행한다. 이들 기관은 의회에 의해 설립되었고 정부 부처에 의해 감독되고 있지만 독립적 기능이 가능한 싱가포르만의 특이한 조직 형태로, 민감한 정책들을 정치적 간섭으로부터 보호하고 시장 친화적인 방식으로 목적을 달성할 수 있도록 돕는다. 해외투자를 이끌어내기 위해 노력하는 경제개발청과 주거의 질을 향상시키는 주택개발청이 대표적이다. 이 두 기관은 싱가포르의 정치경제 체제가 불안정한 세계에 노출되어 국내외로부터 강한 압력을 받고 있음에도 불구하고 최소주의와 시민 자립을 돕는 정부 형태를 지향하고, 정치적으로도 이러한 노선을 유지하도록 돕는다. 경제개발청과 주택개발청은 싱가포르를 글로벌 정책 실험실로 이끌어줄 기업들, 즉 시장 친화적이면서도 공공성을 지닌 기업들과 긴밀히 협력하고 있다. 이 점에 대해서는 5장에서 좀더 자세히 설명할 예정이다.

국제사회에서도 싱가포르는 스마트 정책을 추구한다. 싱가포르가 추구하는 글로벌 지향성과 국가 안보를 고려할 때, 그리고 영토가 작고 전략적인 지점에 위치한다는 사실을 감안할 때 외교 집단이나 군대의 규모는 상대적으로 왜소하다. 이렇듯 싱가포르는 외교 안보를 위한 재정 지출을 최소화하면서도 미국과 같은 주요 국가와 긴밀한 안보관계를 맺어 실용적인 다자 외교를 펼치는 한편 해외 안보 이슈에는 별로 개입하지 않는다.

21세기 싱가포르의 크나큰 자산 중의 하나는 바로 싱가포르가 국가인 동시에 도시라는 점이다. 싱가포르는 국제 정세의 다양한 체스판에 권위 있는 방식으로 참여할 수 있다. 중국과 인도 등 인구가 많은 개발 국가에서는 현재 도시화 과정에 따르는 극심한 고통을 겪고 있는 상황에서 국민국가이자 도시국가라는 싱가포르의 이중적 위상은 교통·에너지·환경 분야의 스마트 도시정책의 가치를 넘어서는 의미를 지닌다.

제5장

스마트 도시,
싱가포르

살기 좋고 지속 가능한
도시 공동체 만들기

"콘크리트로 둘러싸인 황폐한 도시 정글은
인간 정신을 파괴한다."
_ 리콴유(1995)

세계 여러 나라는 공통적인 사회문제들에 직면해 있다. 그리고
세계화가 이루어지면서 이러한 문제를 해결할 모범적인 정책을
공유하거나 협력하여 해결 방안을 찾는 과정이 수월해졌다. 특
히 인류가 처한 보편적인 문제에 대응하는 싱가포르의 방식을
진지하게 살펴볼 필요가 있다. 이는 싱가포르가 한 국가로서 사
회경제적 성공을 이루었기 때문이기도 하지만, 도시로서도 그에
필적하는 성과를 냈기 때문이다. 싱가포르 사례는 정보통신 기
술의 혁명적인 발달로 인해 도시 변화가 가속화되고 있는 오늘

날 많은 것을 시사한다.

앞장에서는 싱가포르가 국가로서 성공을 거둔 사례에 대해 다른 개발도상국 및 선진화된 산업국가와 비교하여 소개하고, 그 성공을 견인한 정책들을 탐구했다. 이 장에서 다룰 내용은 도시로서 싱가포르가 구체적으로 어떤 성과를 이루었는가 하는 것이다. 20~21세기에 걸쳐 빠르게 발전한 정보통신 기술을 기반으로 도시 변혁이 진행되고 있는 가운데, 싱가포르 사례는 통찰력을 제시할 것이다.

1950년대에는 세계 인구의 30퍼센트인 7억4600만 명이 도시에 거주했다. 이후 2014년 도시 인구는 36억 명으로 483퍼센트 증가했다.[1] 유엔의 조사에 따르면 향후 2050년까지 도시 인구는 전 세계 인구의 3분의 2 정도인 60억 명으로 늘어나는데, 개발도상국에 거주하는 인구가 82퍼센트로 예상된다.[2] 아시아만 떼어놓고 볼 때 주로 인도, 중국, 동남아시아에서는 매일 12만 2000명이 넘는 인구가 더 나은 삶과 일자리를 찾아 도시로 이주한다.[3]

도시화 현상은 18, 19세기 유럽의 보편적인 사회경제적 추세였는데, 이후 미국으로 이어졌다. 오늘날에는 유럽의 73퍼센트, 북아메리카의 82퍼센트, 중남미와 카리브 해안 지역의 80퍼센트가 도시화되었다.[4] 아시아와 아프리카의 도시화는 48퍼센트와 40퍼센트에 머물러 있어 아직 글로벌 추세에 완전히 편승해 있지는 않다. 인구 규모로 보았을 때 전 세계에서 가장 인구가 많은 4개 국가로는 중국, 인도, 인도네시아가 포함된다. 이 3개국은 앞으로 몇 세기에 걸쳐 엄청난 인구가 도시로 이주할 것이다. 이 거대 국가들은 지리상 싱가포르와 가깝다. 따라서 스마트 도시로서 싱가포르가 거둔 성과는 도시화되고 있는 세계는 물론이거니와 이들 이웃 국가와도 밀접한 관련이 있다. 사실 싱가포르는 세계 속의 진정한 "도시 정책 실험실"이자 "도시 정책의 허브"로, 특히 개발도상국에게는 영향력이 크다.

도시 변혁으로 인한 과제는 다양한 환경에서 나타난다.(그림 5-1) 최근에는 상하이, 뭄바이, 자카르타, 마닐라와 같이 인구 1000만이 넘는 메가시티에서 폭발적으로 증가했다. 이들 도시는 1990년부터 2014년에 이르는 동안 인구가 1000만 명에서 2800만 명까지 늘었고, 그에 따라 교통·위생 문제뿐만 아니라 사회 불안과 관련한 어마어마한 난제에 직면했다. 앞으로는 500만~1000만 명 규모의 도시들이 메가시티가 될 것이다.(그림 5-1). 문제는 이 도시들이 사회경제 문제와 더불어 정치적 문제를 지니고 있다는 점이다.

도시로의 대규모 이주 현상은 아직 시작 단계다. 그러나 몇몇 도시에서는 이미 심각한 스프롤sprawl 현상도시의 급격한 팽창으로 주변 지역이 무질서하게 도시화되는 현상—옮긴이이 나타나고 있고, 도시 중심지에서는 거주가 거의 불가능한 지경에 이르렀다. 예를 들어 자카르타 광역권의 인구는 2800만 명으로, 많은 사람이 식수 부족을 겪고 있으며 안정적으로 전기를 공급받지 못하는 형편이다. 마닐라 지역은 인구 1500만~2000만 명으로 스프롤된 또 다른 메갈로폴리스다. 이 두 도시의 교통은 항상 정체되어 있고, 세계

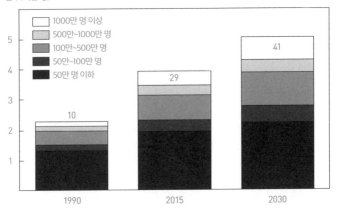

그림 5-1 늘어나는 도시

에서 가장 심각한 환경 문제를 겪고 있는 상황이다.[5] 인도에서도
도시문제가 심각하다. 세계에서 가장 오염된 20개 도시 중 절반
이 인도에 있다.[6]

방콕, 자카르타, 마닐라 같은 메가시티의 교통·환경 문제는
꽤 심각하다. 이 사실은 산업화와 자동차 문화로 대표되는 서구
의 전통적인 도시생활 모델이 개발도상국의 현실에 적합하지 않
음을 말해준다. 아시아, 아프리카, 중남미 국가들은 서구의 도시
생활을 갈망하지만 도시의 대안적 모형이 시급한 시점이다. 그
런 의미에서 싱가포르가 어떻게 합리적인 대안 도시의 패러다임
을 만들었는지 진지하게 들여다볼 필요가 있다. 싱가포르는 인
구 밀도가 높지만 정보통신 기술을 적극 활용하여 환경 친화적
인 도시 형태를 촉진시킴으로써 살기 좋은 도시를 만들었기 때

문이다.

싱가포르의 피할 수 없는 과제는 물리적인 규모가 충분치 않다는 것으로, 고밀도 도시 환경의 공통적인 문제라 할 수 있다. 앞장에서 언급했듯이, 싱가포르는 700제곱킬로미터가 조금 넘는 (워싱턴 D.C.의 4배보다 작은) 영토에 600만 명이 밀집되어 부대끼며 살아간다. 그리고 싱가포르는 섬이기 때문에 해안가가 곧 국경이다. 피할 수도 바꿀 수도 없는 제약 조건이다. 싱가포르의 높은 인구밀도는 사물인터넷 기술이 적용된 스마트 도시개발을 강하게 촉진시켰을 뿐만 아니라 정보통신 기술을 이용한 경제개발, 사회 통합, 효율적인 도시 행정 및 사회 기반시설 관리를 추구하는 동기를 부여했다.

싱가포르의 통합적인 스마트 도시정책

싱가포르 도시계획의 가장 중요한 특징은 통합성이다. 즉 교통, 토지이용, 주택, 환경 등 개별 분야의 정책들이 통합적인 체계 안에서 거시적으로 접근된다.[7] 싱가포르 도시계획은 사회공학적 측면도 뚜렷이 드러내고 있는데, 이는 동북아시아 국가들의 개발주의적인 산업 정책과 비슷한 부분이다.[8] 구체적으로 싱가포르 도시 정책이 꾀하고자 한 변화는 세 가지 측면으로 요약된다. 첫째는 이민자들로 이루어진 소규모 상인 중심 사회에서 첨단기술의 범세계적인 국가로의 변화, 둘째는 다양한 민족으로 이루어진 다원적 사회에서 보다 단합되고 조화로운 공동체로의 변화, 셋째는 오염을 유발하고 에너지를 낭비하는 소비도시에서 우아하고 활기찬 환경 친화적 도시, 즉 세계 속에서 지속 가능한 개발 모델이 될 수 있는 도시로의 변화라 할 수 있다. 이 과정에서 이코노미스트 인텔리전스 유닛Economist Intelligence Unit은 '아시아 녹색도시지수'를 발표해왔는데, 8개 분야 모두 아시아 태평양 지역에서 가장 앞선 지표를 보였다.[9]

싱가포르 정부는 지난 30년간 작은 도시국가를 최신 정보통신 기술 시스템으로 연결된 '인텔리전트 아일랜드'로 만들기 위해 체계적인 노력을 기울여왔다. 그 노력의 결과는 통합적이고 거시적인 접근방법이 어떤 성과를 낼 수 있는지를 보여준다.[10] 시작 단계는 1980년대 초반 국가 정보화 계획의 일환으로, 민원 서비스를 정보화하고 싱가포르 IT 인력을 5배로 증원했다.(1980~1985) 이후 국가 IT계획을 마련하여 무역·법률·의료 분야에 각각 특화된 컴퓨터 네트워크를 깔았다.(1986~1991)[11]

1992년 국가정보화위원회는 "인텔리전트 아일랜드 비전: 2000년 IT 보고서"를 발표하여 심화된 스마트 싱가포르 정책을 공식화했다.[12] 이 보고서에서 싱가포르는 앞으로 15년간 체계적으로 최신 컴퓨터 시스템을 구축하고, 광섬유 케이블을 깔고, 가정과 직장과 공공기관을 통합하는 인공지능 피드백 시스템을 구축하겠다고 선언했다. 이에 따라 싱가포르는 전국적인 정보통신 기반을 소유한 첨단 국가의 길을 걸었다.

야심찬 "2000년 IT 보고서"는 성공적으로 집행되었고, 이후 2005년 5월에 "인텔리전트 국가 2015" 계획으로 계승되었다.[13] 이전 계획과 마찬가지로 통합적으로 설계된 2015년 계획에서는 주요 경제 분야의 경쟁력을 높이고 잘 연결된 사회를 구축하는 데 IT를 활용하고자 했다. 그리고 싱가포르의 글로벌화에 역점을 두어 세계의 지적 자산을 향유하고 다양한 아이디어, 생산품, 서비스를 세계 시장에 수출하는 실험실로서의 역할을 강화할 계획이다.[14]

인텔리전트 아일랜드를 달성하기 위해 싱가포르 정부는 최신 사회 기반시설을 구축하는 데 수조 달러를 투자했다. 그리고 싱가포르 국민의 80퍼센트 이상이 거주하고 있는 공공주택에 이러한 기반 시설을 도입할 구체적인 기준을 마련했다. 무엇보다 주택이 국가의 초고속 디지털 네트워크에 연결되는 것을 의무화했으며, 새로운 주거단지는 스마트 그리드와 연결하여 에너지 소비를 모니터하고 규제할 수 있도록 했다.[15] 그리고 폐기물을 재활용할 수 있는 편리한 시설도 갖출 예정이다.[16]

2014년 싱가포르 주택의 86퍼센트는 컴퓨터 활용이 가능해지는데 그중 87퍼센트는 고속 인터넷을 사용할 수 있다.[17] 또한 최소주의 정부라는 개념에 접근성이 강화되는 의미가 내포되어 있는 만큼 그에 걸맞게 디지털 포용 펀드Digital Inclusion Fund를 조성했다. 이 기금은 저소득층에게 인터넷을 제공하고, 자원봉사 성격을 지닌 복지재단 등에 IT를 위한 재원을 지원하며, 저소득층 가정의 자녀에게 컴퓨터 구입 보조금을 지급하는 데에도 활용된다.[18]

토지이용과 관련된 도전

싱가포르에서 토지보다 희소한 자원은 없다. 토지를 어떻게 분배하고 사용할지, 어떻게 우선순위를 정할 것인지는 국가의 미래를 결정하는 것이라 할 수 있다. 리콴유도 반세기 전에 이 점을 깊이 인식했다. 싱가포르는 1평방마일당 8000명이 사는 도시로, 인구밀도가 일본의 20배, 한국의 15배, 미국의 230배다.[19] 도시로만 따져도 뉴욕, 런던, 도쿄, 홍콩보다 높다.(그림 5-2) 싱가포르의 경제성장과 삶의 질 향상으로 인구밀도가 높아지자 도시 전역에 걸쳐 땅값도 폭발적으로 상승했다.[20] 토지이용은 싱가포르의 상업적 잠재력을 최대화하는 것은 물론 주택, 교통, 여가 등 시민의 다양한 요구에도 핵심적인 요소라는 점을 싱가포르 정부는 깊이 인식하고 있다.[21]

국가의 도시계획을 주관하는 도시재개발청은 토지의 분배와

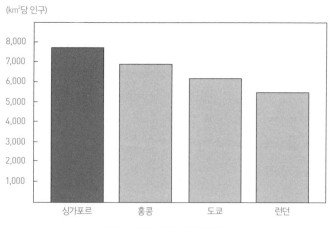

그림 5-2 싱가포르의 높은 인구밀도

이용을 관리하는 국가기관으로, 주택개발청과 함께 싱가포르의 사회 기반시설을 관장한다. 육상교통청은 향후 도로와 철도를 활용하는 교통 패턴을 예측하고, 기반시설을 계획하고, 차량과 대중교통 면허를 발급한다. 대중교통위원회는 교통의 흐름을 관리하는 차원에서 버스·철도 요금을 결정하고 규제한다. 에너지 공사는 안정적이고 효율적인 에너지 공급을 책임진다. 부처 차원에서는 환경부가 오염을 방지하는 역할을 맡고, 국토개발부는 주택을, 교통부는 대중교통 문제를 다룬다.

싱가포르의 거시적·통합적 계획 과정

토지이용과 교통 계획을 통합하는 세심한 방식은 싱가포르 도시 정책의 거시적인 특성을 보여주는 사례로, 최신 정보 통신 기술을 십분 활용하여 시너지 효과를 불러일으킨다. 그렇게 만들어진 정책들은 기능적이고 자급자족적이며 경관적으로도 만족스러운 고밀도 도시개발로 이어지는데, 그러면서도 혼잡하거나 밀집된 느낌을 전혀 주지 않는다.[22] 이러한 개발 방식은 거주자의 기운을 고양시키고, 활기찬 공동체 의식을 불러일으키며, 통근 시간을 줄여 생산성을 높인다.

거주지와 직장은 두 가지 중요한 요소로 인해 계획 과정에 통합된다. 바로 개념 계획Concept Plan과 기본 계획Master Plan이다.

개념 계획

개념 계획은 40~50년 동안 전략적으로 토지를 활용하고 교통 시스템을 구축하기 위한 장기 계획이다. 개념 계획은 거시적·통합적인 싱가포르 공공정책에 발맞추어 미래의 인구 증가와 경제 성장을 고려하여 토지를 확보하고, 시민에게 살기 좋은 환경과 효율적인 에너지 소비 환경을 제공하는 것이 주요 목적이다. 이 계획은 정부의 토지 매각으로 집행되는데, 우선 개별 프로젝트가 개념 계획의 가이드라인에 부합하는지를 정부의 개발통제 그룹이 평가한 뒤 토지 매각을 승인한다.

도시재개발청이 개념 계획을 세우면 10년마다 다른 기관과 시민에게 의견을 물어 체계적으로 검토한다. 이 과정에서 새로운 사회경제적 변화가 개념 계획에 적합한지를 모니터하고, 필요에 따라 계획을 조정한다. 가장 최근에는 2011년에 개념 계획이 검토되었다.[23]

개념 계획은 광범위한 정부의 목표를 체계적으로 통합시킨다. 예를 들어 2001년 개념 계획의 우선순위는 "고유한 싱가포르의 특성과 역사인식"을 고려한 포용사회를 육성하는 것이었다.[24] 이 제안은 다양성을 관리하는 것이 도시국가의 지속적인 과제라는 사실을 일깨워준다. 구체적으로 역사적인 지역을 보호하고 낡은 건물을 재활용하는 공존의 방식을 추진했다. 또한 눈에 잘 띄는 장소에 싱가포르 다인종 전통을 긍정적으로 다루는 전시관을 짓도록 토지를 할양했다. 이러한 작업은 다양한 전통이 혼합되어 하나의 국가 정체성으로 모아지는 것을 강조한다.[25]

개념 계획의 또 다른 우선순위는 특정 지역을 정해 통합적 성장을 유도하는 것이다. 이러한 지역은 신도시라 불리는데 주롱Jurong, 파야 레바Paya Lebar 같은 도시가 이에 해당되며, 각 도시는 상업·교육·의료·사회·여가시설 차원에서 자급자족이 가능하다. 사실 신도시 정책은 1960년대부터 싱가포르가 추진해온 중요한 도시정책의 하나로, 새로운 것이 아니다.(그림 5-3) 그러나 신도시의 주요한 기능은 변화되었다. 초반에는 산업 개발을 지원하는 역할이었으나 탈공업화가 진행되면서부터는 종합적으로 사회경제적 기능을 분산시키는 방향으로 바뀐 것이다. 1968년에 싱가포르의 첫 산업단지를 만들기 위해 설립된 주롱공사가 그 첫 번째 모델이다. 그러나 이후에 파야 레바, 템파니스Tampines 등의 도시에서는 산업 인프라보다 사회적인 측면에 초점을 맞춘 프로젝트가 전개되었다. 지금 싱가포르는 인구 80퍼센트 이상이 체계적으로 계획된 도시 환경, 즉 고층·고밀도 공공주택이 갖는 제약 조건에 적응하기 위해 재해석된 도시에 거

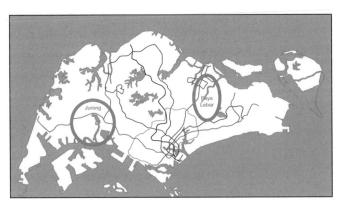

그림 5-3 싱가포르 핵심 뉴타운-주롱과 파야 레바

주하는 유일한 나라다.[26]

싱가포르에서 신도시는 경제적 효율성을 포함하여 여러 정책 목표를 동시 통합적으로 지향하는 성장의 중심지다. 섬나라 전체에 일자리를 퍼트릴 뿐만 아니라 녹지 공간 접근성을 높이고 미래의 경제적 요구에 대응하기 위한 개발 후보지를 끌어내기도 한다. 그리고 통합적인 주택 정책으로 민족 간의 안정적인 관계를 도모한다. 그러나 신도시에는 에너지 효율이 우수한 대중교통이 요구되는데, 여기서 개념 계획이 주택과 교통 그리고 효율적 에너지 소비의 연결고리 역할을 한다.

기본 계획

도시재개발청의 개념 계획은 실행 가능한 기본 계획으로 구체화된다. 즉 개념 계획의 광범위한 장기 전략이 10~15년 기간에 잘 실행되도록 구체적인 토지이용 계획을 법적으로 수립하는 것이다. 기본 계획은 용도 지역제, 최대 개발 강도(전체 부지에서 차지하는 개발 면적의 비율) 및 개별 필지에 대한 건물 높이 제한을 마련하여 일상적인 토지이용 규제의 바탕을 제공한다. 또한 자연 보호 지역을 규정하여 환경에 대한 악영향을 방지한다.[27] 도시재개발청은 개념 계획을 검토하는 것과 같은 방식으로 5년마다 기본 계획을 갱신한다. 현재의 기본 계획은 2014년부터 집행되어 온 것이다.[28]

도시재개발청이 기본 계획의 내용을 실현하는 주된 도구는 개발통제 시스템이다. 정부는 토지에 대해 강한 통제권을 갖고 있으며 싱가포르의 모든 토지 개발은 정부로부터 허가를 받아야 한다. 따라서 토지이용에 대한 결정을 내릴 때는 예외 없이 도시재개발청의 허가가 먼저 필요하다. 건물이나 토지 용도 변경, 건물 신축, 건물이나 토지의 분할, 건물 증축, 보존지역으로 지정된 지역에서의 모든 개발 행위가 허가 사항이다. 도시재개발청은 신청된 개발에 대해 기본 계획에 어긋남이 없는지 확인한다.[29]

2014년에 공개된 '2030 일하고, 거주하고, 놀자 프로그램'에서 국토개발부는 싱가포르의 심각한 토지이용 문제를 해소하기 위한 '스마트워크 센터'를 기획했다. 이는 모든 사람이 언제 어디서나 누구와도 일할 수 있는 유연한 근무 형태를 제안한 것이다.[30] 주거지 주변에 전문 오피스 같은 시설을 지어 공동 근무 공간을 제공함으로써 전통적인 근무 공간을 대체하는 방식이다. 이러한 프로그램은 에너지, 환경, 교통 문제까지 완화할 수 있다.

싱가포르의 독특한 교통관리 체계

유연한 근무 프로그램을 도입한다 해도 싱가포르가 지극히 과밀한 섬이라는 사실에는 변함이 없다. 그러한 까닭에 개념 계획과 기본 계획에서는 살기 좋으면서 경제적으로도 효율적인 환경을 조성하기 위해 인구 분산을 강조한다. 구체적으로 이상적인 환경을 제시하자면, 중간 규모의 자급자족적인 주거지들이 업무지역으로부터 일정 거리를 두고 무리지어 형성된 환경이다. 하지만 이런 다극적인 도시 형태는 싱가포르의 고밀도와 일맥상통하지 않는다. 고밀도 도심지의 에너지 및 환경 문제를 고려하면 더욱 그렇다. 역사적으로 1975년에서 1990년 사이에 풍요를 얻게 되면서 도로에 통행하는 자동차가 매년 12퍼센트씩 급증했다.[31] 이는 경제적으로 효율적이지 않고 환경적으로도 지속 가능하지 않은 현상이었다.

이에 대응하기 위해 싱가포르 정부는 상당히 효과적으로 자동차 사용을 제한했고, 다른 한편으로 주거지와 상업 지역에 보행자를 위한 시설과 자전거 시설을 최대한 늘렸다.[32] 또한 자동차 소유자가 불필요한 운전을 삼가도록 유도하는 혼잡통행료 등의 명확한 인센티브를 마련하여 교통량을 최소화하고자 했다.

무선 응답기와 최신 정보통신 기술을 최대한 활용하고, 실시간 교통 수요를 바탕으로 통행료를 징수하는 등 미래를 내다보는 교통관리 정책을 추진함으로써 싱가포르는 선진국이나 개발도상국의 도심지와는 확연히 다른 형태로 교통 정체를 피할 수 있었다.[33] 하나의 예로, 2008년에 59퍼센트였던 출퇴근 시간의 대중교통 수송 분담률을 2012년에 63퍼센트로 늘렸다.[34] 이에 따라 자동차 통행도 순조로운 수준을 유지하게 되었다. 출퇴근 시간대에 주요 간선도로의 자동차 평균속도는 시속 27킬로미터로, 이는 런던(시속 16킬로미터)이나 도쿄(시속 11킬로미터)보다 훨씬 빠르다.[35] 통근자들이 지불하는 1인당 교통비는 GDP의 8.9퍼센트로, 세계 주요 도시들보다 낮다.(뉴욕 15퍼센트, 파리 14퍼센트, 북경 11퍼센트)[36]

성공적인 교통 정책의 비결

싱가포르 교통 정책이 성공한 데는 두 가지 중요한 요인이 있다. 하나는 편리하고 잘 연결된 대중교통 네트워크가 자동차의 효과적인 대안으로 자리 잡았다는 것이다.[37] 다른 하나는 교통량을 규제하고 혼잡을 방지하기 위해 효율적인 수요관리 정책을 수행한다는 것이다.[38] 따라서 싱가포르 교통 정책은 인프라 기반과 운용 차원의 정책 수단을 포괄한다. 그리고 다른 분야에서 그러하듯, 최신 정보통신 기술을 활용하여 위의 두 방식을 총체적으로 통합했다.

싱가포르의 대중교통 시스템에는 중전철로 이뤄진 지하철 MRT과 경전철LRT 그리고 버스와 택시가 있다. 매일 출퇴근하는 시민의 반 이상은 대중교통을 이용하고 있으며, 그중의 절반 이상은 버스를 타고 나머지는 지하철을 탄다.[39] 따라서 버스는 대중교통 시스템의 핵심이며, 외곽 지역에서는 더욱 중요하다. 모든 버스에 에어컨이 장착되어 있다는 점도 특기할 만하다.[40] 정부 계획 모델을 통해 이루어지는 공공정책은 버스 사업자 간의 경쟁을 유도하여 노선 관리에 효율과 혁신을 장려한다. 정기적으로 버스 사업자들은 경쟁을 통해 육상교통청이 설계한 서비스 제공 권리를 얻는다. 이러한 시스템은 버스 서비스 면허가 만료되었을 때부터 점진적으로 도입된 것이다.[41]

싱가포르 정부는 이례적이라 할 만큼 대중교통에 큰 투자를 해왔다. 1982년 5월 착공한 첫 지하철 노선에는 5조 싱가포르달러가 소요되었다.[42] 이토록 큰 자본이 들어갔지만 싱가포르 정부는 대중교통 요금을 낮게 유지한다.[43] 다른 나라와 비교하면 지하철과 경전철 요금은 소득수준 대비 매우 저렴하다. 개인별 교통비용은 GDP의 9퍼센트로, 뉴욕과 런던이 15퍼센트, 상하이는 13퍼센트 수준이다.[44] 정부의 요금 정책은 싱가포르 시민들이 사회와 환경 문제를 유발하는 교통수단보다 지하철과 버스를 더 많이 이용하도록 장려한다. 이때 도쿄나 워싱턴 D.C.에서 사용하는 것과 비슷한 스마트 카드Ez-link를 발급하여 대중교통 이용을 더 편리하게 만들었다.

싱가포르는 개인 교통수단을 공공 교통수단으로 대체하는 데 성공했지만, 진정한 혁신은 수요를 기반으로 한 정책을 세웠다는 것이다. 정부는 우선 시민으로 하여금 자동차 소유를 포기하게 하고, 출퇴근 시간대의 자동차 사용을 억제했다. 특히 싱가포르 내 혼잡한 지역에서의 자동차 통행을 까다롭게 제어했다. 이러한 교통 정책은 세계은행이나 하버드대 같은 권위 있는 기관의 세계적인 교통 전문가들과 협력하여 수립한 것이다. 물론 그들의 제안이 늘 채택되는 것은 아니다.[45] 이제 싱가포르 대중교통 전략은 국제적으로 좋은 정책의 본보기가 되었다.[46] 특히 중국에서는 혼잡통행료의 적용을 고려하고 있다.[47]

교통관리의 핵심 개념

싱가포르에서는 교통 수요를 관리하기 위해 자동차 소유와 사용 모두를 규제한다. 자동차 소유는 할당제로 통제되며, 도심으로 들어오는 자동차와 혼잡한 주요 도로나 고속도로를 이용하는 차량에게 세 종류의 추가 비용을 부과한다. 세 가지 비용이란 다음과 같다.

차량할당제

차량할당제는 개인의 자동차 소유를 억제하는 데 효과적이다. 1990~2009년 사이에 싱가포르는 매년 차량 증가율을 3퍼센트로 제한했고, 그 이후에는 더 낮게 조정했다. 자동차를 소유하려는 사람은 차량할당제의 10년 만기 면허Certificate of Entitlement(COE)에 입찰해야 한다. 그리고 엔진 용량에 따라 매년 도로세를 지불해야 하며, 면허 만기가 되면 새로운 가격으로 갱신해야 한다. 따라서 비효율적이고 공해를 유발하는 낡은 차량은 잘 소유하지 않게 된다.[48] 자동차의 시장가격에 더하여, 소유주는 등록 수수료도 내야 하고(140싱가포르달러), 자동차의 시장가격과 동일한 금액의 추가 등록 수수료도 지불해야 한다. 게다가 자동차 가격의 20퍼센트를 소비세로 내고, 7퍼센트의 상품·서비스 세금도 물어야 한다.[49] 이 모든 세금과 수수료를 합하면, BMW 320i 모델 가격은 미화로 140만 달러나 된다. 미국에서 구입하는 것보다 3배 이상 비싼 값이다. 그중 가장 큰 비중을 차지하는 항목은 미화 55만 달러인 면허 가격이다.[50]

지역면허 계획

지역면허 계획은 주요한 두 가지의 차량통제 계획 중 하나로, 출퇴근 시간대의 교통 혼잡을 줄이기 위한 정책이다. 혼잡한 도시

지역에 들어오는 차량에 요금을 부과하는 이 정책은 1973년 세계 최초로 설계되어 1975년부터 중심업무지구에 적용되기 시작했다. 도시를 몇몇 구역으로 나누고 혼잡 정도에 따라 교통을 통제하는 식인데, 초기에 혼잡통행료를 수동으로 걷을 때는 집행 과정에 꽤 많은 인력이 필요했다. 또 초과 교통 수요를 제한하기 위한 혼잡료 수준을 조정하기가 어렵고 불편해서 징수 방식이 전자식으로 바뀌었다.[51]

전자식 혼잡통행료

1998년 9월, 지역면허 계획의 기본 개념을 바탕으로 교통량을 제한하기 위한 수단으로서 전자식 혼잡통행료가 도입되었다. 즉 개인 차량이 혼잡한 지역에 들어오면 요금이 자동으로 징수된다. 현재 이 시스템은 차량 종류, 운행 시간과 지역에 따라 각각 다른 요금을 징수할 수 있다.[52] 2012~2014년에는 대중교통 환승 주차장을 도입하여 출퇴근 시간대가 아닌 경우에는 가격을 달리하는 정책을 적용했다. 이 모든 규정은 차량 증가율을 반 이하로 줄이기 위한 것이었다.[53]

전자식 혼잡통행료 시스템의 기본적인 도구는 트랜스폰더 transponder(무선 응답기)로, 싱가포르의 모든 차량에 장착되어 있다.[54] '제한구역'으로 불리는 혼잡한 지역의 29개 진입 지점에 설치된 겐트리gantries 구조물이 드나드는 차량을 모니터한다. 긴급 차량을 제외하고 오전 7시 30분에서 9시 30분 사이에 제한구역을 지나는 자동차는[55] 무선 응답기를 통해 자동으로 혼잡통행

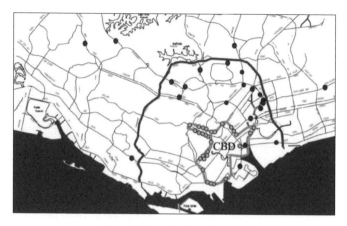

그림 5-4 싱가포르 전자식 혼잡통행료 시스템

료를 지불한다. 요금은 무선 응답기에 끼워져 있는 스마트카드 적립금에서 빠져나간다. 자동차가 혼잡한 고속도로나 주요 간선도로를 통과할 때마다 겐트리에 설치된 전자 기기가 단파 라디오 주파수로 무선 응답기와 연결되어 자동으로 혼잡통행료를 징수한다.(그림 5-4에 전자식 혼잡통행료 시스템이 설치된 위치가 표시되어 있다.)

무선 응답기를 설치하지 않았거나 작동되지 않는 상태로 통과하여 통행료를 지불하지 않는 차량은 뒷면 번호판이 카메라에 찍히게 되며, 이 증거에 근거하여 운전자가 소환된다. 전자식 혼잡통행료는 30분마다 징수 금액이 달라지는데, 출퇴근 시간에 제한구역을 통행하면 2.5싱가포르달러가 지불되고 한산한 시간대에는 50센트가 지불된다. 오토바이, 배달 차량, 택시, 버스는 각기 다른 응답기가 설치되기 때문에 지불 금액도 다르게 정산된다. 예를 들어 오토바이는 자동차의 절반에 해당하는 금액이 지불된다. 전자식 혼잡통행료는 3개월에 한 번씩 조정되는데, 교통 혼잡을 최소화하기 위해 특정한 30분에 나타난 속도를 검토하여 징수 금액을 다시 책정한다.

환경적인 차원

싱가포르 토지이용 계획이 다른 아시아 도시계획과 차별화되는 지점은 바로 환경적인 측면을 강조한다는 것에 있다. 1992년부터 싱가포르 녹색계획은 20년이 넘도록 자연보존 지역을 발굴해왔으며, 국가 총 면적의 5퍼센트를 보존하겠다는 공약을 계속 집행하고 있다.[56] 이렇듯 환경을 보존하려는 강한 의지는 리셴룽 총리 정책 플랫폼의 중요한 요소로, 인구가 증가하고 도시화될수록 "녹색 지역을 보존하기 위해 열심히 노력해야" 한다는 취지가 담겨 있다.[57]

싱가포르는 오랫동안 정원 도시Garden City로 알려져 왔다. 정부는 명성을 유지하기 위해 40년 넘게 식물과 관목들을 광범위하게 심는 등 노력을 기울여왔다.[58] 2002년에는 여가 공간을 대폭 늘렸고[59] 2008년에는 여가 계획을 바탕으로 보행로와 자전거 도로로 연결된 선형 녹지대를 뜻하는 파크 커넥터Park Connector와 자연 녹지 면적을 싱가포르 전역으로 확장했다.[60] 2012년에는 국립 생물다양성 보존센터를 설립했고,[61] '꽃피우는 공동체Community-in-Bloom' 프로그램을 통해 600여 개의 원예 그룹에게

활동의 동기를 부여했다.[62]

싱가포르의 가장 최근 환경 계획을 보면 여러 정책 대상을 동시에 다룬다. 예를 들면 환경 보존을 주제로 한 학교 축제와 폐기물로 수공예품을 만드는 사업이 있다.[63] 이는 101헥타르에 달하는 수변 공간을 보유한 국립공원위원회의 계획으로, 환경과 역사 의식을 고양시키기 위한 프로그램이다. 박물관 전시, 디스커버리 센터의 싱가포르 역사 전시, 문화 공연이 어우러진 '에듀테인먼트edutainment'를 통해 자연 속에서 싱가포르 역사를 배울 수 있는 기회를 제공한다.[64] 이러한 프로그램은 거주자와 관광객으로 하여금 싱가포르의 다양성에 대한 가치를 일깨우고 일상의 삶을 풍요롭게 할 뿐만 아니라 경제 활성화에도 기여한다.[65] 싱가포르 수변 개발 프로젝트는 또 다른 유명한 에듀테인먼트 프로그램이다. 관광객을 태운 역사 테마의 유람선은 싱가포르의 상징적인 멀라이언Merlion 동상을 지나 뉴 레스토랑 지구가 있는 강변까지 운행한다.

세계 끌어들이기

개념 계획과 기본 계획은 환경을 보존하는 문화와 환경에 대한 존중이 싱가포르의 미래를 위한 우선순위가 되어야 함을 강조한다. 그래야만 싱가포르 시민의 삶이 풍요로워지며, 그들의 도시국가가 세계적으로 매력적인 곳이 될 수 있다는 것이다. 기본 계획에서 우선적으로 배정된 사업 중 하나는 베이Bay 단지의 에스플라나드Esplanade 극장이다. 뉴욕의 링컨센터 형태를 본떠 만든, 싱가포르에서 가장 큰 공연장이다.[66] 총 6억 싱가포르달러를 들여 만든 이 종합 극장은 1600명을 수용할 수 있는 공연장과 2000석 규모의 극장, 250석의 스튜디오, 220석의 극장식 스튜디오, 리허설 스튜디오, 외부 공연장과 에스플라나드 몰을 갖췄다. 중앙에 위치한 건물은 마이크 모양과 싱가포르인이 좋아하는 과일 두리안 형태를 다양하게 개념화한 것으로 2002년 10월 12일에 개장했다.[67]

싱가포르 토지이용 계획은 문화와 환경에 초점을 맞추어 수립되며, 교육적인 내용의 관광에 많은 부분을 할애한다. 국립박물관이나 싱가포르 강 유람선, 에스플라나드 극장이나 가든스 바이더베이Gardens by the Bay 같은 에듀테인먼트가 핵심 요소다. 지속 가능한 생태 시스템을 보여주기 위해 매립지에 조성한 가든스 바이더베이는 2011년에 개장되었는데, 방문객들은 250에이커의 수직 테마 정원과 온실을 돌아볼 수 있다.[68]

30미터 높이의 콘크리트로 만든 커다란 야자수 모양의 슈퍼트리들이 사람들의 눈길을 끄는데 각 나무에는 솔잎, 야생난초, 브로멜리아드 등이 늘어져 있다. 슈퍼트리는 야간 레이저 쇼를 할 때 배경 요소로 기능하고 있지만 사실 다양한 녹색 에너지 전략을 담고 있다. 여러 개의 슈퍼트리 중 7개에는 태양전지가 부착되어 있으며, 다른 슈퍼트리는 에너지 센터와 냉각 식물원과 연결되어 공기를 배출하는 등 생태적인 기능이 있다. 놀랍게도 가든스 바이더베이 내부에는 다양한 자급자족적 생물권이 형성되어 있다. 이곳에서 방문객들은 온도와 물의 존재가 식물의 생장에 얼마나 중요한지, 나아가 지구 온난화가 인간의 존립에 어떠한 구체적이고 직접적인 영향을 끼치는지 이해할 수 있다.

싱가포르는 장기적인 식수 관리 정책에 힘입어 19개 저수지 중 한 곳에 워터 스포츠를 위한 마리나를 만들었다. 또한 몇 년 전에는 도시에서 F-1 대회가 가능하도록 도로 형태를 바꾸기 시작하여 2008년 9월 자동차 경주 코스를 완성했다. 이로써 F-1 대회가 시작된 지 35년 만에 동남아시아에서는 유일하게 국제 F-1 대회를 개최할 수 있게 되었으며, 이는 세계 최초로 저녁 6~9시 사이에 벌어지는 야간 F-1 대회다.[69] 경기장이 아닌 도시의 거리에서 경주하는 이 대회는 모나코의 전통적인 F-1 거리 경주를 모방한 것으로, 아시아에서는 최초다.

리콴유 총리도 강조했지만, 싱가포르의 자동차 경주는 "아시아의 모나코"라는 이국적인 테마를 내세운다. 이를 바탕으로 싱가포르의 신중한 도시설계가들은 동남아시아에서 가장 세련된 카지노 공간(대부분 고층빌딩의 꼭대기 층)을 설계했고, 2010년 개장되었다.[70] 관광 수익을 내면서도 자국의 도덕적 부패를 막기 위해 내국인의 경우 100싱가포르달러의 입장료를 받는 반면 외국인은 여권을 보여주면 입장료를 면제해준다. 외화를 벌어들이기 위해 외국인에게는 도박을 허용하지만 내국인에 대해서는 도박으로 인한 부패를 막겠다는 것이 정부의 의지다. 여기서도 볼 수 있듯이, 싱가포르 정책 입안자들은 거시적·통합적인 사고를 바탕으로 국가의 이익을 최대화한다. 특히 주목할 부분은 싱가포르의 중심지를 활용하여 다양한 사회경제 분야를 아우르는 지역 중심지 및 글로벌 허브를 만들기 위해 노력한다는 점이다.

부족한 자원 관리하기

아시아는 명확한 정치경제적 현실에 당면해 있다. 국가의 부가 늘어나면서 국민의 경제력은 향상되었으나 인구에 비해 자원이 부족해지고 있다. 이러한 압박은 부동산, 식량, 식수, 에너지, 양질의 소비재 가격을 올릴 수밖에 없다. 특히 싱가포르처럼 세계에 열려 있는 소규모 경제에서는 천연자원의 공급이 부족하다. 결국 충분한 자원을 조달하는 문제는 재정적이고 정치적인 사안이 되며, 자원의 취약성을 극복하는 것이야말로 중요한 국가적 과제라 할 수 있다.

싱가포르는 특히 식량, 식수, 에너지 자원이 취약하며, 그 심각성은 국가 안보에까지 영향을 끼친다. 여러 개발도상국에서 나타나는 자원의 취약성은 왜곡된 맬서스 공식을 낳았다. 한정된 식량으로는 증가하는 인구를 감당할 수 없다는 이론이다. 그렇다 해도 세계 인구의 거의 절반이 해안가에서 4800킬로미터 내에 몰려 있는 싱가포르에게는 직접적인 과제다. 뿐만 아니라 싱가포르를 둘러싼, 많은 인구가 와글거리는 대규모 아시아 개발도상국들에게도 중요한 문제다.

식량 공급

식량 확보는 개발도상국의 고질적인 문제다. 특히 싱가포르와 가까운 남아시아와 동남아시아에서는 더욱 그렇다. 인도에서 영양 결핍을 겪는 인구는 2억2500만 명에 달하는데, 이는 세계에서 네 번째로 인구가 많은 인도네시아 전체 인구와 비슷한 수치다.[71] 방글라데시, 라오스, 캄보디아, 스리랑카에서는 인구 40퍼센트가 영양실조에 시달리고 있다.[72] 이들 나라에서 상위 계층은 점점 더 부를 축적하고 있는 반면, 영양 결핍을 겪는 계층은 빠르게 늘어가는 중이다. 이웃나라 중국에서도 식량난을 겪고 있는데, 특히 사료용 곡물 수급이 심각하다. 이렇듯 식량 결핍 지역의 중심에 위치해 있는 싱가포르는 식량의 90퍼센트 이상을 수입에 의존한다.[73] 식량이 부족한 지역은 그 공급량과 가격이 변동하기 마련인데 싱가포르 역시 이에 취약하다.

2050년까지 세계 인구의 80퍼센트 이상인 50억 인구가 도시에 거주하게 될 것으로 예측되는 가운데, 개발도상국의 식량 공급난은 도시 중심부에서 더욱 심각해지고 있다.[74] 유엔식량농업기구에 따르면 현재 농작물을 키울 수 있는 토지의 80퍼센트 이상이 사용 중이고, 나머지 토지의 4분의 3은 관리를 제대로 하지 않아 황폐해져 있다.[75] 미래에 굶주림이 확산되는 것을 막으려면 세계는 식량 생산에 관한 새로운 방법을 고안해야만 한다.

싱가포르는 지구상에서 세 번째로 인구밀도가 높은 나라다. 700제곱킬로미터의 영토에 500만 명이 들어차 있는데 이들이 먹는 식량의 7퍼센트만이 영토 내에서 공급된다.[76] 하지만 싱가포르는 민관과 협력하고 고도화된 도시농업 기술을 개발하는 등 혁신적인 실험을 통해 식량 안보를 향상시키려 노력 중이다.

그야말로 '세계 속의 실험실'에서 진행 중인 이러한 노력은 개발
도상국이나 선진화된 산업 국가에서 미래 도시에 식량을 공급
하는 과제를 해결할 좋은 실마리를 제공해줄지도 모른다.

싱가포르에서 볼 수 있는 혁신 중 하나는 수직vertical 농장
으로, 이 개념을 바탕으로 2개 이상의 미래적 시범사업이 정부
의 지원 아래 수행되었다. 그중 하나는 26층 EDITT 타워로,
EDITT란 '열대 지방의 생태 디자인Ecological Design in the Tropics'
이라는 뜻이다. 타워 표면의 반 이상이 유기농 식물로 덮여 있
고, 건물 에너지 수요의 40퍼센트가 태양열로 충당된다.[77]

두 번째 핵심 시범사업은 스카이 그린Sky Green이라 불리는 세
계 최초의 저탄소 수력 회전 수직 농장으로, 도시환경에서 열대
작물을 키울 수 있다. 2012년 개장된 이 농장은 알루미늄 타워
로 구성되어 있는데, 그중 몇 개는 높이가 9미터에 달하며 각 층
마다 채소 경작에 필요한 용수가 흐르는 38개의 홈통이 구비되
어 있다. 이 농업 시스템은 최소한의 토지, 용수, 에너지로 단위
면적당 생산량을 최대화하기 위해 설계된 것이다.[78]

회전하는 타워에 동력을 공급하는 데 쓰이는 용수는 시스템
내에서 재활용되며 궁극적으로는 농작물을 기르는 데 사용된
다. 각 타워의 하루 에너지 소비량은 전구 하나를 밝히는 데 필
요한 60와트 정도다. 여러 층으로 구성된 타워는 천천히 회전하
며 한 바퀴 도는 데 약 8시간이 걸린다. 작물이 꼭대기까지 올라
가서 충분한 양의 햇빛을 흡수하고 밑으로 내려오면 수력 시스
템에 의해 용수가 공급된다. 타워를 회전시키는 것도 수력이다.

초기에 이 시스템으로 도시에서 재배한 채소의 값은 수입산보다 킬로그램당 겨우 20센트 비싼 수준이었다.[79]

싱가포르의 혁신에서 더욱 앞서 있는 것은 옥상 정원이다. 1990년대 도시가 확장되던 당시 정부 규제의 도움을 받아 급격하게 증가했다. 수목은 햇빛을 흡수하여 건물을 냉각시키는 효과가 있으므로, 에너지 소비를 줄이기 위해, 건물을 설계할 때 녹색 공간을 포함하도록 강제로 규제했다.[80] 또한 정부는 도시농업과 관련된 창업을 장려했다.

"세계의 정책 실험실로서의 싱가포르"라는 개념에 걸맞게, 해외 기업들은 싱가포르의 혁신적인 도시농업 아이디어를 시험하고 개선시켜서 그 결과물을 세계 전역으로 확산시키려 하고 있다. 한정된 공간에서 시행해야 하는 도시농업 분야에서 기술적으로 선두를 달리는 일본 기업들은 싱가포르에서 연구 작업을 수행했다.[81] 이를테면 파나소닉은 2014년 7월 인근 학교 급식 또는 도시락 회사에 공급할 우엉 등의 뿌리 작물을 재배하기 위해 빛과 온도가 조절되는 싱가포르의 최신식 채소 공장을 이용했다.[82] 싱가포르는 도시농업 방식을 지원하기 위해 국립공원 농장 프로그램을 통해 무료 원예 워크숍을 제공하고, 옥상 정원 또는 수직 농장 시범사업에 관한 실험적인 연구 등을 개발하고 있다.

물의 공급

물은 식량과 마찬가지로 꼭 필요한 자원이다. 하지만 인구 증가와 경제성장의 영향으로 점점 희소해지고 있다. 싱가포르는 이러한 물 부족 현상에 창의적이고 통합적으로 대응하며, 그 지혜를 국내뿐만 아니라 해외에도 전파한다. 국내에서는 재활용, 저수지, 고도화된 용수처리 시설 등 다양한 원천으로부터 식수를 확보한다. 그리고 2006년부터 물 산업을 전략적 육성 분야로 간주하여 민간 연구를 전폭적으로 지원해온 결과, 국제적으로 인정받은 전문 지식을 수출하고 있다.

싱가포르뿐만 아니라 아시아 전체가 식량과 마찬가지로 물 공급난을 겪고 있다. 이 문제는 크게 세 가지로 요약된다. 첫째, 라오스나 캄보디아 같은 저개발국이나 가난한 도시 지역은 마실 물이 부족하다. 둘째, 건조한 지역이나 파키스탄같이 인구밀도가 높은 지역은 물 부족이 심각하다. 셋째, 전 세계적으로 수질 오염이 문제가 되고 있다. 특히 이 현상은 싱가포르 주변의 인구가 밀집한 열대 지방에서 더욱 심각하게 나타난다.[83] 세계에서 전쟁 등의 폭력으로 사망하는 인구보다 오염된 물 때문에 사망하는 사람이 더 많다. 실제로 물과 관련된 질병으로 1800만 명의 5세 이하 어린이가 20초에 1명꼴로 사망하고 있다.[84]

싱가포르는 하수 등 오염된 수자원을 재처리하는 연구 과정에서 중요한 돌파구를 마련했다. 이러한 연구는 전 세계 물의 70퍼센트가 농업용수로 활용되는 상황에서, 물 부족으로 식량을 생산하는 데 어려움을 겪는 문제와도 관련이 깊다.[85]

물 이슈를 다루는 싱가포르의 방식은 다른 나라에게 교훈이 되기도 한다. 도시농업 지역에서 물 보전을 위해 노력하는 것뿐만 아니라 가정과 사업장에서 과도한 물 사용을 방지하기 위해 2단계로 요금을 매기는 방식도 주목할 만하다. 싱가포르는 재활용하는 방식과 저수지를 이용한 혁신적인 물 공급 정책을 고안해냈다. 예를 들어 창이 국제공항은 활주로, 잔디밭, 건물 지붕 등 곳곳에서 빗물을 모아 재활용한다. 이런 방식으로 싱가포르 전역의 건물 지붕에서는 빗물이 모인다.[86]

이렇듯 창의적인 정책이 많이 도입되는 이유는 정책이 만들어지는 법정위원회의 구조 덕분이다. 법정위원회는 관리 부처를 통해 일반 국민들에게만 책임을 지기 때문에 정치적 압력으로부터 정책을 분리시킬 수 있다. 더욱이 높은 보수를 보장하여 역량 있는 사람들을 채용하는 데도 문제가 없다.

싱가포르에서 혁신적인 정책으로 수자원을 확보하는 데 핵심 역할을 수행했던 에너지위원회는 원래 1963년 5월 물, 전기, 가스 공급을 책임지고 설립된 법정위원회였다. 이후 전기와 가스 영역을 떼어내고 제일 중요한 임무, 즉 효율적이고 충분하고 지속 가능한 물 공급을 책임지는 일에 주력했다. 낮은 가격으로 질 좋은 서비스를 공급하는 기본적인 방법은 가격 공제 정책이었다.[87] 싱가포르는 수자원 대부분을 말레이시아로부터 공급받아 왔으나 2000년대 초반 물 공급 협상이 파행에 이르자 수자원 독립을 시급하고 전략적인 사안으로 지정했다.

에너지위원회는 지역의 저수지 개발, 재활용, 담수화 그리고 수입을 최소화하는 "네 꼭지 전략four-tap strategy"으로 수자원 독립에 나섰다. 다양한 방법으로 물의 공급과 수요에 대한 절약

공식을 수립한 것이다. 수요 측면에서 에너지위원회는 물보존세 도입의 필요성과 물 절약을 강조했다. 곳곳에서 물을 아껴 쓰자는 캠페인을 펼치면서 모두에게 친근한 캐릭터인 '워터 월리 Water Wally'를 등장시켜 시민이 부담을 느끼지 않도록 했다.[88] 또한 국민이 수자원 문제에 대해 주인의식을 갖도록 ABC프로그램(Active, Beautiful, Clean Program)을 전개하여 2013년에는 글로벌 수자원 혁신상을 수상했다.[89] '네 꼭지' 전략을 시행하고 홍보하는 과정에서 위원회는 몇 가지 혁신을 창출해냈다. 특히 2003년에 가정과 산업에서 사용된 용수를 재활용하여 식수로 만드는 뉴워터NEWater 프로그램이 대표적이다.[90] 이 프로그램을 통해 싱가포르는 국가 전체에서 필요한 물의 30퍼센트를 충당할 수 있었다.[91]

인간의 생활에 꼭 필요한 수자원을 공급하고 처리하는 일을 전략적으로 강화하기 위해 2001년 환경부 소관 업무였던 위생 분야도 에너지위원회가 담당하게 되었다. 에너지위원회가 설정한 방향에 따라 더욱 집중적으로 추진된 싱가포르의 물 정책은 세계로부터 찬사받았고 여러 차례 상도 받았다.[92] 싱가포르는 이 명성을 십분 활용하여 매년 '싱가포르 세계물주간'을 개최하고 있다. 또한 물 산업의 입지를 강화하기 위해 연구 기반을 보강하는 중이다. 최근 싱가포르국립대와 난양 공과대학은 물 분야 연구에서 가장 훌륭한 두 학술기관으로 뽑혔는데, 이는 상당한 공적 자금을 지원받은 결과라 할 수 있다.[93] 싱가포르의 통합적인 물 정책은 해외투자를 촉진시키거나 경쟁력 있는 수자원

산업을 육성함으로써 수출 기회도 엿보고 있다. 싱가포르의 성장하는 물 분야는 깨끗한 물과 더 나은 위생시설이 요구되는 개발도상국, 적어도 인구 100만 명이 넘는 200개 도시를 목표로 한다. 물 정책 분야에서 싱가포르는 세계의 실험실로 떠오른 셈이다.

싱가포르처럼 효율적인 행정 시스템을 갖춘 나라도 민간 분야와 함께 일하지 않으면 세계에 혁신적인 정책을 전파할 수 없다. 특히 전 국회의원 올리비아 램Olivia Lam이 이끄는 하이플럭스Hyflux가 핵심적인 활동을 펼쳤다. 하이플럭스는 정부의 지원 아래 담수처리장 두 개를 열고, 2013년부터는 싱가포르 식수의 4분의 1을 제공하고 있다.[94] 하이플럭스는 중국, 알제리, 최근에는 중남미까지 진출하여 담수화, 용수 재활용, 폐수처리장을 운영하고 있다.[95] 특히 알제리에는 세계에서 가장 큰 멤브레인membrane 방식의 담수처리장을 만들었다.[96]

에너지 공급

물과 식량이 그러하듯, 에너지 역시 문명화된 세상을 살아가는 인간에게 필수 요소다. 에너지가 있어야 난방을 할 수 있고 제조업과 교통에 필요한 연료를 제공할 수 있기 때문이다. 경제성장으로 고도의 소비사회를 맞이한 오늘날, 다른 필수 자원처럼 에너지 수요도 급격히 증가하고 있다. 1970~2015년 사이 세계 인구는 2배, 자동차는 5배가 늘어났다.[97] 싱가포르와 이웃한 국가들의 에너지 수요 또한 급격히 증가하고 있다. 2004~2009년 중국의 에너지 수요는 40퍼센트 증가했는데, 이는 전 세계 증가량의 63퍼센트를 차지한다. 인도는 20퍼센트 증가하여 나머지 증가량의 절반을 차지했다.[98]

엎친 데 덮친 격으로 아시아 거대 국가들은 늘어나는 에너지 수요의 많은 부분을 석탄으로 충당하고 있어 지구 온난화를 비롯한 환경오염을 부채질한다. 지구상에서 탄소를 가장 많이 배출하는 중국의 탄소 배출량은 전 세계의 26퍼센트로, 15퍼센트를 배출하여 2위를 기록한 미국보다 훨씬 많다.[99] 중국이 지구 온난화를 심화시키는 이유는 석탄을 지나치게 많이 사용하기 때문이다.

싱가포르의 경험, 즉 싱가포르의 전문성과 대응방식은 에너지 문제에 어떤 의미가 있을까? 특히 개발도상국에는 어떤 의미가 있을까? 싱가포르는 어떤 방식으로 다른 도시들에게, 그중에서도 개발도상국에게 효율적인 에너지 정책 실험실이 될 수 있을까?

아시아 주요 국가와 유럽 국가가 그러하듯 싱가포르도 세계에서 13번째로 많은 에너지를 수입하는 국가다.[100] 말라카 해협에 위치하여 페르시아 만과 동북아시아 주요 경제 거점들 사이에 위치한 싱가포르는 정유 공장이자 연료 공급지, 원유 환적지 구실을 해왔다. 이는 다른 나라에서는 적용할 수 없는, 싱가포르의 지리적 이점만으로 충분한 기능이었다. 그러나 정작 싱가포르는 액화천연가스 시장에서 떠오르는 역할을 맡게 되었다. 이는 독특하면서도 직관에 반하는 것으로, 에너지 안보와 환경 문제에 직면한 아시아 대국에게는 남다른 의미가 있다. 결과적으로 싱가포르는 액화천연가스를 활용하고 분배하는 방식으로 세계의 정책 실험실로서의 입지를 강화했다.

2013년 싱가포르는 6만359테라줄의 천연가스를 대부분 전력 생산에 소비한 것으로 추산되는데, 2009년에 비해 거의 52퍼센트 증가한 수치다.[101] 2015년에는 전력 생산량 95퍼센트를 가스에 의존했으며 이는 2003년의 61퍼센트에 비해 크게 늘어난 수치다.[102] 싱가포르로서는 이 방식이 가장 에너지 효율적이고, 비용을 절감할 수 있는 친환경적 방법이다. 핵발전소도 없고, 태양열이나 풍력발전, 지열발전을 하기에는 지리적으로 적합하지 않기 때문이다.

전통적으로 싱가포르는 가스가 풍부한 말레이시아와 인도네시아로부터 파이프를 통해 가스를 수입해왔으나, 두 나라로부터 장기적으로 가스를 들여오는 데는 한계가 있었다. 일단은 말레이시아와 인도네시아의 국내 수요가 늘어나고 있다는 게 원인이다. 실제로 싱가포르는 이웃 국가로부터 가스를 공급받는 데 차질을 빚은 적이 있으며, 그러한 문제는 국제적으로 기업친화적인 기반을 갖추었다는 명성에 누를 끼칠 터였다. 결국 전력 분야의 천연가스 수요가 특히 늘어나고 있는 상황에서 에너지 안보 전략을 강화하기 위해[103] 액화천연가스를 에너지 구성에 추가했다.

싱가포르 정부는 미래에 대한 장기적인 안목으로 1999년 9월 가스 터미널 부지를 확보했다.[104] 그리고 7년 뒤인 2006년 8월, 미래 에너지 수요를 충족하기 위해 최초의 가스 터미널을 건설할 것이며 수입할 천연가스의 원산지도 다변화하겠다는 계획을 발표했다. 그리하여 2013년 3월 싱가포르 최초의 천연가스 터미널이 주롱 섬에서 가동되었다. 2014년 2월 공식적인 개장식에 참석한 리셴룽 총리는 두 번째 터미널에 대한 타당성 조사가 진행 중이라고 발표했다. 에너지공사는 2025년이나 2030년에 가동될 수 있을 것으로 추정하고 있다.[105]

싱가포르는 금융 및 상품 거래 기반시설을 활용하여 아시아에서 액화천연가스 무역의 중심지가 되기 위해 노력하고 있다. 특히 가스 수입 규모가 큰 일본과 한국이 차지하는 수입 비중은 절반이나 된다. 그러나 싱가포르는 이에 만족하지 않고 페르시아 만과 주요 가스 수출국 중 하나인 호주 중간에 위치한 지리적 이점을 적극 활용할 계획이다. 또한 중국이 일본이나 한국보다 더 중요한 가스 소비국으로 떠오를 가능성에도 주목하고 있다.

이와 관련한 싱가포르의 타이밍 전략은 정확했다. 페르시아 만이 아닌 지역에서의 가스 생산량이 늘어나면서, 장기적인 가스 공급 계약의 동향에 변화가 일어나는 시기와 맞물린 것이다. 이를테면 미국의 셰일 가스, 러시아, 호주 북서쪽 대륙붕에서 가스 생산이 늘어났고, 중국과 인도라는 새로운 소비자가 등장했다. 러시아는 에너지 공급과 수요 간의 지정학적 연결고리를 활용하려 했는데, 이로 인해 천연가스 시장을 확장시키는 게 더욱 매력적인 선택이 되었다.

OECD 회원국이 아닌 아시아 국가의 천연가스 소비는 두 배로 늘어날 것이다. 중국과 인도의 에너지 소비는 2012년 당시 전세계 소비량의 13퍼센트였으나 2040에는 25퍼센트로 늘어날 것으로 추정된다.[106] 2005~2014년까지 전 세계의 액화천연가스 거래량만 해도 평균 6퍼센트 증가했는데, 이는 파이프로 공급되는 가스 거래 증가율의 두 배다. 그리고 현재, 인도네시아 등 동남아시아 국가들이 주요 에너지 수입국이 되었다.[107] 이러한 경제적·지정학적 추세는 아시아의 새로운 천연가스 시장에 분명 이로운 일이다. 문제는 어디서 거래하고 어디에 저장하고 생산할 것인가이다.

상하이는 2012년 7월 천연가스 현물 거래소를 만들고, 3년 뒤인 2015년 7월 상하이 석유 및 천연가스 거래소를 설립했다.[108] 반면 오래전부터 장기적인 추세에 대응하기 위해 착실히 준비해온 싱가포르는 액화천연가스 거래를 활성화하기 위해 2차 가스 거래소를 만드는 등 정교한 생태계를 개발해왔다. 이로써 동남아시아 내에서 국가를 초월하는 중요한 기능을 수행하게 되었다. 2008~2009년 세계 금융 위기 전에는 규모 있는 시장 참여자가 부족했지만 지금은 싱가포르에서 액화천연가스 거래를 하거나 판매처를 가진 기업이 30개 정도 된다. 쉘Shell이나 가스프롬Gazprom 같은 거대 정유회사나 시티뱅크Citibank 같은 주요 금융기관도 중국과 인도에 수송되는 가스량이 급격히 증가하자 이 추세에 올라타기 위해 싱가포르에 지사를 냈다. 이 기업들은 액화천연가스 판매처를 늘려 거래나 마케팅뿐만 아니라 상품 창안, 운용과 위험관리까지 영역을 확장하고 있다.

규제 영역에서도 싱가포르 정부는 지원을 아끼지 않는다. 싱가포르를 액화천연가스 거래의 허브로 만들기 위해 정부는 거래에서 발생하는 소득에 대한 법인세를 5퍼센트 인하했다. 실제로 싱가포르 가스 터미널 운용이 시작된 2013년부터, 아니 그 전부터도 수많은 액화천연가스 기업들은 가스를 저장하고 재장전하기 위한 시설로써 싱가포르의 터미널을 진지하게 고려하고 있었다.[109] 싱가포르는 세금을 경감해주는 동시에 기반시설(액화천연가스 터미널)까지 제공하는 전략적인 정책 조합으로 아시아에서 액화천연가스 시장으로 떠오르는 데 결정적인 영향력을 행사하고 있다. 동시에 이 조그마한 도시국가의 글로벌 경쟁력과 국가 안보를 끌어올리는 데에도 일조했다.

수요 관리 차원에서도 싱가포르는 시기에 맞는 정보를 제공하여 에너지 소비를 최적화하고 수요를 관리하는 지능적 시스템을 적용하여 에너지 문제에 해법을 제공한다.[110] 이와 같이 수요와 공급의 관리, 에너지 수요에 대한 추정 방식을 개선해주는 스마트 기술은 전기요금과 에너지 공급의 변동성을 줄일 수 있다.[111]

결론

싱가포르는 시민의 비용 부담을 최소한으로 하여 수준 높은 복지와 안보를 제공하는 스마트 국가이다. 뿐만 아니라 질 높은 주택과 주택 소유 프로그램, 편리하고 효율적인 교통체계, 자원 관리와 환경보호에 혁신을 도입하여 살기 좋은 도시환경을 창출한 스마트 도시이기도 하다. 싱가포르 정책들은 미래에 대한 전망을 바탕으로 지역 및 국가 차원에서 시민 요구를 파악하여 반영한다. 이 과정에서 사물 인터넷 같은 최신 정보통신 기술을 적극적으로 활용해왔다.

싱가포르의 도시개발과 교통, 자원 관리, 환경보호 차원의 혁신, 이 모든 것은 자원이 부족하고 환경적으로 제한된 도시국가라는 독특한 특성의 영향을 받아 이루어진 결과다. 그렇게 규모가 작고, 전체적으로 도시화되었고, 통합적으로 조직된 싱가포르는 도시문제를 다루는 과정에서 새로운 접근방식을 도입하기에 적합했고, 사실상 글로벌 정책 실험실이 되었다. 그리고 전통적인 국민국가보다 강도 높고 효율적으로 도시문제에 초점을 맞출 수 있었다. 중국이나 일본 같은 거대 국가와 달리 싱가포르에는 시골이 없고, 혁신적인 도시 정책을 가로막는 복잡한 지역 이기주의도 없다. 더욱이 싱가포르 기관들은 흔치 않은 조정 기능을 갖고 있다. 대표적인 사례가 경제개발청이다. 기관 간에 정보를 공유하지 않아 생기는 문제도 거의 없다. 그래서 싱가포르는 급격하게 진행되는 디지털 혁명이 가능했고, 상승 효과를 수반하는 광범위하고 통합적인 정책을 시행할 수 있었다.

현재 싱가포르의 이웃 국가인 중국, 인도, 인도네시아 등 인구가 많은 개발도상국에서는 전원 지역이 도시로 바뀌고 있다. 수백만 명이 농장과 마을을 떠나 도시로 향한다. 최신 기술을 적극 활용한 싱가포르의 도시 혁명은 다른 나라에도 틀림없이 큰 영향을 끼쳤다. 이 점은 다음 장에서 설명하기로 한다.

제6장

스마트
글로벌 허브,
싱가포르

새로운 아이디어와
혁신의 촉매제

"우리가 부유한 선진국들의 오아시스가 되고자 한다면,
1세계가 되어야 한다. 그래야 우리도 경기에 참여할 수 있다."
_ 리콴유(2011)

지금까지 다양한 분야의 싱가포르 정책들을 살펴보았다. 그 정
책들은 광범위한 분야에서 중요한 글로벌 문제를 다루고 있다.
국가적으로 볼 때 싱가포르 스마트 국가는 사회 복지와 경제개
발의 측면에서 비전통적이지만 실용적인 해법, 즉 정부 지출을
최소화하면서 시민들이 처한 문제에 스스로 대처할 수 있도록
돕는 정책들을 명백히 갖추었다. 도시 차원으로 볼 때는 싱가포
르 스마트 도시는 교통, 주택, 에너지, 환경보호 등 여러 분야에
서 디지털 혁명과 사물인터넷 기술을 적용한 정책으로써 시민에

게 쾌적한 정주 환경을 제공하는 노력을 기울여왔다.

싱가포르에는 창의적인 정책이 많다. 그 정책들은 지속 가능한 도시개발이나 복지 국가의 위기 등 여러 글로벌 문제의 해결과 연관이 있다. 이 장에서 제시하듯, 싱가포르 정책들은 해외의 지성적인 혁신가들과 국경을 넘어선 상호작용을 통해 만들어진 결과물이다. 그들은 산업화된 선진국의 유수한 대학과 연구기관 또는 다국적기업 소속이거나, 개발도상국의 기업가, 정치가, 자본가, 싱가포르 기업가, 공무원이다. 복잡하지만 그들과의 풍부한 상호작용을 통해 싱가포르는 글로벌 허브로 기능하고자 고군분투해왔다. 또한 전 세계를 대상으로 하는 교류를 장려하고 그 플랫폼이 되고자 노력함으로써 중진국의 늪에 빠지지 않고 선진 경제적 지위를 이끌고 있다.

글로벌 허브로서 싱가포르의 역할은 네 가지로 분류된다.

·최신식 공항, 통신시설, 법률 서비스, 재정, 에너지 공급 등
·글로벌 상호작용을 위한 기반시설 만들기
·외국인 투자와 해외 지식인을 싱가포르로 끌어들이기
·정보통신 기술 혁명을 활용하여 정통적이지는 않지만 실용적인 아이디어를 실험하고 활용하는 글로벌 실험실 만들기
·제품과 서비스를 전 세계로 퍼뜨리기[1]

싱가포르에서는 자본과 아이디어가 흘러 들어와 창의적으로 통합되는 일련의 과정이 역동적으로 일어나고 있다. 또한 전 세

계가 처한 문제를 해소할 수 있는 방안이 전파되기도 한다. 이로 인해 국제사회에서 글로벌 허브로서 싱가포르 역할이 점점 중요해지고 있는데, 특히 도시이자 국가로서 특별한 비교 우위를 지닌 도시개발 분야에서 더욱 두드러진다.

글로벌 상호작용을 위한 기반시설 만들기

싱가포르의 잠재적인 강점이자 약점이라 할 수 있는 요소는 바로 지리적 위치다. 이 사자의 도시는 지구에서 가장 중요한 바닷길의 관문에 위치해 있다. 그리고 비행기로 7시간 이내의 거리에는 세계 인구의 절반이 거주하고 있다. 싱가포르를 교통과 물류의 허브로 만들기 위해 지리적 약점을 상업적 강점으로 변환하고자 노력하는 건 어찌 보면 스마트 국가로서 당연하다. 이러한 전환에 가장 우선되는 것은 기반시설이다.

싱가포르 항구는 세계에서 가장 큰 환적지이다.[2] 1986년부터는 지구상에서 가장 바쁜 두 개의 컨테이너항 중 하나가 되었다. 위치상 120여 개국이 600여 개 항구와 연결되어 있는 200개 수송 라인의 중심에 있기 때문에, 싱가포르 항구는 선박 당 2000개 이상의 컨테이너를 처리할 수 있고 회전 주기가 12시간 미만이며 24시간 운영되고 있다.[3]

창이 국제공항도 고용량의 최첨단 시설로, 세계 1, 2위의 국제공항으로 손꼽힌다.[4] 4500대의 비행기가 60개국 280개 도시를 연결하고, 매년 200만 톤의 항공 화물이 드나든다.[5] 싱가포르 항구와 창이 공항 덕분에 세계에서 가장 분주한 환승 허브가

된 싱가포르는 전 세계 컨테이너 환적 물동량의 7분의 1을 처리한다.

최근 세계은행은 전략적 위치와 최신의 물리적 기반시설 덕분에 글로벌 물류의 중심지로 견고히 자리 잡은 싱가포르를 아시아 최고의 물류 허브로 선정했다.[6] 현재 싱가포르에는 세계적인 제3자 물류회사 25개사 중 20개사의 본부가 있다.[7] 이미 언급했듯이 세계에서 가장 큰 환적지인 싱가포르에는 7000여 개물류회사가 입주하여 싱가포르 노동력의 9퍼센트보다 많은, 약18만 명을 고용하고 있다.[8] 항공기 부품에서부터 다양한 석유화학 제품 그리고 신선한 해산물, 고기, 꽃, 약품 등의 냉장 물품에 이르기까지 수많은 품목을 취급한다.[9]

전자상거래가 활발해지고 있는 요즘, 싱가포르는 스마트 국가답게 미래를 내다본 혁신적인 정책을 채택했고, 덕분에 글로벌 허브로서의 위상을 잘 지키고 있다. 싱가포르는 동남아시아에서 전자상거래가 활성화될 것을 예측하고 새로운 전자상거래 센터(싱포스트SingPost) 건설에 1억4500만 달러를 지출했다. 2016년에 완성된 이 센터에서는 매일 10만 개의 소포를 처리할 수 있다.[10] 중국 전자상거래 거대 기업인 알리바바 그룹은 국제 전자상거래 기업을 갖추기 위한 합병 작업의 일환으로 이미 싱포스트 지분을 획득했다.[11]

싱가포르가 전략적 위치와 견고한 물리적 기반시설만으로 물류 허브가 된 것은 아니다. 최신 정보통신 기술로 뒷받침되는 재정, 통신, 법적 기반도 중요한 역할을 한다.[12] 통관 수속에 관한 정부 규제도 빠뜨릴 수 없는 것으로, 트레이드넷 4.0 같은 혁신적인 전자통관 단일 창구는 35개 규제 기관과 연관된 거래 허가를 원스톱으로 처리한다. 이러한 시스템은 세계에서 가장 효율적으로 수입·수출·환적 기능을 수행한다.[13] 물류 분야에서도 선진화된 기술이 생산성을 높이는 핵심 요소인 것이다. 의료, 관광, 법률 서비스 등 다른 분야에서도 사물인터넷 적용이 효율을 높이고 있다.[14]

유망한 에너지 거래 허브

기반시설이란 더 이상 도로, 교량, 공항만을 의미하지 않는다. 원유도 가스도 나지 않는 도시국가 싱가포르가 영향력 있는 글로벌 에너지 거래의 중심지로 부상한 사실이 이 점을 분명히 말해준다. 싱가포르는 페르시아 만에서 아시아로 가는 에너지 항로에 자리 잡고 있으며, 페르시아 만에서 수출되는 원유의 4분의 3가량인 1500만 배럴이 매일 이 길을 지난다.[15] 반세기가 지난 현재 싱가포르는 휴스턴과 로테르담 다음으로 가장 중요한 원유 정제 센터가 되었다. 그리고 중국과 동남아시아가 급성장함에 따라 호르무즈 해협에서 동쪽에 위치한 말라카 해협으로 이동하는 에너지 수송량은 적어도 20년 동안은 증가할 것이다.[16]

아시아 지역을 왕래하는 에너지 흐름이 늘어나는 상황에서 싱가포르가 담당하는 글로벌 에너지 분야의 역할도 자연적으로 중요해졌다. 싱가포르를 기준으로 상류와 하류를 이용하는 모든 거래에 참여할 수 있고, 무역 거래를 중재할 수 있는 위치에 있기 때문이다. 지금까지 원유와 석유화학 분야에서는 이러한 역할이 당연시되었지만, 천연가스(특히 액화천연가스)에서도 동일한 역할을 맡게 되었다. 얼마 전부터 미국이 대규모로 셰일 가스를 생산하고 수출하기 시작하면서 세계 가스시장의 유동성도 증가했고, 이에 따라 원유와 관련한 장기 계약은 풍화를 맞을 수밖에 없다. 결국 현물 시장과 미래의 가스 시장이 유망한 산업으로 떠오르고 있는 상황에서 싱가포르는 큰 잠재력을 지니고 있다고 볼 수 있다. 싱가포르가 보유한 침수항沈水港, 번창하는 금융, 법률 규범, 재수출이 가능한 사용자 중심의 천연가스 터미널, 시장 친화적 규제 등을 고려했을 때 충분히 예상할 수 있다.[17]

떠오르는 국제 금융의 허브

질 좋은 기반시설은 거래와 물류를 모두 다룰 수 있는 역량을 부여한다. 여기에 시너지 효과를 보태주는 점이 있다면, 싱가포르가 아시아에서 가장 선두적인 보험시장이라는 사실이다. 싱가포르의 투명한 법 체계는 무역금융 허브로서의 역량을 강화시킨다.[18] 글로벌 거시경제 및 지정학적 흐름 역시 자산관리 중심지로서 싱가포르의 잠재력을 높여준다. 중국과 일본을 필두로 한 아시아의 흑자 국가들이 보유하고 있는 외화준비금은 세계 총액의 절반 이상을 차지하는데,[19] 외화 2480억 달러를 보유한 싱가포르는 세계 10위를 기록하고 있다.[20] 나머지의 상당 부

분은 싱가포르와 유대 관계가 강한 중동에서 보유하고 있다.[21]

떠오르는 흑자 국가의 경우 대부분 세련된 자본시장이 없거나 글로벌 펀드 자금을 운용할 역량이 부족하다. 하지만 싱가포르는 최신식 아시아 외화·상품 시장을 비롯하여 선진화된 재정 기반을 구축했다. 따라서 아시아, 러시아, 중동의 투자자들에게는 뉴욕, 런던, 스위스 등 전통적인 서구 금융 중심지보다 지정학적으로나 규제로 보나 싱가포르가 더 매력적인 시장이다. 특히 싱가포르는 업무 시간이 유럽과 겹치기 때문에 그렇지 못한 도쿄에 비하면 큰 이점이 있다. 2013년만 해도 스위스는 가장 많은 글로벌 펀드 관리국이라는 지위를 유지할 수 있었지만 글로벌 조세 도피처를 단속하고 규제를 강화하는 등의 조치로 투자자에 대한 혜택이 약화되어 거의 싱가포르에게 추월당할 뻔했다.[22]

싱가포르는 1960년대 후반, 즉 1968년 싱가포르 중앙은행이 홍콩과 경쟁하기 위해 은행세를 인하했을 때부터 글로벌 금융시장에서 중요한 역할을 수행해왔다. 이 무렵부터 아시아 달러 시장이 형성되기 시작했다.[23] 1984년에 싱가포르는 아시아 최초의 금융선물 시장으로 시카고 상업거래소를 모델로 한 국제통화거래소SIMEX를 설립했다.[24] SIMEX는 시카고 상업거래소와 글로벌 협력 관계를 맺음으로써 24시간 거래되는 세계 시장에 문호를 열었다.[25] 그 결과 2014년 4월 싱가포르의 하루 평균 외환 거래량은 3700억 달러를 넘어섰다.[26] 이는 북미 지역 전체 외환 거래량(8110억 달러)의 거의 절반 수준이고,[27] 싱가포르보다 경제

규모가 훨씬 큰 일본보다 훨씬 많은 양이다.[28]

글로벌 자본을 끌어들이는 노하우

선진화된 산업국가든 개발도상국이든, 21세기에 자본을 형성하기란 매우 벅찬 도전이다. 싱가포르의 경우 민간과 정부는 다양한 방법으로 시민의 저축을 장려해왔고, 이를 바탕으로 활발한 국내 투자를 이끌어냈다. 그러나 야심찬 소국에게 이 정도로는 부족했다. 그에 못지않게 중요한 것은 해외 투자 유치였다.

싱가포르는 동남아시아의 투자 불안정성에도 불구하고 해외로부터 대규모 금융투자를 받아내는 데 성공했다. 싱가포르 독립 이후 30년간 큰 변동이 없었던 해외직접투자 규모가 1990년대부터 장기적으로 꾸준한 증가를 보이고 있다.(그림 6-1) 9·11 테러 사건 이후 심한 하락세를 겪기도 했지만 2008~2009년 미국발 금융위기 이후 2011년부터는 해외직접투자가 오히려 급증했다. 여기에는 떠오르는 아시아 강대국인 중국과 인도가 큰 몫을 했다.

오늘날 싱가포르는 세계에서 해외직접투자를 가장 많이 받는 국가 중 하나로 2014년에는 GDP의 22퍼센트를 기록했다. 중국이 GDP의 2.6퍼센트, 일본이 0.4퍼센트인 데 비하면 매우 큰 수치다.[29] 싱가포르에는 현재 7000여 개의 다국적기업이 입주해 있으며, 이중 절반 이상은 지역 본부 또는 글로벌 본사다.[30] 예컨대 제네럴모터스는 싱가포르에 120명가량의 직원을 두고 아시아–태평양 지역, 아프리카, 중동 그리고 유럽에서 이루어지는 핵

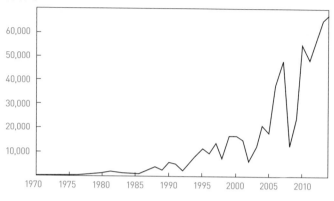

단위: 미화 백만 달러
(국제수지)

60,000

50,000

40,000

30,000

20,000

10,000

1970   1975   1980   1985   1990   1995   2000   2005   2010

그림 6-1 싱가포르 해외 직접투자 순 증감(1970~2014)

심적인 기업활동을 감독하고 있다.[31] 2012년 프록터&갬블은 화
장품과 유아용품 글로벌 본사를 싱가포르로 옮겼다. 대규모 브
랜드인 팸퍼스도 미국에서 싱가포르로 이전했다.[32] 2014년 3월
에는 2억5000만 싱가포르달러를 들여 바이오폴리스에 싱가포
르 혁신센터를 열었다.[33] 켈로그도 2013년에 시드니에 있던 아시
아-태평양 본부를 싱가포르로 옮겨왔다.[34]

해외 기업이 싱가포르에 관심을 보이는 이유는 말할 나위 없
이 기업 친화적인 조세·무역 정책 때문이다. 싱가포르는 자본
이익에 세금을 징수하지 않는다. 법인세는 17퍼센트 단일세율을
적용하고 개인에게는 20퍼센트를 적용하지만 여러 경감 조치를
둔다.[35] 이 도시국가는 32개 국가와 21개 자유무역 협정을 체결

했고 다국적기업이 본사를 싱가포르로 이전하는 부분에 매력적인 인센티브를 제공한다.[36]

4장에서도 언급했듯이, 해외에서 싱가포르에 투자하는 데 핵심이 되는 제도적 기반은 1961년 리콴유 정권이 들어선 지 2년이 안 되어 설립된 경제개발청이 만들었다. 총 직원이 600명도 안 되지만 현재 핵심 글로벌 도시에 21개 사무소를 운영하고 있으며 주요 다국적기업뿐만 아니라 유망한 신생 기업에 대해서도 많은 노력을 기울인다. 특히 지역 본부나 글로벌 본사를 싱가포르로 이전시키는 데 중점을 두고 있다.

해외투자를 활성화시키기 위해 경제개발청은 클러스터 개발 기금과 공동투자 프로그램을 조성했다. 이를 통해 해외 다국적기업과 싱가포르 기업의 합작 및 전략적 프로젝트 수행을 지원해왔다.[37] 1960년대 후반 경제개발청은 반도체 생산을 할 수 있는 미국의 다국적기업을 싱가포르로 끌어들이는 데 주력했고, 그 결과 전자산업 분야에서 활발한 성과를 거두었다. 뿐만 아니라 핵심적인 산업 제품을 만들고 산업 인력을 훈련시키기 위해 해외 다국적기업과의 공동투자에 적극 임했다. 즉 숙련된 기능 공을 육성하는 공동 훈련원을 설립하여 공구와 부속품 제작을 비롯한 정밀기계, 수치 제어기기, 컴퓨터 설계, 제조, 선진 측량 기술을 발전시켜 왔다.

싱가포르에 대한 해외투자는 1990년대부터 들쭉날쭉한 형태로 증가해왔는데, 2002년쯤부터는 가속도가 붙어 두드러지게 활기를 띠었다.(그림 6-1 참조) 세계 지정학적인 환경의 변화,

특히 냉전 종식 이후 싱가포르 기업들은 베트남, 중국, 러시아와 옛 동구권 시장에 접근할 수 있게 되었다. 이러한 환경의 변화는 첨단기술, 정밀기기와 서비스 산업을 전례 없이 강조한 요인일 것이다. 싱가포르가 근대화 초기부터 세계 최고의 공항, 항만, 통신시설 등 높은 수준의 기반시설을 갖춰온 점도 해외투자 유치에 긍정적으로 작용했다.

싱가포르는 1990년대부터 해외투자 유치를 위해 SIJORI 삼각성장 협정이라는 새로운 카드를 꺼냈다. 이 협정은 1989년 고촉통 부총리가 제안하고 총리 재임 시절인 1994년에 완성된 것으로,[38] 싱가포르와 그 주변의 말레이시아 조호르 지역, 인도네시아의 리아우 제도 간의 무역을 표준화하고 자유화하는 내용을 담고 있다. 이 협정을 통해 노동집약적인 싱가포르의 경제활동을 토지와 노동력이 저렴한 주변 지역으로 이전할 수 있었다. 결과적으로 무역이 자유화되었고, 싱가포르의 고부가가치 산업과 상호작용을 이루어 싱가포르 내 해외투자 유치에도 도움이 되었다.

새로운 아이디어 만들고 시험하기: 지적 아이디어가 만나는 실험실, 싱가포르

싱가포르는 과학을 최우선 순위에 둔다. 1997~1998년 아시아 금융위기 당시부터 응용과학 및 고도화된 연구, 개발, 시스템 응용의 중심지로 탈바꿈하기 위해 체계적인 노력을 기울였다. 발달된 컴퓨터와 통신기술을 바탕으로 연구자와 실무자들이 실험을 통해 배워가는 공동체를 지원함으로써 성장과 경제적인 부가가치를 북돋아주는 "지식경제 체제"를 추구했다.[39] 이에 따라 대학이나 지식 양성 시설을 향상시키기 위해 국가과학기술위원회(1991), A*STAR(2001), 연구혁신기업자문위원회(2006), 국립연구자문위원회(2006) 등을 설립했다. 또한 싱가포르국립대를 비롯한 국내 연구기관과 MIT나 케임브리지대 등의 세계적인 과학 연구기관과의 전략적 협력 관계를 구축했다.

이러한 협력 관계를 통해 스마트 국가 싱가포르는 기술적으로 고도화된 부문에 유리한 해외 직접투자 환경을 만들기 위해 노력 중이다. 싱가포르는 전형적인 거시적·통합적 접근방법으로 우선순위가 있는 분야들 간 연결고리를 발굴하는 데 중점을 두고 있다. 이러한 맥락에서 국립연구재단이 강조한 분야와 해외 직접투자자가 관심을 두었던 분야는 의생명과학biomedical science, 환경과학, 정수 기술, 청정에너지, 쌍방향 디지털미디어 등이다. 이에 따라 1991년에 전개한 5개년 국립기술계획의 연도별 연구개발 기금은 20억 싱가포르달러(1991~1995)에서 190억 싱가포르달러(2016~2020)로 거의 10배 증가했다.[40]

싱가포르는 일본이나 한국과 비슷하면서도 글로벌한 세계에 더 어울리는 방식을 발굴하고, 기술적으로 중요하고 새로운 아이디어를 이끌어내기 위해 체계적으로 노력했다. 그리고 에너지 효율화, 교통, 의료, 위생 등 여러 분야에서 실생활 적용에 초점을 맞춘 '살아 있는 실험실' 또는 '시험대'를 마련함으로써 아이디어를 시험하고 상업화하는 과정에도 주의를 기울였다. 여기에는 거시적·통합적인 관점에서 분야 간 융합으로 이루어낸 프로젝트가 많다. 특히 성장하는 도시로 이주하는 농촌 인구가 늘고 있는 주변 국가에서도 얼마든지 적용 가능한 도시계획과 '지속 가능한 개발' 프로젝트로 틈새시장을 개척했다.[41]

싱가포르의 '시험대' 기능을 발휘한 대표적인 곳은 싱가포르 남서쪽 국립대학 근처에 위치한 부오나 비스타Buona Vista의 퓨저노폴리스Fusionopolis 과학단지와 바이오폴리스다. 싱가포르 정부는 학제 간 융합 연구를 장려하기 위해 11억 싱가포르달러를 투자하여(그림 6-2)[42] 연구단지 공간을 미디어폴리스Mediapolis와 통합하기로 했다.[43] 이에 따라 정부, 학계, 기업 연구소가 관여하는 바이오폴리스는 이미 2006년에 구성이 완료되었고(이중 절반은 해외 기관이다) 의생명과학, 그중에서도 의학진단법diagnostics에 초점을 맞추고 있다.

이 단지에는 다양한 기업이 입주해 있다. 노바티스, 다농, 에보트 랩, 프록터앤갬블, 추가이 제약 등 주로 다국적기업들이다.[44] 2010년에는 의학진단법과 제약 분야 연구를 수행하는 로셰-싱가포르 중개의학센터가 설립되었고,[45] 2014년 하반기에는 의생명과학 연구개발의 글로벌 리더를 뒷받침하기 위해 진단개발 허브를 만들었다.[46] 궁극적으로는 투자 유치가 목적이다.

2008년 10월에 설립된 퓨저노폴리스는 바이오폴리스 근방에 학제 간 융합 연구를 장려하기 위한 연구단지로, 정보통신 기술, 매스미디어, 물리학, 공학 분야가 주력이다. 특히 이곳 실험실은 고성능 컴퓨터, 데이터 저장, 마이크로 전자공학에 초점을

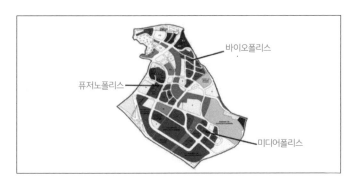

바이오폴리스

퓨저노폴리스

미디어폴리스

그림 6-2 싱가포르 통합 연구단지 One-North 허브

맞춘다.[47] 자연과학 분야를 중심으로 하되 의학, 의료 장비, 생체 전자공학과의 융합 연구도 병행되고 있다. 바이오폴리스와 퓨저 노폴리스는 급격히 고령화되고 있는 아시아 사회에 대안을 제 시할 만한 인류적 문제를 탐구하고 있다.

2007년에는 해외 주요 대학과 손잡고 국가 간 연구 협력을 위한 CREATE(Campus for Research Excellence and Technological Enterprise) 프로그램을 만들었는데, 연구 분야에서 가장 괄목할 만한 성과였다.[48] 가장 먼저 시작한 일은 싱가포르-MIT 간 연 구개발 협력 체계인 SMART(Singapore-MIT Alliance for Research and Technology) 프로그램으로, MIT가 해외 연구기관과 협력한 첫 사업이었다. 이 협력 체계는 바이오시스템 공학, 환경 예측, 전염병, 미래 도시교통, 저에너지 전자기기 등 5개 분야의 융합 연구 그룹을 두고 있는데 상업적 성공뿐만 아니라 사회적으로 도 의미 있는 발견을 기대해볼 만하다.[49] MIT 선임교수들이 이끄는 연구 프로젝트에는 MIT와 싱가포르에서 교수, 박사 후 과정, 대학원생 등 900명이 넘는 연구자가 참여한다.

2007년 CREATE 프로그램이 시작된 이래, 싱가포르는 해외 주요 대학이나 폴리테크닉 기관과 10건의 연구 협력을 수행했다. 그 중 2건은 미국의 캘리포니아주립대(버클리)와 MIT, 2건은 중국의 베이징대와 상하이교통대, 3건은 이스라엘의 히브리대, 벤구리온대, 테크니온 공대와의 협력이다. 다른 3개 협력기관은 영국 케임브리지대, 독일 뮌헨 공대, 스위스 취리히 ETH(연방공과대)다.[50] 이들 대학의 방문 연구자들은 싱가포르의 CREATE 캠퍼스에 연구하면서, 2016~2020년에 190억 싱가포르달러 예산을 제공받는다.[51]

2013년에는 싱가포르 임상연구소, A*STAR, 국립대학보건시스템 간의 협력으로 영양학 분야의 연구기관인 임상영양연구소를 설립했다. 여기서는 주로 라이프 사이클과 관련된 영양학 분야의 기초과학과 응용 학문을 연계하는 연구를 추진한다. 특히 아시아에서 미량 영양소와 다량 영양소의 섭취가 인간 생리에 끼치는 영향, 영양에 대한 식품 구조의 역할 등 다양한 분야가 연구되고 있다.[52]

싱가포르는 2011~2015년 동안 과학, 기술, 혁신을 위해 160억 싱가포르달러를 투자했다. 이는 싱가포르가 연구개발을 얼마나 중시하는지를 대변한다. 그 결과 국내 대학들의 글로벌 순위도 점점 높아진다.[53] 2010~2011년 THE(타임스 고등교육 세계 대학 순위, Times Higher Education World University Rankings) 발표

당시, 싱가포르 국립대의 순위는 34위였으나 2015~2016년 26위로 상승하여 아시아에서 가장 우수한 대학으로 자리매김했다.[54] 난양 공과대학 역시 같은 기간에 174위에서 55위로 119위나 뛰어올랐다. 50년 미만의 역사를 지닌 대학만을 대상으로 하는 THE의 평가에서도 2위라는 높은 평가를 받았다.[55] 최근 싱가포르 정부는 자국의 지원자들에게 기회를 늘려주기 위해 유학생의 수를 제한하긴 했지만 매년 7만 명이 넘는 유학생을 받는다.[56]

싱가포르는 대규모 컨퍼런스를 통해 스마트 글로벌 허브로서의 역할을 발전시킬만한 제도와 컨소시엄을 구성하고자 노력한다. 이를 테면 정부기관, 연구기관, 민간기업이 참여하는 '지속 가능한 도시 연구개발 회의'는 싱가포르의 관심사인 지속 가능한 도시정책에 대한 플랫폼을 제공한다.[57] 또한 싱가포르의 살아 있는 실험실 역할을 홍보하기 위해 2011년 '살아 있는 도시정책 실험실'이라는 주제로 첫 회의를 열었다.[58] 싱가포르 공무원들은 다양한 연구개발 분야에서 협력을 이끌어내기 위해 다국적기업을 초청하며, 이때 최고 수준의 사회 기반시설과 테스트베드로서의 싱가포르 인프라가 큰 도움이 된다.

싱가포르는 다양한 분야의 국제회의를 기획하여 네트워크를 만들고, 지식을 모으고, 우선순위를 두고 있는 분야의 업적을 공개한다. 최근의 예로, 2014년 6월 싱가포르 세계물주간, 클린 환경정상회의, 세계도시정상회의가 싱가포르에서 열렸다. 싱가포르 세계물주간은 2008년부터 매년 싱가포르에서 열리고 있는 데 2014년에는 133개국이 참여했고 2만 명 이상이 방문했다.[59] 격년으로 열리는 세계도시정상회의는 2014년 64개국의 208개 도시 대표단이 참석했다.[60] 이 회의에서는 살기 좋고 활기차며 지속 가능한 도시를 이끈 지도자에게 존경의 뜻으로 리콴유 세계도시상을 수여한다.[61] 2012년에는 뉴욕시 마이클 블룸버그 시장이 이 상을 받았다.[62] 블룸버그사의 설립자이자 미국의 중요한 정치인인 블룸버그의 업적을 기림으로써 싱가포르는 언론의 관심을 받았고 관련 컨퍼런스에도 많은 청중이 찾아들었다. 2014년의 리콴유상 수상자는 중국 장쑤성의 쑤저우시로, 아시아 지역의 큰 관심을 이끌어냈다.[63]

2008년부터 매년 개최하는 또 다른 주목할 만한 국제회의로는 싱가포르 국제에너지주간이 있다. 일주일간 세계의 에너지 전문가, 정책 담당자, 평론가들이 만나는 자리인데,[64] 2014년에는 60개국에서 약 1만 명이 참여했다. 이 회의를 통해 싱가포르 스마트 국가는 '살아 있는 실험실'이 되고 선진적인 글로벌 에너지 허브가 되겠다는 두 가지 전략 목표를 달성했다.[65]

정책 수출하기

싱가포르 모델은 두 가지 다른 영역의 거버넌스, 즉 도시와 국가에 모두 적용된다는 점을 기억해야 한다. 싱가포르는 (뉴욕 인구의 절반보다 적고, 유엔의 193개 회원국 중 하나인) 도시이자 국가다. 그리고 두 영역에서 효율적으로 기능한다.

세계를 가르치는 싱가포르 스마트 기관

싱가포르가 거의 찬양하다시피 중요하게 생각하는 효율성을 전세계에 전파하기 위해 싱가포르 정부는 국제무대에서 다양한 주체들과 어울린다. 국가와 도시는 말할 것도 없고 NGO, IMF, 세계은행, 유엔개발 프로그램 등 국제기구와 소통하고 있으며, 원조 사업을 지원하기 위해 다양한 기관과 연계하고 있다. 정부와 밀접한 기관 및 사업으로는 SCP(Singapore Cooperation Program), SCE(Singapore Cooperation Enterprise)가 있고, SCE 국제협력팀은 세계은행 그룹과 같은 정부 간 협의체와 협력한다. 그 밖에도 싱가포르는 개발도상국 정부와 함께 연수 프로그램과 교육사업을 운용하고 있는데, 정부뿐만 아니라 NGO, 다자 기구, 정부기관과 함께하는 제3국 연수 프로그램도 진행한다. 이처럼 싱가포르는 국제무대에서 여러 층위의 다양한 주체들과 협력함으로써 글로벌 문제를 다루는 전략적 유연성을 갖춰왔다.

싱가포르 외교부 산하의 SCP는 1992년에 출범한 이후 해외를 대상으로 개발원조 사업을 수행하고 있다. 주요 사업은 정부 대 정부 연수 프로그램이지만 종종 다른 국제기구와 협력하기도 한다.[66] 2006년부터는 SCE도 참여했다. 준 공공조직인 SCE는 역동적인 글로벌 실험실인 싱가포르에게 배우고자 하는 세계 각국의 요청들을 조정하는 기관이다.[67] 즉 SCE는 싱가포르의 개발 경험을 배우고자 하는 해외의 요청에 효과적으로 대응하기 위한 외교부와 상공부의 합작 기관으로, 영리를 목적으로 하며 수수료를 부과한다.[68]

일반적으로 싱가포르와 개발도상국 간의 협력은 SCP가 운영하는 쌍방 기술지원 프로그램BTAP으로 시작한다.[69] 타국의 연수단에게 싱가포르의 공공 거버넌스·교통·교육·의료·도시계획·정보기술 등을 전수하는 방식인데, SCE에 의해 수익을 창출할 수 있는 실제 프로젝트를 다룬다. 대체로 인력 양성이나 공공 부문 역량 강화 프로그램을 수행한다.

SCE는 2012년 8월 31일부터 싱가포르 기업이 해외에서 성장하는 것을 돕고 무역을 장려하는 싱가포르 무역청의 핵심부 역할을 맡고 있다.[70] 이와 같이 SCP와 SCE는 싱가포르 기업의 세계 진출을 돕는 영리적 목적, 그리고 싱가포르의 성공에 기여한 실용주의를 전파한다는 이타적인 목적을 동시에 수행하기 위해 협력한다. 싱가포르 정부는 이 두 가지 상반된 목표를 적절히 통합했으며, 그 조합은 상당히 효과적이다. 그런 측면에서 다른 나라에도 적절한 모델이 될 수 있다. 우선 상호간에 관심이 깊고 실현 가능한 프로젝트에 자원이 효율적으로 투입되고, 신속한 집행을 장려하는 시장 인센티브도 주어지기 때문이다.

SCE는 글로벌 문제를 해결한 싱가포르의 전문성을 적용하여, 설립 이후 몇 년 동안 30개국에서 150개 이상의 프로젝트를 수행했다.[71] 일반적으로 해외에서 SCP 후원으로 싱가포르를 연구차 방문하여 연수를 받는 것으로 시작하여, 나중에 싱가포르의 현지 컨설팅과 특정 사업으로 이어진다. 영리 목적의 SCE 프로젝트는 호주를 제외한 모든 대륙, 특히 아시아권에서 많이 수행되었다.

SCE는 다양한 프로젝트로 여러 해외 기관들을 상대한다. SCE의 아워 리치Our Reach 웹사이트를 보면 SCE가 수행하는 다양한 기능과 글로벌한 활동 범위를 엿볼 수 있는데, 그동안 개입한 프로젝트가 국가와 도시별로 분류되어 있다. 몇 가지 예를 들면 다음과 같다.

· 인도네시아: 반다르 람풍Bandar Lampoong에서 민관협력으로 물처리 시설을 준비하면서 컨설팅 서비스 제공
· 몰디브: 몰디브 관세청에 지식 재산권, 식물병plant-disease, 무역 기술적 장벽에 대한 역량 강화 프로그램 운용
· 베트남: 하노이 건설부와 호치민 인민위원회에 도시계획 관련 답사 및 연수 프로그램 제공
· 중국 장쑤성: 산업단지 관리, 환경보호, 물류관리 관련 답사 및 연수 프로그램 제공
· 아부다비: 공공 분야 인사관리와 아부다비 행정조직 개발을 위한 자문, 관광진흥투자부에 토지 규제, 노동력 역량 강화 및 범죄자 재활 관련 답사 제공
· 브라질: 미나스 제라이스Minas Gerais 주의 기본계획 자문
· 오만: CMA(Capital Market Authority of the Sultanate of Oman)에 재정 전략 자문
· 러시아: 고위 공무원을 대상으로 관광, 투자 유치, 신기술 관련 답사
· 사우디아라비아: 킹압둘아지즈 대학에 리더십 프로그램 개

발 및 투자유치청(SAGIA)의 도시계획

·나이지리아: 라고스 주 환경계획 및 도시개발부 대상 도시계획 및 건축기준 연수 프로그램 제공

SCE는 국제협력팀을 두어 정부 간 국제기구IGO의 회원 개발도상국들이 싱가포르의 전문성을 배울 수 있는 편리하고 효율적인 단일 경로로 활용되게끔 한다.[72] 정부 간 국제기구로는 아시아개발은행, 영국연방사무국, 유엔개발 프로그램, 세계은행 그룹 등이 있으며, 국제협력팀은 타마섹 재단과 같은 싱가포르 자선기관과도 밀접히 협력한다. 이는 자문 서비스와 특화된 맞춤형 연수 프로그램을 확대하기 위한 공동재원 조달 방안을 마련하고, 수혜국인 개발도상국에 지식을 전수하고 역량을 강화시키기 위해서다.

싱가포르가 아이디어를 전파하는 가장 특이하고 생산적인 방법은 SCP가 주관하는 제3세계 국가연수 프로그램TWCPs을 통해서다. 여기에서 제안되는 정부 개발사업들은 산업화된 선진국들, 즉 호주·캐나다·프랑스·독일·일본·대한민국·룩셈부르크·뉴질랜드·노르웨이·타이·바티칸 등과의 협력으로 수행된다. 때로는 아시아개발은행, 콜롬보 계획(영국연방의 동남아시아 개발계획청), 영국연방사무국, 유엔아시아태평양경제사회위원회, 국제원자력기구, 국제민간항공기구, 유니세프, 유엔개발 프로그램 등의 정부 간 국제기구나 NGO와 팀을 이루기도 한다.[73]

재화와 서비스 수출하기

자본과 기술에 대한 해외투자도 경쟁력을 키우는 중요한 요소지만, 핵심은 재화와 서비스 수출이다. 해외투자 유치에서 그러했듯이 싱가포르는 이 방면에서 탁월한 성과를 거두었다. 두 번째 오일쇼크가 일어난 1970년대 후반부터 싱가포르의 수출은 꾸준히 증가하여, 오늘날에는 매년 6000억 미화 달러를 수출하고 있다.(그림 6-3)

싱가포르의 역동적인 수출 현황은 해외투자와 밀접한 연관이 있다. 실제로 싱가포르에 투자하고 있는 일류 다국적기업이 싱가포르 수출에 큰 역할을 하고 있기 때문에 어찌 보면 당연한 일이다. 싱가포르가 체결한 수많은 지역 및 양자 간 자유무역협정도 수출 증진의 배경이며, 태평양을 횡단하는 무역이 전반적으로 자유화된 것도 영향을 끼쳤다.[74]

그림 6-3 싱가포르의 증가하는 재화와 서비스 수출(1972~2014)

싱가포르의 주된 수출 상품은 탄화수소 관련 제품이다.(2014년 수출의 75퍼센트)[75] 로테르담과 휴스턴 다음으로 규모가 큰 원유 정제 중심지라는 점을 적극 활용한 덕분이다.[76] 오늘날 정제유 제품은 싱가포르 상품 수출의 4분의 1을 차지하고, 화학제품은 13퍼센트를 차지한다.[77] 그러나 이제는 원자재 가공사업에서 벗어나 매우 다양한 분야에서 수출 활동을 펼친다. 예를 들면 의료 장비나 항공기 부품 등 최첨단 기계류 수출이 정제유 제품의 거의 두 배나 된다. 놀라운 것은 싱가포르가 수출하는 기계류의 3분의 2는 "재수출re-exports"이라는 점이다. 즉 다른 곳에서 1차 조립된 후 싱가포르가 특허를 갖고 있는 첨단기술 요소가 추가된 기계제품인 것이다.[78]

한편 싱가포르의 제조업 분야에서 가장 큰 제약은 한정된 토지라 할 수 있다. 하지만 이 섬나라는 두 가지 방식으로 이 문제를 처리하고 있다. 산업단지를 위한 용지는 간척지 조성으로 마련하고, 중심지로부터 경제활동을 분산시키는 것이다. 예를 들어 싱가포르의 서쪽 끝부분 간척지에 가장 유망한 산업단지인 주롱 지구와 노동자 주택단지가 조성되어 있는데, 잘 설계된 고속도로와 경전철로 싱가포르의 중심부와 연결되어 있다.[79]

싱가포르의 서비스업은 수출의 25퍼센트를 차지한다. 지난 10년 동안의 과정을 살펴볼 때 서비스업은 첨단 제조업보다 더 역동적일 것으로 전망된다. 그중 가장 큰 부분은 교통(33.8퍼센트)과 관광(12퍼센트)으로, 수출되는 서비스업의 거의 절반을 차지한다. 지정학적 위치를 전략적으로 활용하여 훌륭한 항구와 공항 시설을 개발한 덕분이다. 서비스업 다음으로 규모가 크고 빠르게 성장하는 분야는 금융과 그 연관 산업들(약 14.5퍼센트)이다.[80] 정치경제 문제를 통합적으로 이해하고 접근하는 방식이 정착되어 있는 싱가포르에서는 항구, 공항, 호텔 등 여러 시설에 대한 탁월한 관리 역량을 개발함으로써 세계적으로 수익을 올리고 있다. 러시아 소치 국제공항,[81] 파키스탄의 과다르 항구,[82] 아랍에미리트의 버즈 알 아랍 쥬메이라 5성급 호텔 등은 싱가포르가 관리했거나 관리 중인 시설이다. 모두 싱가포르 서비스업 수출에서 파생된 영향력 있는 상품이다.[83]

싱가포르와 해외의 전자정부

4장에서 논의했듯이, 싱가포르 정부는 효율성과 투명성을 최대화하기 위해 컴퓨터 기술을 활용하고 노동력에 들어가는 비용을 줄이는 최소주의를 전제로 한다. 현재 싱가포르에서는 90퍼센트의 가정이 브로드밴드 인터넷을 사용하고 있으며, 전자정부는 이 엄연한 현실을 바탕으로 구축된 것이다. 지난 20년간 정부의 미래 지향적인 인프라 정책이 빛을 본 셈이다. 싱패스 SingPass(Singapore Personal Access)와 같은 전자정부 시스템 덕분에 싱가포르 국민은 비밀번호 하나만 있으면 60여 개 정부기관으로부터 수백 가지 온라인 서비스를 받을 수 있다. 국립도서관에서 책을 대출받는 것부터 세금 정산이나 여권 신청까지 많은 일을 온라인으로 처리할 수 있다. 준비된 서류를 찾으러 가는 것 외에 정부기관에서 줄 서서 기다릴 일은 없어진 셈이다.[84] 이러한 싱

가포르 전자정부 시스템은 유엔이나 학계로부터 크게 인정받았으며 현재 전 세계에 전파되고 있다.[85]

싱가포르 정책을 세계에 전파하는 수단은 크림슨 로직Crimson Logic이라는 국유기업으로, 현재 30여 개국의 프로젝트에 관여하고 있다.[86] 싱가포르 국내 경험을 바탕으로 완결된 형태의 전자정부 솔루션을 제공하는 크림슨 로직은 세계를 대상으로 무역 수속 간소화, 사법행정, 세무, 의료, 정보기술 보안과 관련된 전자정부 기술을 홍보하고 있다. 2013년에는 오만에 통합전자세관관리 시스템을 보급했으며, 지구 반대편에 있는 트리니다드토바고에 '정보화시대 통합정부 접근법' 프로젝트를 유치한 결과 그 성과를 인정받아 유엔 공공행정상을 받았다. 2014년 5월에는 케냐에 전자 단일통관 창구를 개설했다. 케냐에서는 최초이고 국제적으로는 18번째인 무역 수속 간소화 관련 프로젝트였다. 2015년 7월, 크림슨 로직은 르완다 개발청과 손잡고 르완다 기술제휴 프로그램 개발에 나섰다.[87]

싱가포르 모델과 세계의 도시

300년 전 서구 세계의 산업혁명이 위세를 떨치면서 인류는 전원적인 중세 봉건사회로부터 벗어나 도시화와 사회적 통합이라는 거대한 변화를 거쳤다.[88] 부유한 산업국가에서는 이 탈바꿈이 거의 완결되었으나 개발도상국은 아직 진행 중으로, 아시아 인구의 52.5퍼센트가 전원 지역에 거주하고 있다.[89] 그러나 도시화와 자연 인구의 증가로 2050년에 이르면 전 세계 도시인구가 24

억 명으로 늘어날 것이며, 중국과 인도의 인구만 6억5000만 명이 넘어설 것으로 예상된다. 이에 따라 교통, 에너지 공급, 위생 분야에 크나큰 압박이 발생할 것이다.[90]

분명 싱가포르의 경험은 전 세계 도시에 유용하다. 특히 도시화로 인해 점점 늘어나는 새로운 수요를 감당해야 하는 변화와 재창조가 절실한 도시에게는 말할 나위가 없다. 이러한 문제를 기술적 차원에서 접근할 때, 무엇보다도 싱가포르와 타도시의 정책적 소통이 필요하다. 하지만 교통, 에너지 공급, 위생, 환경 등은 넓은 의미에서 사회 평화를 위협하는 문제이기 때문에 여러 분야와 원활한 조정이 필요하다. 따라서 타국가의 중앙정부도 싱가포르 모델에 관심을 가져야 하지만 각 도시와 사회정책 부서차원에서도 적극적인 참여가 장려되어야 한다. 특히 중국, 인도, 인도네시아처럼 복잡하고 거대한 규모로 도시화가 일어나고 있는 대규모 개발도상국은 이러한 요구에 직면해 있다.

싱가포르의 도시관리 체계와 더 넓은 세계

이 책에서 언급했듯이, 정치 단위로서의 싱가포르 규모가 왜소하다는 점은 상당한 사회경제적 도전을 불러오지만 독특한 기회가 주어지기도 한다. 그중에서도 도시계획 분야에 많은 기회가 있다. 그 기회는 도시문제에 접근하는 싱가포르의 독특한 방식, 즉 다른 국가나 도시가 일반적으로 채택하는 방법보다 더 역동적이고 다양한 방식을 국제사회에 알려서 만들어진다.

도시이자 국가라는 싱가포르의 이중성은 다른 나라의 도시

문제에 신속하고 창의적으로 대응하는 데 도움이 된다. 타국 중앙정부와 지방정부를 밀접하게 연계시킴으로써 손쉽게 서로를 지원할 수 있기 때문이다. 싱가포르 국가 자체도 도시문제를 심각하게 인식한다. 이 점은 일본처럼 농촌이 정치적으로 우세한 여러 나라의 경우와는 대조적이다. 게다가 즉시 사용 가능한 예산이 있고, 규모가 작은 도시국가라서 정책 집행도 상대적으로 간단하기 때문에 정책 대응이 신속하다.

이러한 싱가포르의 이중성은 도시 정책으로 국제무대에서 활동하는 데 유용하다. 예를 들어 유엔 도시 프로그램에 국민국가로 참여할 수 있지만, C40 세계도시 시장포럼에도 관여할 수 있다. 또한 1990년대 중국 쑤저우시 경제특구 프로젝트를 수행할 때 리콴유가 그랬던 것처럼, 중국의 국가 지도자들과도 자연스럽게 어울릴 수 있다.[91]

싱가포르가 소규모 국가라는 특성은 중국을 대하는 데 도움이 되기도 했다. 지정학적으로 덩치 있는 다른 나라들보다 덜 도전적이기 때문이다. 더욱이 신新 유교 문화에 민감하고 조직력이 강하다는 장점을 활용하여 지정학적 제약 없이 중국과 소통할 수 있다. 동시에 대만을 비롯하여 중국 도시나 성省과도 수월하게 교류할 수 있다. 실제로 싱가포르는 도시문제에 기술적·조직적으로 제대로 된 해답을 가진 도시 공동체라는 점을 내세워 개발도상국 지방정부와 교류해왔다. 2014~2040년까지 싱가포르와 비슷한 규모의 도시는 50퍼센트 가까이 증가할 것으로 예측되며, 4억 명 넘는 사람들을 수용하게 될 것이다.[92] 싱가포르는 그러한 도시를 건설하는 데 필요한 기술적 역량을 지니게 될 것이다.

싱가포르 이중성에서 특히 놀라운 특징은 애매모호한 국제 상황에 유연하게 대응할 수 있다는 점이다. 예를 들어 싱가포르 항만청은 정치적으로 모호하지만 전략적으로 중요한 프로젝트를 중국과 협력하여 수행했다. 바로 호르무즈 해협에서 640킬로미터 이내에 위치한 파키스탄 과다르 항구 건설 프로젝트다. 또한 싱가포르 항만청은 1990년대 초 미국의 통상 금지령이 해제된 즈음 베트남과의 프로젝트에도 착수했고, 대만과는 도시 대 도시 또는 도시 대 주州로서 유연하게 대응했다.

물론 다면적 특성을 지닌 싱가포르 도시계획 모델은 특정 국가에 더 의미가 있는 게 사실이다. 거시적·통합적으로 접근하는 테크노크라트 방식은 정치 환경이 안정된 지역과 관료제 장벽이 없는 환경을 조건으로 하기 때문에, 아프리카, 중남미, 중동의 국가와는 거리가 멀다. 그보다는 중국이나 베트남, 더 넓게는 인도의 도시에 더 의미가 있다. 하지만 현재 대국大國의 상하이나 뭄바이 같은 주요 도시에서는 대중교통, 토지이용 관리, 도시계획 분야의 고유한 전문성을 키우고 있다. 즉 싱가포르의 잠재적인 경쟁 도시가 떠오르고 있는 것이다. 리센룽 총리가 여러 차례 강조했듯이, 싱가포르가 끊임없이 혁신하지 않는다면 도시계획 모델로서 계속 인정받을 수 있을지는 불확실하다.[93] 이러한 미래에 대한 불안으로, 싱가포르는 토지이용과 도시계획 분야에 대한 혁신을 거듭하고 있다.[94] 미래를 장담할 순 없겠지만 싱가포

르 도시정책의 모든 지표들은 건설적인 변혁이 계속되고 있음을 말해주고 있다.[95]

도시문제에 대한 지속적인 혁신을 약속한 싱가포르는 모범 사례를 발굴하고 국경을 뛰어넘어 체계적으로 협력하는 작업의 중요성을 잘 알고 있다. 이러한 맥락에서, 싱가포르가 넓은 세상을 상대로 작은 실험실이 되는 건 좋은 선택이다. 미래 지향적인 도시교통 사업이 그에 대한 좋은 예라 할 수 있다. 그중에서도 가장 파급력이 컸던 사업은 2007년부터 전개된 프로젝트로, 미래 도시교통체계의 지속 가능성과 사회에 미치는 영향을 연구하는 '스마트SMART(Singapore-MIT Alliance for Research and Technology)'다.[96] 이 프로젝트가 제대로 성과를 내면 싱가포르와 지리적으로 가깝고 에너지·교통·토지이용·환경 문제를 앓고 있는 동남아시아, 중국, 인도 지역의 도시 중심지에 적용될 가능성이 크다.

중국의 싱가포르 도시정책 배우기

물론 싱가포르가 지닌 전문성이 가장 잘 흘러든 곳은 중국이다. 지난 30년간 그래왔다. 중국이 4대 근대화를 추진하기 직전, 1978년 10월 덩샤오핑이 싱가포르를 방문했을 때 리콴유와 덩샤오핑은 서로 깊은 신뢰를 쌓았다.[97] 시간이 지나면서 두 나라의 관계는 더욱 돈독해져서 원자바오를 비롯하여 최근에는 시진핑 같은 지도자들과 좋은 관계를 맺고 있다. 이렇게 친밀하고 긍정적인 관계는 중국이 향후 수년 동안 서사시적인 변혁을 이루는 데 싱가포르의 실무적인 지원을 유도했다.

지도자 간의 유대 관계도 중요하지만 중국과 싱가포르의 장기적 협력의 논리는 분명하다. 농촌사회에서 도시사회로 넘어가는 중국의 변화 과정은 대규모로 진행되며 복잡하다. 정치적으로 민감한 문제도 많아서 조심스럽고 효율적으로 진행되지 않으면 중국 국내는 물론 국제관계도 불안정해질 수 있다. 이러한 지점에서 탁월한 전문기술과 창의성, 전 세계의 지적 자산을 동원할 수 있는 싱가포르는 중국의 대규모적인 도시화와 그에 따른 문제를 해소하는 데 핵심적인 조력자라 할 수 있다. 중국과의 협력에 대한 논리를 강화하는 차원에서, 싱가포르는 중국과 문화가 비슷하면서도 지정학적으로 위협적이지 않다는 점을 들기도 한다.

현재 SCE는 중국에서 24개 프로젝트를 수행하고 있다. 그중 대부분은 중국 도시정부를 파트너로 하고 있으며,[98] 중국 전역의 시공무원들은 싱가포르를 방문하여 연수를 받는다. 도시개발, 녹지 조성, 환경보호, 에너지 절약, 공공주택, 교통 분야의 실제 현장에서 프로젝트가 진행되며, 산업단지 관리가 포함되는 경우도 많다.

싱가포르-중국 협력사업 가운데 서민에게 영향을 끼칠 만큼 심도 있었던 프로젝트는 바로 소액 대출이다. 싱가포르 타마섹 자회사인 풀러튼Fullerton 금융지주회사는 2009년부터 중국은행과 협력하여 농촌에 마을은행을 설립함으로써 자영업자와 저소득층의 삶의 질 제고에 기여했다.[99] 현재 10개 지역에서 50개

마을은행이 운영 중이며 30만 명 고객이 현대적인 온실을 마련할 자금을 지원받고 있다. 또한 은퇴 후 소규모 스타트업에 필요한 소액 대출도 제공된다. 이렇듯 싱가포르 전문성에 기반을 둔 풀러튼은 인도와 인도네시아에도 금융 솔루션을 제공하고 있다.[100]

다양한 연수 프로그램이나 지원 프로그램 외에도 굵직굵직한 시범사업이 중국에서 진행 중이다.(그림 6-4) 특히 싱가포르 국내의 정책 실험실에서 쌓은 전문성이 어떻게 중국에 전수되었는지 자세히 엿볼 수 있는 네 가지 사업이 큰 진전을 이루었다. 이 프로젝트들은 중국 경제발전에도 중요하지만 도시의 미래에 그림자를 드리우는 에너지·환경 문제에 큰 의미가 있다.

쑤저우 산업단지

1994년에 설립된 이 산업단지는 중국-싱가포르 정부가 협력 추진하는 가장 큰 규모의 가장 오래된 프로젝트다.[101] 쑤저우 구도심 동쪽, 진지 호수 주변에 위치하며 계획인구 120만 명에 80제곱킬로미터를 차지한다. 싱가포르가 착수했지만 삼성, UPS, 모토롤라 등 '포춘 500' 다국적기업들이 투자했다.

쑤저우 산업단지는 혁신과 기업가 정신을 북돋우고, 첨단산업을 유치하기 위해 조성한 환경이다. 소프트웨어 중심의 정보기술과 생명공학 산업 육성이 주요 이슈다. 중국 컨소시엄이 전체 프로젝트의 52퍼센트를 소유하고, 싱가포르 컨소시엄이 28퍼센트, 그 밖에 다국적기업이 지분을 갖고 있다.

사물인터넷
충칭 연결사업
착수년도 2015
현재 계획 중

지식기반 경제도시
광저우 지식도시
총면적 123km^2
착수년도 2010

생태도시 개발
톈진 생태도시
총면적 31.23km^2
착수년도 2008

제조업 중심
쑤저우 산업단지
총면적 80km^2
착수년도 1994

그림 6-4 중국의 싱가포르 협력 프로젝트 진화 패턴

톈진 생태도시

이 프로젝트는 2007년 4월 싱가포르 고촉통 선임장관이 중국
원자바오 총리에게 제안한 사업이며, 고촉통의 후임자 리셴룽
총리가 7개월 후에 마무리 지었다.[102] 톈진 합작사업은 쑤저우
이후 두 번째 중국-싱가포르 협력사업으로서 싱가포르와 중국
의 전문성과 경험을 도시계획과 지속 가능한 개발에 접목하기
위한 것이다. 사업의 목적은 10~15년 안에 35만 인구가 사회적
으로 조화롭고 자원 효율성이 높은 친환경 도시에서 살 수 있도
록 하는 것이다. 더불어 중국에서 실질적으로 지속 가능한 개발
모델을 구축하고자 한다. 이 톈진 프로젝트는 쑤저우 산업단지
와는 달리 상업적인 의도로 민간 부문이 참여했다. 이러한 영리

를 목적으로 하는 조직 구성은 중국의 다른 지역에도 적용할 수 있는 실용성과 타당성을 지닌다. 이미 쑤저우, 광저우, 쓰촨 성의 몇몇 도시가 톈진 사업을 모방하기 시작했다.

광저우 지식기반 도시 프로젝트

이 프로젝트는 2008년 9월 광둥성 당서기 왕양과 싱가포르 리셴룽 총리의 만남으로 시작되었다.[103] 2010년 6월에 첫 삽을 떴고 5개월 뒤 합작사업 협약을 체결했다. 2011년 말에는 ABB, 필립스, 지멘스 등 유럽 주요 기업들이 양해각서를 체결하고 참여했다. 지식기반 도시 내 첫 번째 통합 산업단지인 아센다스 원허브GKC가 2012년 3월에 문을 연 이후 2012년 11월에 싱가포르 난양 공과대학이, 2014년 3월에 영국 워릭대가 참여했다.

광둥성 프로젝트는 쑤저우와 톈진 합작사업으로 협력 관계가 다져진 이후 시작되었다. 중국 남부에서 빠르게 진화되고 있는 이 사업의 목표는 지식집약 산업 분야는 물론 개인에게도 매력적인 지속 가능한 도시를 창출하는 것이다. 이로써 노동집약적 수출산업에 머물러 있는 광둥성의 경제 가치사슬을 증진시키는 모델이자 촉매제가 되는 것이 목표다. 이 프로젝트가 우선순위를 두고 있는 여섯 개의 기반산업은 차세대 정보통신 기술, 생명공학, 제약, 청정환경 테크놀로지, 차세대 소재, 문화·창조 산업, 과학·교육이다. 싱가포르와 마찬가지로 광저우 프로젝트는 대기업의 본사를 끌어들일 수 있는 역량 개발에 중점을 두고 있다.[104]

광저우 지식기반 도시는 광둥성 수도로부터 35킬로미터 거리에 위치해 있으며, 123제곱킬로미터 부지에 50만 명의 인구를 수용할 예정이다.[105] 톈진 프로젝트처럼 50-50 합자회사인 중국-싱가포르 광저우 지식기반 도시 투자개발 주식회사가 영리 목적으로 전체 프로젝트를 조직했다. 싱가포르의 협력 파트너는 영향력이 큰 타마섹 홀딩스 자회사이고, 중국 측 파트너는 광저우 개발구이다.[106]

충칭 연결사업

2012년 9월, 충칭시 정부는 차이나모바일과 공동으로 사물인터넷 산업 기반을 구축하는 협정을 맺었다. 여기서 야심찬 중국-싱가포르 협력 프로젝트가 비롯되었다.[107] 2014년에 사물인터넷 관련 10개 전략산업 개발계획으로 구체화되었고, 2015년 11월 시진핑이 중국 최고 지도자로서 싱가포르를 처음 방문하면서 프로젝트가 시작되었다.[108]

중국이 싱가포르와 협력하기에 충칭이 적합한 이유는 세 가지로 요약된다. 가장 중요한 물류 문제부터 생각해보자. 충칭은 많은 사람들이 거주하는 중국 심장부 지역으로, 두 개의 중요한 강줄기가 합류하는 곳이다. 그중 하나가 양쯔 강이다. 이곳은 수로, 항공로, 육로 등의 수송로가 효율적으로 연결되는 지역이다. 효율적 수송에 비중을 두고 있는 이 프로젝트는 중국 평균을 훌쩍 웃도는 남서부의 폭발적인 성장에 힘입어 큰 성과를 거두었으며, 현재 빠르게 개발되고 있는 유라시아 대륙 전역의 국제 교통망을 보완할 것으로 예측된다.[109] 충칭은 중앙정부가 직접 관리하는 4개 직할시 중 한 곳이기 때문에 이 프로젝트에서 배운 경험이 중국 전역으로 확산될 것이다.

충칭 연결사업은 접근성을 향상시키고 현대적인 서비스를 제공하는 부분에 초점을 두고 있다. 즉 중국 심장부에 위치한 충칭과 유라시아를 연결하는 데 전략적으로 필요한 식수, 철도, 육상교통의 수요를 충족시키기 위해 싱가포르는 자체 개발한 핵심 기술을 활용할 예정이다. 한편 금융, 통신기술, 항공, 물류의 네 가지 영역에도 우선순위를 두고 있다.[110] 2016년 1월 8일 첫 번째 공동집행위원회 회의가 열렸고, 3일 후 싱가포르 기업과 총 65억 달러에 달하는 11건의 계약이 되었다.[111]

2015년 말부터 충칭-싱가포르 협력은 4개 우선순위 영역 중 물류와 금융에 집중하고 있다. 이에 따라 2016년 4월 충칭-신장-유럽을 연결하는 철도 비용을 항공 수송 대비 60퍼센트 절감시키는 사업이 시작되었는데, 2016년 한 해 동안 50건으로 잡혀 있는 화물 운송계획을 이듬해인 2017년까지 100건으로 늘리기로 했다.[112] 또 중국과 싱가포르는 쑤저우와 톈진의 중국-싱가포르 협력 프로젝트에서 금융 협정을 맺고 시행하는 크로스 보더cross border 인민폐 정책을 충칭시 정부로 확대할 예정이다.[113] 이 모든 작업들은 싱가포르 스마트 도시국가의 정보기술을 활용하여 중국 경제를 성장시키고 새로운 유라시아 대륙주의의 부상을 가속화하는, 미래를 내다보고 수행하는 정책의 시작일 뿐이다.

한국의 본보기가 되는 싱가포르

중국과 마찬가지로 한국도 최근 싱가포르가 이룬 성공에 관심이 많다. 한국은 견고한 제조업 기반을 바탕으로 경제발전을 이루었다. 그런 한국이 카지노에서 항구와 공항 그리고 사회 기반 시설 개발에 이르기까지 여러 서비스 영역에서 싱가포르가 이룬 혁신과 성공에 주목한다. 중국의 경제개발을 돕는 과정에서 한국은 싱가포르와 경쟁자이기 때문에 싱가포르가 중국에서 수행하고 있는 산업단지 개발과 지식기반 도시 프로젝트도 예의 주시한다. 이와 더불어 미국, 중국과 동시에 좋은 관계를 유지하는 싱가포르의 균형 외교에도 흥미를 보인다.[114]

한국이 싱가포르를 본보기로 삼은 사례로, 국가 경제를 활성화시키기 위해 개발한 고부가가치 항만산업을 들 수 있다. 총 물동량의 85퍼센트가 환적 화물로서 세계에서 가장 큰 환적 항구를 보유한 싱가포르는 한국의 가장 큰 항구인 부산의 벤치마킹 대상이 되었다. 2013년 10월 부산항만공사는 싱가포르 항만이 어떻게 운영되는지 조사하기 위해 싱하우스SingHouse라는 싱가포르 연구그룹을 만들었고, 부산을 세계적 수준의 항만–물류 도시로 만들기 위해 노력 중이다.[115]

한국 정부는 효과적인 중국-한국 협력 비즈니스 모델을 만들고 전략적인 방향을 설정하기 위해, 싱가포르가 중국에서 수행하는 협력 프로젝트를 주의 깊게 보고 있다. 한 예로 2012년 한국주택공사는 중국 도시에서 진행되는 산업 분야 5개 협력 프로젝트에 대해 상세한 연구를 수행했는데, 그중 3개가 중국–싱가포르 협력사업이었다. 중국 내 산업개발 분야에서 싱가포르가 차지하는 비중을 대변한다고 할 수 있다.[116]

싱가포르 교차지역적 특징

세계은행과 세계경제포럼 등에서 수행하는 글로벌서베이에 따르면 싱가포르는 다양한 영역에서 높은 평가를 받고 있다. 하지만 싱가포르 해안에서 멀리 떨어져 있고 문화적 성향도 다른 외국의 정책 결정자들은 싱가포르 사례를 어떻게 배우고 참고할까?

인도

싱가포르 모델은 인도에서도 큰 관심을 받고 있지만 중국에 비해 싱가포르와 인도 간의 정책 교류 경험은 넓지 않다. 인도에서 싱가포르는 타마섹 재단과 협력하는 연수 프로그램을 주최하기도 하지만, 많은 경우 아시아개발은행 같은 정부 간 국제기구와의 합작사업으로 추진된다.[117] 몇 가지 예를 들면, 싱가포르는 인도의 카르나타카 산업지역개발위원회의 주요 파트너로서 2억5000만 달러 가치의 방갈로르 국제기술단지 건립에 참여했다.[118] 인도 케랄라 주정부와도 굵직한 도시관리 프로젝트를 수행했고, 델리 정부와는 하수처리 및 오수시설 계획 및 민관협력 역량에 대해 논의했다. 그 밖에도 방갈로르 상수공급·하수처리위원회와 공동으로 오수 재활용 방안을 연구하기도 했다.[119]

인도 도시개발부 또한 30~50년을 내다보는 싱가포르 모델과 인도 도시의 관련성을 연구해왔다. 일반적으로 인도에서는 도시계획을 수립할 때 10~20년 정도를 내다보는 수준이었다. 인도 도시개발부는 신도시를 건설하면서 주변 교외지역을 체계적으로 개발하는 데 싱가포르의 전략적 도시계획 모델을 적극 참고했다.[120] 가장 최근에 싱가포르는 안드라프라데시 주의 새로운 주도州都 아마라바티 시 계획을 수립하는 데 참여했다.[121]

2014년 12월 싱가포르 무역청은 아마라바티 시와 주변 지역 기본계획에 관해 양해각서를 체결했다. 이 기본계획은 경제성장, 환경보호, 사회적 측면에서의 지속 가능성을 동시에 추구하는 통합적인 스마트 도시 개념에 바탕을 두고 있다. 구체적으로는 식수 공급, 도로 네트워크, 대중교통 네트워크로 업그레이드될 수 있는 간선급행버스 체계, 정부 관료에 대한 교육 등 제도적 역량을 강화하는 것까지 다양한 요소가 포함된다.[122]

2014년 모디 정부가 들어서면서 싱가포르의 도시계획 전문성은 남아시아로 확산될 가능성이 높아졌다. 모디 정부는 아마라바티 시를 시작으로 스마트 도시 100개를 만드는 야심찬 계획을 수립했고, 그에 따라 싱가포르가 자랑하는 정보관리, 토지이용 계획, 교통정책, 기술 발전, 주택 분야의 최신 전문지식을 활용할 기회가 생겨났다.[123] 양국의 외교관과 관료들이 이미 인식하고 있는 점이지만, 항만 관리와 사회 기반시설 개발에 대해서도 싱가포르 모델은 큰 의미를 지닌다.[124]

싱가포르의 전문성은 인도의 도시화 대응에만 관련이 있는 게 아니다. 역설적이게도 싱가포르는 농촌 개발 패러다임도 제시하는데, 그중 중요한 정책은 소액대출이다. 싱가포르 국부펀드 타마섹 자회사인 풀러튼 금융지주회사는 인도의 농촌 지역에 400개 지점을 개설하고 소규모 융자를 제공했다.

러시아와 주변국가

싱가포르는 조금 멀리 떨어진 구소련에서도 정치와는 상관없이 관리 및 체계 관련 전문성을 적극적으로 퍼트리고 있다. 예를 들어 주롱 공사는 상트페테르부르크 근처에 위치한 프스코프 주의 경제특별구역을 개발 관리하고 있다.[125] 또한 앞서 말했듯이 창이 공항공사는 2014년 소치 올림픽 직전에 개장한 소치 국제공항 건설 관리에 참여했다. 2013년부터 싱가포르 무역산업부 산하의 싱가포르IE는 러시아 타타르스탄–볼가 지역의 최신 테크노 단지인 이노폴리스Innopolis의 건축 설계, 도시 교통, 스마트 도시 솔루션을 관장하고 있다.

최근 10개 지역을 경제특별구역으로 설정한 카자흐스탄에서도 싱가포르 국유기업의 활동이 활발하다. 주롱 공사 산하의 주롱컨설턴트는 2013년부터 경제특별구역 개발에 대한 전략계획 수립과정에 참여하고 있다. 결국 주롱 공사는 카자흐스탄 경제특별구역을 관리하는 동시에 투자자를 유치하게 될 것이다.[126]

중앙아프리카

싱가포르가 쌓은 전문성이 세계적으로 어떤 의미가 있는지는 아프리카 르완다에서도 드러난다. 싱가포르로부터 8000킬로미터 떨어진 아프리카 심장부에 위치한 르완다는 문화, 정치, 경제적으로 싱가포르와 아무런 접촉이 없었음에도 불구하고 싱가포르 모델을 열광적으로 받아들였다.

20년 전, 르완다는 현대사상 가장 피비린내 나는 내전으로 황폐화되었다. 1994년 3개월 동안 광란의 대량학살이라 표현할 수밖에 없는 참극 속에서 전체 인구의 10분의 1에 달하는 80만 명이 죽었다. 결국 게릴라 지도자인 폴 카가메가 이 유혈 충돌을 진압하고 정권을 잡으면서 마침내 혼란이 정리되었다. 그는 이후 공식적으로든 비공식적으로든 르완다를 이끌었고, 2000년부터는 대통령으로 통치하고 있다.[127]

미국 메릴랜드 주 정도의 영토에 인구 1200만 명이 넘는 르완다는 아프리카에서 가장 인구밀도가 높은 나라 중 하나다.[128] 그리고 1인당 GDP가 690달러로 세계에서 가장 가난한 나라에 속한다.(세계 170개국 가운데 154위)[129] 불운하게도 르완다는 자원이 없는 육지에 둘러싸여 있다.

폴 카가메는 오랫동안 조국을 위해 의욕적으로 일해왔으며 당면한 문제들을 해결하기 위해 세계 곳곳에서 해법을 갈구했다. 카가메는 임기 초기에 빌 클린턴과 토니 블레어에게 도움을 요청했다. 심각한 대학살이 발생했을 당시에 미국과 영국의 지도자였던 두 정상은 르완다 회생에 특별한 책임을 느끼고 있었다.[130] 그러나 비극적으로 상처받은 조국의 경제를 발전시키겠다는 카가메의 강렬한 열망과 국제사회의 엄청난 지원에도 불구하고 구체적이고 설득력 있는 경제개발 모델을 구할 수 없었다.

사색적이면서도 정책에 대해 강박적으로 꼼꼼한 카가메는

2007년 싱가포르를 방문했다. 싱가포르가 어떻게 지역 내 교역 중심지에서 글로벌 비즈니스 수도로 탈바꿈했는지 탐구하기 위해서였다.[131] 특히 천연자원의 도움 없이 급격히 성장했다는 부분에 깊은 관심을 보였다. 자원이 부족한 조국 르완다와 매우 유사하다고 판단한 것이다. 경제개발청을 방문한 카가메는 해외투자자들을 끌어들이기 위해 채택된 원스톱 쇼핑 방식과 경제개발을 조직해내는 역량에 큰 감명을 받았다.

르완다로 돌아온 카가메는 싱가포르 경제개발 모델의 확고한 지지자가 되었다. 최근 르완다 수도 키갈리에서 열린 기업가 모임에서 이렇게 말했다. "신이 싱가포르에 준 것은 우리에게도 있다. (⋯) 우리는 싱가포르가 되려고 노력하지는 않지만 싱가포르처럼 될 수는 있다."[132] 그는 경제개발에 관한 싱가포르의 접근방식에 열성적이었지만, 이와는 별도로 몇몇 구체적인 싱가포르 제도와 전략적 우선순위를 모방하여 도입하기도 했다.

가장 인상적인 제도적 도입은 싱가포르 경제개발청의 개념을 채택한 것이다. 강한 인상을 심어준 싱가포르 방문 이듬해인 2008년 카가메는 지역개발을 전담하는 단일 기관으로 르완다 개발청을 설립했는데, 조직 구조와 운용 방식이 싱가포르 경제개발청과 상당히 흡사하다.[133] 실제로 르완다 개발청은 싱가포르로부터 유용한 조언과 지원을 받았고, 세계은행과 토니 블레어 영국 전 총리도 도왔다.

싱가포르 경제개발청이 리콴유의 강력한 지원으로 시작했던 것처럼, 르완다 개발청은 국가 지도자의 공식적 글로벌 네트워크를 바탕으로 설립되었다.[134] 개발청과 밀접하게 일하는 카가메의 대통령 자문위원회는 매년 키갈리와 뉴욕에서 한 번씩 회동한다. 이 위원회에는 하버드경영대학원의 전략가인 마이클 포터 Michael Porter 교수, 세계적인 전도사 릭 워런Rick Warren 등 다양한 국제 인사가 포함되어 있다.[135]

싱가포르의 조언을 받아 수립한 비전 2020 프로그램에 소개되어 있듯이, 카가메는 싱가포르가 서비스업을 전략적으로 육성한 점을 벤치마킹했다. 더 나아가 싱가포르가 첨단 통신기술과 글로벌 금융 도구를 활용하는 스마트 방식을 모방했다. 거리가 멀어서 발생하는 문제를 해소하고 선진화된 산업 세계의 핵심과 연계하기 위해서다. 이를 위해 르완다는 국내에 2300킬로미터에 달하는 광섬유 케이블을 깔고 휴대폰 소유를 장려했다. 시골 농부가 휴대폰으로 농작물 가격을 알아볼 수 있도록 하는 등의 새로운 온라인 서비스도 확장했다. 현재 르완다 인구 10퍼센트가 인터넷을 사용하고 있다.[136]

지역의 통신허브가 될 수 있도록 정보화 사회를 만드는 작업은 당연히 기술 교육에서부터 시작된다. 이러한 교훈을 싱가포르로부터 얻은 카가메는 대통령 취임 이후 "아이 한 명당 노트북 컴퓨터 한 개" 정책을 농촌 학교에 도입했고, 초·중등 학생들이 컴퓨터 사용에 익숙하도록 지도하고 있다.[137]

고등교육에서는 카네기멜론대를 설득해 아프리카에서는 최초로 키갈리 과학기술 서비스 석사학위 과정을 만들었다.[138] 2009년에는 관광과 국제교육을 진흥시키기 위해 초등학교 4학년 과정부터 영어를 유일한 교육 언어로 규정했다.[139] 이 또한 싱가포르가 민족 간 차이를 극복하는 도구로써 영어를 활용한 사례를 참고한 것이다.

르완다가 해외투자, 부패, 법치에 접근하는 방식을 들여다보면 싱가포르 모방에 대한 더 많은 증거를 찾을 수 있다.[140] 싱가포르가 그러하듯, 카가메가 통치하는 르완다는 부패에 대해 절대로 관용을 베풀지 않는다. 아프리카 국가에서는 흔치 않은 일이다. 해외투자를 유치하기 위해 카가메는 르완다 개발청에 "원스톱 쇼핑" 과정을 만들어 승인절차를 간소화했고, 법치를 강조했다.

이러한 혁신 정책 덕분에 르완다에 대한 해외투자와 대출이 밀려들었고, 자본이 유입되자 2004~2010년 동안 매년 8퍼센트 성장률을 기록할 수 있었다.[141] 2011년부터는 관광 분야에서 외화를 많이 벌어들여 고속 성장에 기여했다. 싱가포르에서 수천 킬로미터 떨어진 르완다는 10년 동안 체계적으로 싱가포르 모델을 받아들임으로써 아프리카 중심부에 경제적 부를 이끌었고, 이로써 싱가포르 스마트 모델은 세계적으로 한층 더 인정받게 되었다.

개발도상국과의 연관성

다차원적 정책 실험실인 싱가포르 모델은 르완다와 아시아 이웃 국가뿐만 아니라 개발도상국 전체에 의미가 있다. 싱가포르가 담수화 공정에서 거둔 엄청난 성공은 중동과 북아프리카 국가에게 직접적으로 연결되었고, 폐기물 재활용 및 처리기술이 사하라 사막 이남 아프리카와 중남미에 소개되었다. 항만, 공항, 철도, 파이프라인, 심지어 호텔에 이르기까지 사회 기반시설의 건설과 관리와 관련된 전문성은 세계 어디서나 쓰임새가 있다.

요약: 싱가포르는 글로벌 실험실인가?

냉전 이후 세계는 사회경제적으로 다음 단계로 넘어가는 과정에서 극심한 진통을 겪는 중이다. 우선 코앞에 닥친 생사의 문제를 해결하기 위해 교통, 에너지, 식량, 식수 공급, 안전 등 각 분야에서 많은 과제가 있다. 더욱이 환경적으로는 지속 가능한 개발을 수행하되, 정치적으로도 받아들여지도록 해야 하는 이중 과제를 안고 있다. 이러한 요구는 특히 유라시아 대륙의 많은 인구가 거주하는 거대국가(인도와 중국)에서 더욱 강하다. 그리고 이 거대국가들이 과도기를 안정적으로 거칠 것인가는 세계적으로 중요한 이슈가 되었다.

싱가포르 인구는 중국의 200분의 1이 안 되고, 인도에 비하면 그보다는 조금 많은 도시국가다. 하지만 싱가포르는 기민하게 노동집약적 경제에서 지식 중심 사회로 변력을 이루었다. 그러한 사회에서는 연구개발, 최신 기술, 국가 간 상호작용이 중요한 역할을 수행한다. 이처럼 디지털 혁명과 사물인터넷 기술을 적극 활용한 싱가포르는 개발도상국이 겪고 있는 글로벌 문제에 대해 혁신적인 해결방안을 제시할 수 있게 되었다. 과거 10년 동안 체계적으로 세계와 소통하면서 스마트 도시개발, 교통, 사회

기반시설, 전자정부 분야에서 전문성을 수출했다.

처음에는 연수 프로그램으로 다른 나라와 관계를 열고, 대외 원조 성격으로 개발도상국을 지원하는 식으로 세계에 진출했다. 이후에는 주로 고도화된 정보기술을 갖춘 국유기업(크림슨 로직, IPSA 등)을 중심으로 영리 목적의 자문 역할을 담당했다. 아시아, 아프리카, 중동, 중남미 국가를 대상으로 상호적인 개발원조를 제공하고 다양한 분야에서 성공한 정책 경험을 공유함으로써 싱가포르는 세계에 혁신의 불을 지폈다. 이제는 지구 곳곳에서 진행되는 도시화 과정의 엄청난 사회경제적 충격을 완화시키는 데 중요한 역할을 하고 있으며, 동시에 세계 시민을 위한 지속 가능한 경제성장 동력을 만들어내고 있다.

제7장

결론

"미래가 당연히 올 거라 여긴다면
 우리는 위험에 빠질 것이다."
_ 리콴유(1955)

　세계 어디서나 훌륭한 거버넌스 체제를 갖추는 것은 중요하
고 어려운 일이다. 도시이자 국가인 싱가포르는 이례적으로 특
이하지만 나름대로 괜찮은 패러다임을 제시한다. 즉 일반적이지
는 않지만 탁월한 정책들로써 인류에게 가장 시급하고 까다로운
사회보장 문제를 해결할 잠재력을 보여주었다. 싱가포르는 비록
국가 규모는 작지만 지구의 엄청난 문제들에 대한 해결 가능성
을 제시했기 때문에 세계에서 가장 규모가 큰 나라들을 위한 정
책 실험실이 될 전망이 크다.

　싱가포르는 디지털 혁명과 사물인터넷을 활용한 지속 가능
한 도시정책을 펴고 있고, 현재 세계가 필요로 하는 거버넌스에

대해 새로운 시각을 제시한다. 따라서 싱가포르 모델은 세세하게 들여다볼 만하다.

시장은 완전히 세계화되었지만 거버넌스는 국가 내부의 문제다. 이러한 맥락에서 싱가포르는 어느 나라에서나 중요한 문제를 어떻게 해소할 수 있을지 보여준다. 또한 싱가포르는 개발도상국이 몰려 있는 지역 심장부에 위치하고 있다. 그래서 경제적으로 앞서고 기술적으로 고도화된 도시국가의 사례가 시의적절하고, 폭넓고, 유용하게 쓰일 수 있다. 이는 유례없는 기술변화의 시대에 G7 복지국가가 맞이한 위기 그리고 개발도상국에서 전개되는 대규모 도시화 과정에 통찰력을 준다.

지금까지의 지적 여정을 되돌아보니, 어떤 질문으로 이 책을 시작했는지 다시 한 번 짚어볼 필요가 있을 것 같다. 핵심 질문은 독립 이후 약 반세기 동안 싱가포르가 거둔 성공의 비결은 무엇인가였다. 구체적으로는 다음과 같은 질문으로 정리할 수 있다. 급격하게 변화하는 글로벌 경제사회에서 조그만 도시국가는 여러 약점과 제약에도 불구하고 어떻게 경쟁력을 유지할 수 있었는가? 그러면서 어떻게 지속 가능한 사회보장 체제와 살기 좋은 도시환경을 만들어냈는가? 그에 대한 대답은 싱가포르 거버넌스, 즉 이 섬나라의 탁월한 제도와 정책에 있다.

간단히 말해서, 싱가포르는 두 가지 측면에서 스마트했기 때문에 성공했다. 즉 스마트 그리드나 스마트 폭탄을 구축하는 데 요구되는 기술적 역량과 실용적 능력을 갖추었다. 정책 입안 과정도 국가, 도시, 글로벌 허브 수준에서 모두 스마트해졌는데, 국내외의 도전들을 인식하고 효과적으로 대응하는 법을 배웠기 때문이다. 국가적으로는 최소주의와 자립을 돕는 정책을 펼쳤고, 도시로서는 혁신 기술을 통합적 거시적으로 도시문제에 활용했다. 이 과정에 지혜와 효율성을 중시하는 지도자의 철학이 반영되었다.

어떤 이들은 싱가포르 스마트 국가에 대해 도덕적 관념이 부족하거나 비도덕적이라고 비판한다. 특히 이주노동자와 국가 정책에 반대하는 이들을 다루는 자세를 지적하곤 한다. 싱가포르 전체 노동력의 3분의 1이 넘으며 사회의 한 계층을 이룬 이주노동자는 임금이 낮고 권리나 특혜가 거의 없다. 하지만 국가에 반기를 드는 사람은 매우 적다. 국가에 대해 비판적인 목소리는 사회 전체가 잘못을 깨닫고 교정하도록 이끌지만, 싱가포르에서 그런 기능은 거의 수행되지 않는다.

싱가포르 스마트 국가 설립자들은 국가의 역할이나 구성을 설정할 때 선택의 여지가 없었다고 강변할 것이다. 사실 싱가포르는 역사적으로 어려운 시기에, 거친 국가들에 둘러싸여 탄생했다. 베트남 전쟁, 민족 간 분쟁, 수에즈 동쪽의 영국군 철수, 두 번에 걸친 오일쇼크 등이 싱가포르가 독립한 지 몇 년 사이에 터졌다. 경제지리적으로 자원과 인력이 풍부한 지역에 속해 있으면서도 이 나라는 유독 자원도 인구도 적었기 때문에, 선택적으로 물품을 수입하고 엄격한 규제 아래 고용 정책을 집행해야만 살아남을 수 있었다. 즉 전략적이고 항상 과도기를 넘어서겠다는 자세로 생산성을 높이고 자율성을 유지하는 것 외에, 싱가포르 설립자들에게는 다른 선택의 여지가 없었다.

싱가포르의 탁월한 정치경제 시스템은 왜 생겨났으며, 불안정하고 경쟁적인 지역에서 어떻게 번영했는가? 이것이 이 책의 주요 질문이었고, 그에 답하는 과정으로서 장별로 큰 주제와 연관된 작은 질문들을 다루었다. 2장에서는 싱가포르로 하여금 줄기차게 스마트화의 길을 경주하게 만든 것이 무엇인지를 파헤쳤다. 싱가포르는 실용적으로 상황에 대응했고, 일본이나 유럽의 많은 나라가 외부 도전의 본질적인 측면을 놓쳤을 때조차도 그 방향을 유지했다. 3장에서는 인력과 기술적 측면의 스마트 역량이 어떻게 싱가포르에 등장했고 강화되었는지를 다루었다. 물론 이 과정에서 지도층은 역량 강화를 적극 지원했다. 4장과 5장에서는 국가와 도시 차원에서 스마트 역량을 운영하는 방식에 대해 분석했다. 6장에서는 세계화 추세에 맞추어 국경을 넘나드는 스마트 허브를 싱가포르에 육성한 방법에 대해 살펴보았다. 짧게 간추리자면, 이 책을 통해 우리는 어떻게 스마트한 제도가 싱가포르에 나타날 수 있었는지, 어떤 역할을 했는지, 이 작은 도시국가가 세계에 던지는 의미가 무엇인지를 살펴보았다.

구체적으로 발견한 점

싱가포르 거버넌스의 여러 특성은 어느 나라에서든 실질적으로 적용 가능하다. 특히 싱가포르로부터 5000킬로미터 이내에 거주하는, 빈곤에서 벗어나기 위해 고군분투 중인 40퍼센트 인류에게 더욱 의미 있다. 싱가포르는 교통관리, 에너지 효율, 수자원 정책, 공공주택, 소액 대출, 민족 갈등 등 여러 분야에 걸쳐 세계적인 모범 사례를 설계하고 집행했다. 정보통신 기술에 힘입어 혁신적인 정책의 영향력이 확장되었고, 세계가 당면한 인류의 안위—이를테면 지구 온난화, 에너지 과잉 소비, 인종 분규—에서도 상당한 진전을 이루어냈다. 싱가포르의 혁신은 인류 안보에 영향을 끼치기도 했고, 도시정책의 인센티브를 변혁하거나 나라 전체를 혁신시키는 데 동기를 심어주는 등 다차원적으로 기여했다.

이 책의 중요한 성과가 있다면, 싱가포르 스마트 기관들이 구체적으로 어떻게 설계되었는지를 파악한 점이다. 국가와 도시 차원에서 활동을 펼치고 있는 싱가포르 스마트 기관들은 여러 분야에 걸쳐 세계적인 모범 사례를 만들어냈다. 정책전문대학원과 다른 나라 정부들이 참고할 만한 구체적 사례들을 몇 가지만 들자면 다음과 같다.

· 주택개발청: 정부 비용은 최소한으로 유지하면서 인구 80퍼센트에게 질 높은 주택을 저렴하게 공급
· 중앙후생기금: 국가 주도 투자로 자금을 형성시켜, 시민 개개인에게 은퇴 후 생활자금 마련
· 경제개발청: 해외투자를 효과적으로 유치하고, 다른 기관의 관련 정책을 통합하며, 싱가포르 기업에게 새로운 전략적 기회를 마련해주기 위해 시장 모니터링
· 타마섹 홀딩스 국가투자 기업: 글로벌하게 운용함으로써 국내

기업을 지원하고 국부를 늘리며 경제적 안정 도모, 주요 자산을 시장 친화적 방법으로 운용하여 도덕적 해이 방지

더 넓은 견지에서, 싱가포르 "스마트" 공공정책의 보편적인 특징은 국제적으로도 의미가 있다.

· 정책에 대한 통합적 접근: 싱가포르 설립자들이 동지애를 바탕으로 국가를 건설할 때부터 정책 입안자들은 항상 다양한 정책의 효과를 통합적으로 고려했다. 그리고 다른 나라보다 더 일관된 방식으로 사고했다. 이러한 방식은 관계부처 간의 협조적인 분위기로 이어졌고, 그 어떤 나라보다도 디지털 혁명과 사물인터넷의 눈부신 발전을 이끌었다.

· 포용적 공동체 건설을 위한 민족 정책: 민족 갈등의 역사를 경험한 지역에 위치하는 싱가포르는 다양한 인구 구성에도 불구하고 놀라울 만큼 단합된 정체성을 구축했다. 다양한 배경을 가진 시민 그룹을 동원하여, 지금은 강력해진 선조들의 나라에 다리를 놓는 데 활용하기도 했다. 지난 20년 동안 싱가포르로 이주한 외국인 노동자와 부유한 국외 거주자들이 일을 좀 복잡하게 만들긴 했지만 말이다.

· 기민한 소국 외교: 싱가포르가 위치한 지역은 전통적으로 강력한 나라들이 지배하던 곳이다. 이러한 불안정한 지역에서 싱가포르가 국가 안보를 굳건히 하기 위해 선택한 방식은 실용적인 "뛰어넘기 외교leapfrog diplomacy", "독이 든 새우poisoned-shrimp"

방식의 공격적 군사 배치, 영구적 군사기지 없는 동맹 유지, 유
연하면서도 다차원적인 외교관계 맺기, 세계 주요 국가 수도에
서의 비공식적인 로비 활동 등이었다.

· 즉각 반응하는 최소주의 정부: 대중(인구의 많은 비중을 차지하
  는 이주노동자는 '대중'에서 제외)에게 매우 저렴하고도 광범위한
  공공의료 혜택, 질 높은 공공주택, 재난 등의 위험에 대비하는
  보험을 제공한다.

· 스마트 도시개발: 싱가포르 정부는 정보통신 기술을 창의적으
  로 활용한다. 예컨대 식수와 에너지 같은 희소자원의 소비를
  최소화하기 위해 사물인터넷을 십분 활용하여 효율적인 인공
  두뇌 메커니즘을 만든다.

싱가포르는 한 번 정한 목표를 달성하는 데 상당히 구체적이
고 효과적인 정책을 수립한다는 점도 주목할 만하다.

· 수자원 정책: 싱가포르는 700제곱킬로미터가 조금 넘는 땅덩이
  에 600만 명이 사는 조그마한 도시국가다. 하지만 저수지, 능
  률적인 물 수입, 담수화, 재순환 등 네 가지를 강조하는 "네 개
  의 (수도)꼭지Four Taps" 정책으로 식수를 거의 자급자족한다.

· 주택·토지이용 정책: 시민과 영구 거주자에게 질 높고 저렴한
  주택을 제공한다. 시민은 주택을 소유함으로써 금융 밑천을 마
  련할 수 있다. 결국 주택 소유는 시민이 사회 발전에 대한 이해
  관계를 갖는 것으로, 궁극적으로 사회 안정에 기여한다.

· 교통 정책: 인구가 밀집된 섬나라에 빠르고 매끄러운 대중교통 서비스를 제공한다. 최신식 쌍방향 정보통신 기술을 활용한 시장 친화적 정책으로 환경 비용을 최소화한다.

· 식량 공급: 싱가포르는 대부분 도시화되었지만 도시농업을 장려하여 야채와 과일을 자급자족하면서 식료품 수입을 병행함으로써 전반적으로 식료품 가격을 낮게 유지한다.

· 국제무역과 투자: 자유무역을 강조하는 싱가포르는 다국적기업을 옹호한다. 특히 서비스에 중점을 두고 거대기업 본부를 싱가포르 내에 유치하고자 노력한다.

· 국가 안보: 미국 등 거대 강대국과 신뢰 관계를 유지함으로써 해외 군대를 대규모로 주둔시키지 않고도 또는 공식 동맹을 맺지 않고도 공동 군사훈련, 정보 공유, 시설 제공을 수행한다.

· 외교: 도시국가의 특별한 장점을 최대화하여 국제사회에서 여러 차원의 참여자(국가, 도시, 초국가적·다국가적 단체)와 역동적이고 진지한 관계를 유지한다. 또한 싱가포르는 이념적 또는 지정학적 충돌을 능숙하게 다룰 줄 안다. 중국, 대만, 이스라엘, 아랍 국가, 러시아와 건설적인 관계를 유지하면서 미국의 신뢰를 잃지 않는 것만 보아도 알 수 있다. 더욱이 미국 워싱턴 D.C.에서 보기 드문 정치적 영향력을 행사한다.

· 초국가적 협력: 싱가포르는 국가들 간 지적 교류의 영향력과 가치를 매우 비범하게 이해하고 있으며, 스스로 스마트 글로벌 허브를 이루어 초국가적 협력을 체계적으로 육성하고 있다. 예를 들어 해외투자를 유치하거나 국립연구재단을 통해 싱가포르 기

관과 세계적인 대학의 과학·공학 분야와 전략적 협력 관계를
맺어왔다.

· 세계적 기여: 싱가포르는 지구상의 국민국가 가운데 규모가 가
장 작은 국가에 속하지만 해외에 군대를 배치하거나 대규모 해
외원조 프로그램 없이도 상당한 국제적 영향력을 행사하고 있
다. 국내에서 수행한 효율적이고 우수한 정책을 수출함으로써
'소프트 파워'를 최대화하기 때문이다. 특히 도시개발 정책들을
적극적으로 활용하며, 때때로 연수 프로그램, 일괄수주 건설
프로젝트, 크림슨 로직 같은 컨설팅 회사와 계약하는 등의 방
법으로 영리사업을 시행한다. 또한 세계 각국이 달성하고자 하
는 자유무역 체제를 광범위하게 촉진시켜 존경을 얻기도 한다.

· 그늘진 곳?: 국내 정책, 사회조직, 국제관계에 대한 접근방식에
서 완벽한 나라는 없다. 미국 등 세계화된 사회가 그러하듯 싱
가포르도 사회경제적 불평등 문제, 특히 이주노동자 등 일시적
으로 머무르는 거주자에 관한 문제로 고민이 적지 않다. 또한
치솟는 부동산 가격이 자산 불평등을 심화시키고 있다. 이는
역설적으로 싱가포르에 살고자 하는 수요를 반영하는 것이기
도 하다. 저출산 문제도 심각해서, 정치적으로 민감한 해외 이
주노동자에게 점점 의존하고 있다. 한편 과거에 번영과 혁신을
이끌었던 1당 지배 체제에 대한 중산층의 불만이 불거질 가능
성도 있다.

· 스스로 잘못을 바로잡는 자기조정 기제: 싱가포르의 정책과 결
과는 때때로 역기능을 낳기도 하지만 흔치 않은 자기조정 기제

를 지니고 있다. 그 기제는 글로벌 사회에서 작지만 매우 개방된 국가라는 점에 근간을 두고 시장 친화적으로 작동하여 발휘된다. 또한 경제개발청과 같이 고유의 자기조정 기제를 지닌 독특한 기관들이 있어서, 적어도 지금까지는 위기를 극복하고 새로운 도전에 맞서기 위해 나아갈 방향을 조정하는 자기반성적 리더십을 발휘해왔다. 이 과정에서 디지털 혁명의 결실을 잘 활용함으로써 스마트 국가에 각인된 기술 지향성을 심화시켰다. 그래서 전통적 제조업이나 천연자원 개발에 의존한 이웃 아시아 국가들이 겪은 초과밀 현상에 따른 문제나 사회 불안을 최소화했다. 싱가포르가 지속적으로 세계 속의 정책 실험실로 살아남을 수 있을지는 글로벌 트렌드에 얼마나 민감하게 반응하느냐에 달려 있으며, 그 과정에서 자기반성적 리더십과 자기조정 기제를 계속 유지하는 것이 관건이다.

이론적인 의미

싱가포르 공공정책을 통해 오늘날 국제관계에서 "가상국가 virtual state"의 세계적인 잠재력에 대해서도 살펴볼 수 있다. 여기서 말하는 가상국가란, 규모는 작지만 전문성이 고도로 집적된 국가 또는 행위자다. 그러나 가상국가에도 미세한 차이가 있다. 가상국가들은 국제무대에서 국가, 초국가, 하위 국가 등 여러 수준에서 유연하게 운영될 수 있으며, 새로운 국제적 변화에 신속하게 대응할 수 있다. 현재 불안정성이 확대되고 있는 세계에서 필수적인 특성이다.

특히 국내 기관을 깊숙이 들여다볼 필요가 있다. 가상국가를 안정적으로 운영하면서 외부 압력에 대응하는 데 큰 영향을 끼치기 때문이다. 싱가포르의 경우, 경제개발청과 같이 전체 정부를 아우르는 기관의 대응력과 정책 통합 역량을 주목할 만하다. 그리고 주택개발청을 비롯한 다른 기관들은 사회 안정성을 현저히 높여줌으로써, 싱가포르가 중동이나 여러 지역의 다른 가상국가보다 더 효율적으로 세계화에 대응하고, 그에 따르는 기회를 활용하도록 돕는다.

이러한 특성을 고려할 때, 싱가포르의 성공은 한 세대 이전에 활발했던 개발국가 경험이 과연 21세기에도 가치가 있는지 묻게 만든다. 동아시아를 비롯한 많은 지역의 국민국가는 합리적 계획에 바탕을 두고 국가가 직접 개입하는 정책에 의존해왔으며, 이 오래된 모델은 경제를 변혁하기 위한 구체적인 우선순위를 정한다. 그러나 관료 체제는 빠르게 변하는 세계 흐름을 이해하고 대응하는 데 그리 효과적이지 않다. 관료들이 상당히 자율적으로 임한다고 하더라도 후견주의에 빠질 수 있으며, 정책 이슈를 관례적으로 대할 위험도 내재되어 있다. 그에 비해 스마트 국가 패러다임은 외부 압력을 이해하고 대응하는 국가 역량을 강조하며, 대두되고 있는 거버넌스 문제에 대해 현실적인 처방을 제시한다. 이 과정에서 발전된 기술을 부분적으로 활용하지만 과도한 로드맵을 제시하지는 않는다. 싱가포르는 스마트 국가 모델이 불안정하고 불확실한 세계에 어떻게 어울리는지, 그리고 과거 일본 통산성 모델로 대표되는 차머스 존슨의 확신에 찬 개발

국가 모델이 지금 세계에 맞지 않음을 대변하는 좋은 사례다.

이 책에 초반에 언급했듯이 스티글러, 다운즈, 크로지어 등 여러 학자는 관료제의 폐해가 국가 행태를 왜곡할 가능성에 대해 지적했다. 그러나 엘리트 관료를 존중하고 때로는 그들에게 우선권을 부여하면서도 개발국가 패러다임을 비롯한 여러 질병을 피할 수 있는 방법이 있다. 전자정부를 활용하여 관료제의 투명성을 확보하고, 법정위원회를 설립해 규제를 받는 기관들과 관료적인 거리를 유지하는 것이다. 이렇게 함으로써 경제학자 조지 스티글러가 우려하는 민간기업과의 후견주의적 관계를 방지할 수 있다. 이 연구는 국가의 단점을 극복하는 방법을 제시하는 특이한 사례(싱가포르)로써, 관료제를 비판하는 전통적인 이론이 언제나 맞아떨어지는 것은 아님을 지적하는 바다.

국가의 단점을 극복하는 방법을 제시하는 과정에서, 싱가포르의 특이한 사례는 관료제 역량에 대한 비판 없이 긍정적으로만 수용하는 경우 함정에 빠질 수 있음을 여실히 보여준다. 특히 경제적으로 큰 변화를 지휘할 때 그러하다. 규제받지 않는 대규모 자본이 국경을 넘나드는 이 시대에 엘리트 관료들은 경제 구조를 전략적으로 변혁시킬 만한 지혜와 정치적 역량을 발휘하기 어렵다. 글로벌 세계는 불안정하고 불확실한데 전통적 관료국가는 위험부담을 지지 않으려 하기 때문에 미래를 내다보고 전략적으로 경제를 관리하기 힘들다. 명확한 것은 시장의 논리를 받아들여야 한다는 것, 기업가 정신과 초국가적 기업을 위해 정교하게 계산된 국가 지원이 필요하다는 것이다.

고도화된 정보통신 기술을 활용하고 국가통제 위주의 정책을 지양해온 싱가포르는 스마트 국가야말로 시장의 수요와 외부의 도전(지리적, 인구, 재정적, 정치적, 기술적 도전)을 잘 인식하고 효율적으로 대응할 수 있음을 입증한 셈이다. 즉 싱가포르는 디지털 혁명으로 얻은 과실을 최대한 활용하기 위해 정치적으로 조직적으로 혁신했고, 스마트해졌다.

도시도 국가와 마찬가지로 스마트해질 수 있고 국제사회에서 중요한 역할을 할 수 있다. 최근 국제적인 사안에서 건설적인 역할을 하는 도시가 주의를 끌고 있다. 국민국가가 정치적·이념적으로 중요시하는 사안들은 실제 민초들의 문제와 별 관련이 없으며, 오히려 그 반대인 경우가 많다. 반면 많은 사람들이 주장하듯 도시는 민주주의를 발전시키고, 민초들이 일상적으로 겪는 글로벌 사회경제 문제를 해소하는 데 효과적이다. 그 가운데 싱가포르 사례는 풀뿌리 민주주의와 직접적인 연관성은 없지만, 스마트 도시가 환경이나 교통 문제 등과 관련하여 중요한 사회경제적 역할을 수행할 수 있음을 제시했다. 결국 싱가포르의 경험은 혁신적인 정책 실험실로서 스마트 도시의 상징적 역할이 얼마나 중요한지를 보여준다.

정책적인 견지에서, 모범 사례들과 이들을 스마트하게 전파하는 방법을 체계적으로 이해한다면 글로벌 문제를 해결할 유용한 안내서를 얻는 셈이다. 최근 미클스웨이트John Micklethwait와 다른 학자들이 강조했듯이, 서구의 복지정책 모델은 현재 엄청난 재정적·정치적 문제를 안고 있으며, 특히 인구가 밀집한 개발도상국에 적용되었을 때 문제가 더욱 두드러진다.

싱가포르 모델은 이러한 문제를 해소할 수 있는 특별한 잠재력을 갖고 있다. 스마트 기관들, 기술의 활용, 리더십 구조, 조직 구성 등의 탁월한 역량, 여기에 힘을 실어주는 리더십과 조직 구조가 열망을 혁신적인 현실로 바꿔준다. 싱가포르 사례는 (인구가 밀집한 전원적인 개발도상국에게 중요한 이슈인) 살기 좋은 도시를 어떻게 만드는지, (경제적으로 선진화된 국가에게 중요한 이슈인) 재정적으로 자립 가능한 복지국가를 어떻게 창출할 수 있는지를 보여준다.

앞으로 수행할 연구 주제에 관하여

지난 반세기 동안 싱가포르가 사회·경제·정치적 문제에 대응하는 과정에서 놀라운 성취를 이루어냈다는 사실은 의심의 여지가 없다. 국가를 대상으로 한 여러 조사에서 싱가포르 국가 체계는 지구상에서 가장 효율적인 시스템으로 인정되었다. 하지만 이는 대체로 리콴유의 리더십에 의한 것으로, 동질적인 집단을 대상으로 수행된 정책에 대한 분석을 바탕으로 한다. 이 책은 싱가포르 개발 초기 리콴유의 역사적인 성취를 평가절하하지 않으면서, 그 이후 고촉통과 리셴룽이 이끌어낸 혁신적인 측면을 강조했다. 싱가포르가 세계화와 디지털 혁명에 대응한 방식과 관련하여 그들의 역할은 더 깊게 연구될 필요가 있다.

이 책의 첫 부분에서 싱가포르의 놀라운 성장과 변혁의 그늘을 언급하면서 이민자와 사회경제적 불평등 문제를 다루었다. 싱가포르로 밀물처럼 밀려드는 이주노동자와 부유한 외국인들은 싱가포르의 사회정치적 안정과 중산층의 생존을 압박하고 있다. 세계화와 더불어 이러한 추세가 심화되었고, 이것이 싱가포르 미래에 어떤 영향을 끼칠지 주목받고 있다.

싱가포르 스마트 국가, 스마트 도시 모델이 엄청난 성공을 거두었다는 점은 부정할 수 없다. 그러나 싱가포르 경험이 세계 다른 곳에 얼마나 적용될 수 있을지, 과거의 성공이 글로벌화 된 미래에 얼마나 의미 있을지는 분명치 않다. 이 주제는 더 세심한 연구가 필요하다.

싱가포르 스마트 국가, 스마트 도시 모델에서 파생된 구체적인 정책들이 언제 어떻게 더 넓은 세계에 전수될지는, 그 확산되는 과정을 지켜보아야 할 것이다. 이 책에서 밝혀낸 중요한 개념인 '스마트 글로벌 허브'는 앞으로 국제관계에 대한 연구에서 이론적으로 중요한 개념이 될 것이다. 바이오폴리스, 퓨저노폴리스, 미디어폴리스를 포괄하는 싱가포르의 원노스One-North 같은 사회경제 공동체 개념은 스마트 국가, 스마트 도시가 안팎으로 확산하는 과정의 중요한 결절점이다. 떠오르는 스마트 허브의 운영과 글로벌한 기능은 더 연구되어야 한다.

6장에서는 전 세계 국가, 도시, 시민단체가 싱가포르 경험을 본보기로 삼기 시작했음을 지적했다. 그러나 싱가포르를 주의 깊게 연구하고 정책을 받아들인 것은 대부분 최근 5년 사이에 발생한 것으로, 성공적이었는지는 아직 알 수 없다. 경제개발청, 주택개발청, 중앙후생기금, 타마섹 홀딩스 등의 기관이 싱가포르 성공에 어떻게 기여했는지에 대한 체계적인 분석이 필요하다. 또한 하이브리드적인 특성을 갖고 있는 싱가포르의 스마트 국가, 스마트 도시 모델이 다른 곳에 얼마나 전이될 수 있는지도 탐구가 필요하다.

다른 나라나 도시에서 싱가포르를 본보기로 삼는 게 과연 바람직한지 규범적인 의문이 드는 것도 사실이다. 싱가포르가 성공했다고 해서 다른 나라나 도시에서 본받아야 할까? 어떤 수준으로 해야 할까? 국가 차원에서? 도시 차원에서? 싱가포르 정책은 도덕주의적이고 신자유주의적이다. 민주주의 형태를 띠고 있지만 어떤 점에서는 권위주의적이다. 중국 등 거버넌스 문제가 벅찬 나라에서는 싱가포르 솔루션이 매력적인 게 사실이지만 다른 나라에는 얼마나 바람직할까?

세계를 향한 정책 실험실로서 싱가포르가 얼마나 유용한지는 글로벌 미래 그 자체의 전망과 깊게 연관되어 있다. 벤자민 바버Benjamin Barber가 제안했듯이, 사회정치 조직의 패러다임으로 "시장이 세계를 지배하는" 미래를 상정해야 할 것인가?[1] 아니면 다나카 아키히코가 예측한 것처럼, 소·중 규모의 국가가 과거보다 더 기동성 있는 파워를 갖게 하는 분산화된 정책 결정과 그 영향력을 내세우는 "신봉건주의" 모델을 따라야 하는가?[2] 사회경제적 진화라는 맥락에서 성장과 도시화 추세가 지배적일까? 이는 주택·교통·환경 문제가 증가하는 개발도상국에게 특히 중요한 질문이다. 이 추세가 계속된다면(지금으로서는 그래 보인다) 싱가포르의 과거와 현재는 글로벌 미래에 대해 무시할 수 없는 의미를 지닌다.

앞으로의 정책에 무엇을 의미하는가

싱가포르가 미래에도 세계 속의 정책 실험실이 될 수 있을지는 앞으로 글로벌 추세를 얼마나 잘 이해하고 대응하느냐에 달렸다. 물론 그 추세가 어떻게 전개될지도 중요하다. 이러한 맥락에서 확고하고도 신중한 자세가 필요하리라 본다. 스마트 도시를 건설하고 유지함으로써 이미 세계적인 모범 사례가 된 싱가포르는 도시·환경 문제가 지구적 이슈가 되고 있는 상황에서 글로벌한 시각으로 변화하는 세계에 적응하기 위해 노력해나갈 것으로 보인다.

스마트 도시 분야를 비롯한 지금까지의 성공은 싱가포르라는 정책 실험실의 큰 잠재력을 말해준다. 이 도시국가가 이룬 성취에는 중국, 인도, 인도네시아, 베트남, 미얀마, 방글라데시 등의 이웃 아시아 국가들이 배울 만한 점이 많다. 특히 현재 대대적인 도시화 과정을 겪고 있는 국가들에게는 주택, 교통, 에너지 효율, 환경보호 측면에서 싱가포르가 거둔 성공이 도움이 될 것이다. 장기적으로는 아프리카와 중남미 일부 국가에서도 그러한 도시화가 나타날 것이고, 그곳에서도 싱가포르의 경험을 주목할 것이다.

서사시처럼 펼쳐지는 현재와 미래의 지구적 도시화는 세계은행, IMF, 아시아개발은행을 비롯한 여러 지역 개발기관 등 다자 개발기관에게 분명히 우려스러운 문제다. 그 기관들도 이미 싱가포르와 교류하며 경험을 연구하고 있지만 더 자세히 이해해야 한다. 동일한 당위성이 USAID(U.S. Agency for International Development), JICA(Japan International Cooperation Agency), KOICA(Korea International Cooperation Agency) 등 국가 개발기관에도 존재한다. 이에 따라 아시아에서 가장 규모가 큰 원조국인 일본의 개발기관과 싱가포르 간의 협력 가능성이 높으며, 싱가포르와 한국의 협력 전망도 밝다.

중국과 싱가포르의 양자 협력은 중국 내에서 역동적인 반면 제3국으로의 확장은 조금 더딘 편이다. 여기에는 그럴 만한 역사적 이유가 있다. 하지만 다자간 협력이라는 차원에서의 협업은 앞으로 상당히 역동적일 것이다. 아시아인프라투자은행 등 중국이 주도하는 기관이 세계무대에서 두드러진 역할을 할 것이고, 그중에서도 스마트 도시개발을 추진할 때 싱가포르와의 협력은 더 심화될 것이다. 중국에 초점을 맞추고 있는 AIIB(Asian Infrastructure Investment Bank)와 신개발은행(New Development Bank, 이전에는 BRICS Bank)의 출현으로 다자간 협력 차원의 싱가포르-중국 관계는 깊어질 게 분명하다.

싱가포르의 전문성이 지닌 국제적인 영향력, 특히 개발도상국이 부상하는 추세와 관련한 영향 관계를 고려할 때 다국적기업도 주의를 기울여야 한다. 이 흐름이라면 싱가포르 기업 및 정부기관과 협력 관계를 강화해야 마땅하다. 같은 논리로 싱가포르에 투자해야 할 근거도 더 명백해질 것이고, 세계의 정책 실험실이라는 역할도 중요해질 것이다. 다국적 이해관계와 싱가포르가 세계무대에서 수행할 역할과의 잠재적인 시너지 효과는 충분해 보인다.

공공정책에서 싱가포르 모델을 학술적으로 깊이 이해해야 하는 이유도 명확하다. 교통, 에너지 효율, 전자정부, 스마트 도시 등 정치경제의 다양한 분야에서 디지털 혁명과 사물인터넷에 유례없이 기민하게 대응한 싱가포르는 글로벌 모범 사례의 집합체이기 때문이다. 이미 하버드경영대학원 등 여러 연구소에서는 싱가포르의 전반적인 경제개발 정책에 대해 사례 연구를 수행하고 있다.[3] 그러나 특정 정부기관, 준 공공기관 구조, 분야별 정책, 인터넷 시대의 스마트 국가 개발에 필요한 제도적 전제조건 등에서 싱가포르를 벤치마킹한 더 세분화된 연구가 필요하다.

글로벌 정책담론을 활성화시키기 위해

세계화와 더불어 상호 의존성이 심화되면서 국경을 초월한 정책에 대한 논의가 더욱 중요해지고 있다. 나라마다 제도와 거시경제적 상황은 다르지만 현실 세계에서는 국가 간의 협조가 깊어지고 공통의 글로벌 문제에 대응해야 하는 당위성 때문에 모범적인 정책 사례에 대한 연구가 불가피하다. 그러나 이렇게 연구된 정책들은 대체로 복잡하고 복합적인 탓에 핵심 국가에서 제대로 인정받기 어렵다. 글로벌 정책담론을 활성화시키기 위해 대중의식을 높여야 하는 또 다른 이유다.

싱가포르는 산업국가와 개발도상국 양쪽에 의미 있는 모범 사례 정책들을 모아놓은 집합체다. 스마트 국가 모델은 복지국가의 위기를 해소하고 경제개발의 도전을 아우르는 최소주의적이고 시민 자립을 돕는 정책을 개척해냈다. 스마트 도시 모델은 개발도상국에서 겪는 주택·교통·에너지·의료·환경 문제에 대해 혁신적이면서도 기술 위주의 접근방식으로써 축소된 대응책 모형을 보여준다.

격동하는 세계 속의 작은 도시국가 싱가포르는 글로벌 정책 담론에 기여할 바가 많으며, 그 성패는 협력적인 글로벌 체계에 달려 있다. 그러한 맥락에서 최근 행정 개혁을 위해 제시된 신종합 프로젝트는 중요한 계기를 마련해주었다. 의료, 기후 온난화, 범죄 등 세계적인 공통 문제에 초점을 둔 이 프로젝트에 캐나다, 브라질, 네덜란드, 영국, 호주, 싱가포르가 참여하고 있다.[4]

통합적인 견지에서 특정 기관의 협소한 규제나 개별 국가의 편협한 시각을 넘어서는 담론의 확장이야말로 세계적으로 이득이 되는 일이다. 디지털 혁명의 역사적인 변혁에 힘입어 세계는 더 통합하고 상호 의존적으로 변하고 있다. 그리고 건설적이고 다차원적인 정책 실험실로서 싱가포르의 역할은 더욱 중요해질 것이다.

부록

싱가포르 경험 연대표

1923: 동아시아 영국 해군기지가 싱가포르에 건설되기 시작

1942: 일본이 싱가포르 점령

1945: 8월 일본의 항복 후 동남아시아 해협식민지Straits Settlements에 영국 군사정권 수립

1946: 동남아시아 해협식민지가 독립하고, 싱가포르는 대영제국 직할 식민지가 됨

1947: 5월부터 공산주의자들이 파업을 주도하여 대중교통, 공공서비스, 항구 운영 중단

1948: 3월 20일 입법부 6개 의원 자리를 놓고 처음으로 선거 실시

1954: 1월부터 공공서비스위원회 운영

1955: 4월 싱가포르의 첫 입법국회 설립

1955: 7월 식민지 정부가 중앙후생기금 설립

1959: 6월 5일 선거에서 인민행동당의 승리, 자치 정부 초대 총리로 리

콴유가 선출

1959: 8월 공무원을 교육시키기 위한 정치연구센터 설립

1960: 6월 부패방지법 통과

1960: 2월 주택개발청 설립

1960: 인민행동당 정부가 좌파 조합 등록을 취소할 수 있도록 노동조합법 수정

1961: 5월 25일 버킷 호 쉬Bukit Ho Swee 주거지구에 화재 발생. 4명 사망, 85명 부상, 1만6000명이 집을 잃고 2800 가구가 파괴됨

1961: 7월 인민행동당 분열. 13명의 공산주의 옹호 국회의원이 결별하고 바리산 소셜리스Barisan Sosialis 창립

1961: 8월 경제개발청 설립

1963: 1월 20일 인도네시아가 무장 급습하여 전쟁 선포(Konfrontasi)

1963: 2월 콜드 스토어 작전으로 113명 반정부 운동가와 바리산 소셜리스의 핵심 멤버 구금

1963: 5월 에너지위원회 설립. 7월 9일 말라야, 싱가포르, 사바, 사라와 지도자에 의해 말레이시아 연방협정 체결

1964: 7월 21일 예언자 무함마드의 탄신일에 인종 폭동이 발생하여 23명 사망

1965: 8월 7일 싱가포르와 말레이시아가 분리협정에 서명. 8월 9일 싱가포르 독립 선언

1965: 8월 유소프 빈 이삭Yusof bin Ishak이 초대 대통령으로 취임. 엘리자베스 여왕의 뒤를 이은 명목상 국가 원수

1965: 9월 UN 가입

1966: 라자라트남이 기초한 국가에 대한 맹세가 8월부터 암송되기 시작

1966: 토지매입법으로 토지이용에 대한 국가의 권한 강화. 주택·교통정책을 집행하기 위해 사용됨

1967: 싱가포르 과학의회 설립

1967: 3월 이스라엘 법을 본받아 병역법 통과

1967: 8월 싱가포르가 창립 멤버로 ASEAN 설립

1968: 중앙후생기금 자금으로 주택 구입이 가능하도록 확장. 시민들이 사회에 이해관계를 갖도록 장려

1968: 가을에 리콴유 총리가 하버드 정치연구원에 객원 연구원으로 방문

1969: 7일간의 인종 폭동으로 4명 사망, 80명 부상

1971: 1월 벤자민 시어스Benjamin Sheares가 싱가포르 2대 대통령으로 취임

1971: 제2차 세계대전 기간을 제외하고도 150년 이상 싱가포르에 주둔한 영국 군대가 10월 대부분 철수

1972: 고위 공무원을 대상으로 "13월의 용돈Thirteenth month allowance" 정책 도입

1974: 6월 국유기업 투자를 관리하기 위해 타마섹 홀딩스 설립

1975: 6월 교통관리를 위해 지역면허계획을 도입하여 첨두시간대 교통 체증 완화

1976: 12월 총선에서 인민행동당 69개 국회의석 획득

1978: 11월 12일 리콴유의 초대로 덩샤오핑 싱가포르 방문

1979: 9월 중국어 방언을 줄이기 위해 만다린 말하기 캠페인 시작

1979: "임금수정정책"으로 임금 인상 권장

1980: 12월 총선에서 인민행동당 국회의석 전부인 75개석 획득

1981: 전자정부 도입을 위해 공공서비스 전산화 프로그램 운영

1981: 애플 컴퓨터가 싱가포르에서 PC를 첫 제작

1981: 싱가포르 유엔대사 토미 코Tommy Koh가 해양법에 관한 UN협약 3차 대표로 선출

1981: 9월 공공서비스 전산화, 컴퓨터 교육, 컴퓨터 서비스산업 개발을 위해 국가정보화위원회 설립

1981: 10월 데반 나이르C. V. Devan Nair가 싱가포르 3대 대통령으로 취임

1981: 10월 노동당이 16년 동안의 인민행동당 국회 독점 타파

1983: 싱가포르를 국제무역 허브로 개발하고 지역 상품과 서비스를 수출하기 위해 싱가포르 무역개발위원회 설립

1984: 지식계급 간 결혼과 사회적 상호관계를 장려하기 위해 사회개발부 설립

1984: 1월 싱가포르에서 영재교육 프로그램 시작

1984: 일본을 제외하고 아시아에서 처음으로 실리콘 웨이퍼 플랜트 개장

1984: 9월 아시아 첫 금융선물거래 시장인 싱가포르 국제통화거래소 설립

1984: 12월 총선에서 인민행동당 지지율이 76퍼센트에서 63퍼센트로 하락

1985: 2분기부터 처음으로 정책 관련 불황 경험

1985: 3월 지역개발부 인민행동당 피드백 유닛 창설

1986: 국가정보기술계획 수립

1986: 1월 공공 부문 주식매각위원회 설립

1986: 5월 5일 국회에서 신문출판법 도입, 법에 따라 정부는 정치적으로 민감하거나 수준 미달인 해외출판물 판매 및 배포 금지 가능

1986: 인민행동당 청년위원회 설립, 리셴룽이 위원장을 맡음

1986: 9월 첫 시의회 개회, 일일관리 업무를 거주자에게 이양

1987: 싱가포르 50억 달러를 들여 건설한 지하철MRT이 11월 운영 시작

1987: 교육부가 국가교육 시스템을 시작하여 토착 학교들은 폐교 조치

1987: 영어를 학교 수업의 공식 언어로 채택

1988: 국회에서 소수집단 대표를 보장하기 위해 6월 1일 집단선거구제 GRC 시행

1988: 6월 시의회법 통과

1988: 8월 공장 자동화를 위해 국가자동화기본계획 착수

1989: 인종 간 통합을 위해 인종통합정책EIP 실행

1989: 9월 모든 도시계획 기능이 도시재개발청URA으로 통합

1989: 10월 트레이드넷Trade Net 국제 데이터 상호교환 시스템 실행

1989: 10월 UN 평화유지 활동에 싱가포르가 처음으로 참여

1989: SIJORI 삼각성장 프로젝트가 처음으로 제안되어(12월), 싱가포르, 말레이시아 조호르, 인도네시아 리아우와 경제관계 강화

1990: 5월 싱가포르 공공사업부PWD 교통부에서 자동차 운행에 운행증명서COE를 필수로 하는 차량할당제 입안

1990: 10월 싱가포르와 중화인민공화국 외교관계 수립, 싱가포르는 중국과 외교관계를 수립한 ASEAN의 마지막 회원국

1990: 11월 미국과 싱가포르는 미군이 파야 르바 공항시설과 셈바왕 해군기지 사용을 허용하는 협정 체결

1990: 31년 만에 리콴유 총리 은퇴, 11월 고촉통이 신임 총리로 취임

1990: 11월 정보기술부 설립, 지역개발부와 정보통신부 합병

1991: 1월에 대통령 직접선거를 위해 개헌

1991: 파크 커넥터 네트워크가 전원도시실행위원회에서 승인

1991: 1월 국가과학기술위원회NTSB 설립, 첫 국가기술 5개년 계획 수립

1992: 정보관련 산업개발을 위해 IT2000 계획 출간

1992: 개발원조를 위해 외교부 산하에 싱가포르협력프로그램SCP 설립

1993: 3월 APEC 사무국 싱가포르에 설립

1993: 9월 선거로 선출된 첫 번째 대통령으로 윈탱청One Teng Cheong이 취임

1994: 2월 중국-싱가포르 쑤저우 산업단지 설립

1994: 12월 SIJORI 공식적으로 설립

1995: 고위 공무원 임금이 6개 민간 분야 전문직 고위급과 동등해짐

1995: 5월 싱가포르 공무원 질을 향상시키기 위해 공공서비스 21세기 위원회 설립

1995: 11월 국회에서 부모봉양법 통과, 자녀들에게 빈곤한 부모를 재정
　　　적으로 지원할 법적 의무 부여
1996: 싱가포르가 세계무역기구 장관급 회담 처음으로 주관
1997: 6월 "생각하는 학교, 배우는 국가" 정책 실행
1997-1998: 아시아 금융위기가 1997년 여름에 촉발되어 1998년 후반
　　　까지 지속. 싱가포르달러 가치가 16퍼센트 하락하고 싱가포르
　　　주가지수가 54퍼센트 하락
1998: 1월 미국의 해군 선박이 2000년부터 싱가포르 해군기지를 사용
　　　할 수 있다고 공표
1999: 8월 나탄S.R. Nathan이 대통령 후보 자격을 갖추어 선거를 치루지
　　　않고 대통령으로 선출
1999: 국가정보화위원회 민간화
1999: 다자기관 정책으로 Techno-entrepreneurship 21(T21) 수행
1999: 12월 정보개발청 설립

2000: 고촉통 총리, '좋은 영어 말하기 캠페인SGEM' 시행
2000: 6월 생명의학을 싱가포르 경제의 핵심 분야로 만들기 위해 생명
　　　의학계획 시행
2000: 10월 UN 안보리 비상임이사국으로 선출
2000: 11월 싱가포르와 뉴질랜드 자유무역 협정 체결
2001: 1월 인도네시아 나투나 제도로부터 파이프를 설치하여 천연가스
　　　공급
2001: 11월 총선에서 인민행동당 84개 국회의석 중 82개석 차지
2001: 1월 싱가포르와 일본 경제협정 체결(11월부터 효력 발생)
2002: 1월 국가과학기술위원회가 A*STAR로 재구조화되어 연구개발
　　　역량에 초점
2002: 4월 무역개발위원회가 싱가포르무역청으로 개명하고, 싱가포르
　　　기업이 해외에서 성장할 수 있도록 지원하는 임무 부여
2002: 5월 경제심의위원회가 경쟁법 권고

2002: 11월 런던을 뛰어넘는 국제해양 중심지를 위한 '런던플러스' 전략을 시행, 싱가포르가 국제 통합물류 허브가 됨

2003: SARS 바이러스가 발발하여 창이 공항 항공편 50퍼센트 감소

2003: 싱가포르에서 세계 최초로 생명공학 및 나노기술 연구소 설립

2003: 2월 베독Bedok과 크란지Kranji에 NEWater 물재활용 공장 개장

2003: 3월 30일 공항물류단지 개장

2003: 5월 미국과 자유무역 협정을 체결한 아시아의 첫 국가가 됨

2003: 6월 원노스One-North에 생명의학 연구개발을 위한 바이오폴리스 건설 시작

2003: 9월 노동력개발청 설립

2004: 1월 미국-싱가포르 자유무역 협정 개시

2004: 1991년 도입된 껌 씹기 금지 조치가 3월에 개정되어 건강 목적의 껌(1개) 판매 허용(약국을 통해서만 구입 가능)

2004: 외국인 학생을 돕기 위한 교육서비스센터 설립

2004: 8월 리셴룽 총리 취임

2005: 1월 1일 총리가 주5일 노동제 도입

2005: 4월 정부가 도박 합법화, 두 개 카지노 건설 계획

2005: 5월 '인텔리전트 네이션 2015 정보과학 10개년' 기본계획 수립하기로 발표

2005: 투아스Tuas에 도시 단위로는 첫 해수담수화 공장이 개장

2005: 8월 싱가포르와 인도 간 자유무역 협정 체결

2005: 11월 싱가포르 미디어아카데미 설립

2006: 2월 총리가 흑자 예산을 시민에게 분배하는 '프로그래스 패키지' 발표

2006: 5월 인민행동당 총선 승리, 66.6퍼센트 지지율로 84개석 중 82석 차지

2006: 국립연구재단NRF 설립

2006: 연구·혁신·기업 의회 창설

2006: '인텔리전트 네이션 2015 10개년' 기본계획 발표

2007: 우수연구센터RCE 프로그램 시행

2008: 1월 SMART(Singapore-MIT Alliance for Research and Technology) 센터 설립

2008: 지구관측소와 암연구센터 설립

2008: 3월 창업기업의 연구개발 실험실에서 만들어진 기술을 상업화하기 위해, 국립연구재단이 'National Framework fo Innovation and Enterprise' 프로그램 시작

2008: 6월 싱가포르 세계물주간 시작

2008: 글로벌 금융위기로 싱가포르가 불황에 빠짐

2008: 10월 원노스에서 예술, 기업, 기술에 초점을 맞춘 퓨저노폴리스 개장

2008: 10월 중국과 싱가포르 자유무역 협정 체결

2009: 주택자산을 활용하여 고령자를 돕기 위한 역모기지 프로그램 LBS 시작

2009: 7월 '우수 연구와 기술기업 캠퍼스CREATE' 시설 건설 시작

2009: 에너지공사, 지능형 에너지 시스템을 위한 파일럿 스마트 그리드 시범사업 시행

2010: 국제투명성기구, 덴마크·뉴질랜드·싱가포르를 세계에서 가장 부패하지 않은 나라로 선정

2010: 6월 전기이동센터와 염증성 질환 치료센터 CREATE 설립

2010: 6월 중국-싱가포르 광저우 지식기반 도시 프로젝트 개관

2010: 세계은행이 싱가포르를 '가장 기업하기 좋은 나라'로 발표

2010: 10월 버클리 교육연합이 싱가포르에 개소하기로 결정, 이후 벤구리온대, 히브리대, 난양 공과대학도 제휴

2010: 중국 시진핑 부주석 싱가포르 방문. 11월에 4400만 싱가포르달러의 중국문화센터 착공

2011: 법 개정으로 인터넷 선거홍보 가능

2011: 5월 인민행동당이 총선에서 다수석 유지, 60.1퍼센트 지지율로

87석 중 81석 당선

2011: 4월 싱가포르 환경생명공학센터 설립, 공학과 자연과학에서 신 기술 연구

2011: 나탄 대통령 사임, 토니 탄Tony Tan이 8월에 대통령에 선출

2011: 12월 메가시티 환경 지속 가능성 솔루션 연구센터 개소를 위해 상하이교통대와 CREATE 프로젝트 수행

2012: 정부가 임명한 위원회에서 대통령, 총리, 장관의 임금 삭감을 권고

2012: 1월 싱가포르 내 버클리 교육연합BEARS 개소

2012: 3월 CREATE 케임브리지대와 탄소저감 화학공학 기술 협력

2012: 4월 리셴룽 총리 페이스북 페이지 개설

2012: 10월 싱가포르와 유럽연합 자유무역협정 협상 종결

2012: 11월 정보기술부 뒤를 잇는 정보통신부 설립

2012: 11월 임금 불평등에 대항하여 중국인 버스운전자 파업

2013: 11월 싱가포르에서 글로벌 젊은 과학자 정상회의 시작

2013: 2월 이주노동자 증가에 반발하는 시위

2013: 4월 케임브리지 에너지 효율 선진연구센터 개소

2013: 싱가포르 첫 액화천연가스 터미널이 주롱 섬에서 상업적 운영 시작

2013: 리셴룽 총리, 혁신클러스터 프로그램 발표

2013: 12월 인도 이주노동자가 버스에 치인 사건으로 리틀인디아에서 400명 이주노동자 폭동(18명 부상, 27명 체포)

2014: 국가개발부 '2030 Work, Live, and Play' 계획으로 기획된 3개 스마트워크센터 개소

2014: 11월 리셴룽 총리 스마트 국가계획 시행

2014: 국립연구재단은 정부·시민·산업·연구기관이 협력하여 문제를 해소하는 역동적 3D 도시모델과 협동 데이터 플랫폼인 '가상 싱가포르' 소개

2015: 3월 싱가포르 종합병원에서 리콴유 별세

2015 : 8월 싱가포르 독립 50주년 축하

2015 : 9월 인민행동당 총선 승리, 69.9퍼센트 지지율로 29개 지역구에서 89개 의석 중 83개 의석 확보

2015 : 글로벌 스마트 지속 가능 도시 인덱스에 2년 시범사업 참가

2015 : 매킨지사, 싱가포르에 디지털 캠퍼스 설립

2015 : 11월 중국 시진핑 주석이 싱가포르 방문하여 중국-싱가포르 외교관계 수립 25주년 기념

2015 : 11월 사물인터넷 연구를 위한 중국-싱가포르 충칭 연결사업 시행

2015 : 11월 싱가포르 샹그릴라 호텔에서 중국 시진핑 주석과 대만 마잉주 대통령 첫 양안Cross Straits 정상회담 개최

주

1) United Nations Department of Economic and Social Affairs Population Division, "File 2: Percentage of Population at Mid-Year Residing in Urban Areas by Major Area, Region and Country, 1950 - 2050", World Urbanization Prospects: The 2014 Revision(June 2014) 참고.

2) 예를 들어 Evelyn Huber and John D. Stephens, *Development and Crisis of the Welfare State: Parties and Policies in Global Markets*(University of Chicago Press, 2001); Stephan Haggard and Robert R. Kaufman, *Democracy and Welfare States: Latin America, East Asia, and Eastern Europe*(Princeton University Press, 2008); and John Micklethwait and Adrian Wooldridge, *The Fourth Revolution: The Global Race to Reinvent the State*(New York: Penguin Press, 2014) 참고.

3) Raymond Vernon, *Sovereignty at Bay: The Multinational Spread*

of U.S. Enterprises(New York: Basic Books, 1971), pp. v, 36;
Daniel Yergin and Joseph Stanislaw, *The Commanding Heights:
The Battle for the World Economy*(New York: Simon & Schuster,
1998); and Robert O. Keohane and Joseph S. Nye, *Power and
Interdependence: World Politics in Transition*(Boston: Little, Brown,
1977) 참고.

4) 예를 들어 Rajan Menon, *The End of Alliance*(Oxford University
Press, 2007) 참고.

5) 서구 복지국가가 직면하고 있는 심각한 문제들과 개발도상국이
어떤 관련이 있는지 회의적인 견해에 대해서는 Micklethwait and
Wooldridge, *The Fourth Revolution*, pp. 105~168 참고.

6) 가상국가 개념에 대해서는 Richard Rosecrance, *The Rise of the
Virtual State: Wealth and Power in the Coming Century*(New York:
Basic Books, 1999) 참고. "가상"국가와 전통적인 국민국가를 구별
하는 데, Rosecrance는 "스마트 국가" 개념을 기초로 한 인지적이
거나 운영 측면의 역량보다는 정치-군사적·지리적 차원을 강조
한다.

7) Micklethwait and Wooldridge, *The Fourth Revolution*, pp.
267~268.

8) Benjamin Barber, *If Mayors Ruled the World: Dysfunctional
Nations, Rising Cities*(Yale University Press, 2013).

9) United Nations Department of Economic and Social Affairs
Population Division, "File 17b: Number of Cities Classified
by Size Class of Urban Settlement, Major Area, Region and
Country, 1950~2030", "File 17d: Population in Cities Classified
by Size Class of Urban Settlement, Major Area, Region and
Country, 1950-2030", and "File 5: Total Population at Mid-
Year by Major Area, Region and Country, 1950-2050", *World
Urbanization Prospects: The 2014 Revision*(June 2014) 참고.

10) Ezra F. Vogel, *Japan as Number One: Lessons for America*(Harvard University Press, 1979).

11) 싱가포르 랭킹에 대해서는 World Bank, *Doing Business*(www.doingbusiness.org/) 참고.

12) Basic Requirement Index는 제도, 사회 기반시설, 거시경제 환경, 의료/초등교육의 네 가지를 다룬다. 세계경제포럼 주최국인 스위스가 싱가포르를 앞질렀다. 그 원인으로 "혁신 및 성숙도Innovation and Sophistication"에서 스위스가 1위를 차지한 데 비해, 싱가포르는 11위에 그치는 등 상대적으로 성과가 안 좋았기 때문이다. World Economic Forum, *The Global Competitiveness Report 2015-2016*, pp. 320~321. 참고.

13) Ibid.

14) 싱가포르에서 기업을 시작하려면 단지 세 가지 절차만 거치면 된다. 평균 2.5일이 걸리고 설립자 연평균 소득의 0.6퍼센트가 소요된다. World Bank, "Economy Profile: Singapore", *Doing Business 2016: Singapore* 참고.

15) 글로벌경쟁력지수 2015~2016에서 싱가포르는 분쟁을 해결하는 법제도의 효율성에서 1위를 차지했다. World Economic Forum, *The Global Competitiveness Report 2015-2016* 참고. 유사하게, 싱가포르는 2013년 KOF "경제 국제화" 경쟁력지수에서 1위를 차지했다.(2016. 3. 4. 기준)

16) 싱가포르는 Transparency International에서 측정하는 글로벌 부패 인지도에서 2013년 5위, 2014년 7위, 2015년에는 8위로 하락했다. *Corruption Perception Index 2015*.

17) Jack Neff, "From Cincy to Singapore: Why P&G, Others Are Moving Key HQs", *Advertising Age*, June 11, 2012; and Colum Murphy, "GM to Move International Headquarters to Singapore from Shanghai", *Wall Street Journal*, November 13, 2013 참고.

18) Alys Francis, "Digital Globalization: How MNCs Must

Reinvent to Tap Asia's Growth Story", *Future Ready Singapore*, June 26, 2016.

19) Singapore Ministry of Manpower, "Living in Singapore: Key Information for Expatriates Living or Relocating to Singapore", last updated May 7, 2015.

20) World Economic Forum, *The Financial Development Report 2012*, p. 250.

21) World Bank, "GDP at Market Prices"(current US$), *World Development Indicators*(2014).

22) World Bank, "GDP per Capita"(current US$), *World Development Indicators*(2014).

23) Focus Economics, "Singapore Economic Outlook", June 21, 2016(www.focuseconomics.com/).

24) 이 수치는 2015년 4분기 값(해외부채)과 2015년 12월(외환보유고)의 값이다. 외환보유고에 대해서는 International Monetary Fund, "Data Template on International Reserves"(www.imf.org/external/np/sta/ir) 참고. 대외채무지표에 대해서는 World Bank, "Quarterly External Debt Statistics"(data.worldbank.org/data-catalog/quarterly-external-debt-statistics…) 참고.

25) 테마섹보다는 오히려 the Genome Institute of Singapore(GIS)가 국부펀드에 가깝다. 그러나 테마섹은 재정부가 소유하고 있고, 외국인이 일반적으로 테마섹을 국부펀드로 여긴다. 테마섹은 the Sovereign Wealth Fund Institute로부터(7개 다른 펀드와 함께) 운영측면에서 10점 만점을 받았다. Sovereign Wealth Fund Institute, *Linaburg-Maduell Transparency Index*, First Quarter, 2016 참고.

26) Heritage Foundation의 *2016 Index of Economic Freedom*을 보면, 싱가포르는 낮은 세율 덕분에 세계에서 두 번째로 자유로운 경제 시스템을 갖고 있는 것으로 평가된다.(www.heritage.org/index/

ranking) 싱가포르 세제에 대해서는 Inland Revenue Authority of Singapore 참고(www.iras.gov.sg/irashome/default/aspx). 구체적인 내용에 대해서는 Inland Revenue Authority of Singapore, www. iras.gov.sg/irashome/default.aspx 참고.

27) 2017년 개인소득 최대세율이 2017년에 22퍼센트로 올랐다. PriceWaterhouseCoopers, "Singapore: Individual-Taxes on Personal Income", *Tax summaries*, last updated December 17, 2015 참고.

28) 상대적으로 미국은 2014년 실업률이 39번째로 낮다. World Bank, "Unemployment, Total(% of Total Labor Force) (National Estimate)", *World Development Indicators*(2014) 참고. 이 자료는 85개국과 지역에서만 사용가능하다.

29) 아시아 국외 거주자들이 매긴 순위다. Singapore Ministry of Health, "Overview of Our Healthcare System", 2003 (www.moh.gov.sg/content/moh_web/mohcorp_mobile/home/our_healthcare_system/overviewhealthcaresystem.html) 참고.

30) World Health Organization(WHO), *The World Health Report 2000—Health Systems: Improving Performance*(2000), p. 200.

31) WHO, *World Health Statistics 2010*, p. 55.

32) 싱가포르는 세계에서 4번째로 훌륭한 의료 기반시설을 제공하고, 세계에서 7번째로 기대수명이 높다. World Competitiveness Yearbook 2010 cited in Singapore Economic Development Board, "Healthcare-World Class Healthcare Hub" (www.edb.gov.sg/content/edb/en/industries/industries/healthcare.html.) 참고.

33) 실제로 2012년에 65개국 경제 시스템과 비교해보면, 싱가포르는 수학에서 2위, 읽기에서 3위, 과학에서 3위를 차지했다. Organization for Economic Cooperation and Development(OECD), "PISA 2012 Results in Focus"(www.oecd.

org/pisa/keyfindings/pisa-2012-results-overview.pdf).

34) 싱가포르국립대학교는 26위로 베이징대학교(42위)와 도쿄대학교(43위)를 앞섰다. Times Higher Education's "World University Rankings 2015~2016"(www.timeshighereducation.com) 참고.

35) 2016년 이 분야에서 난양공과대학교와 싱가포르국립대학교는 각각 29위와 32위를 차지했다. "Global MBA Rankings 2016", *Financial Times*
(http://rankings.ft.com/businessschoolrankings/global-mba-ranking-2016); "Executive MBA Rankings 2015", *Financial Times* (http://rankings.ft.com/businessschoolrankings/emba-ranking-2015).

36) Times Higher Education, "150 under 50 Rankings 2016".(www.timeshighereducation.com)

37) World Bank, "Internet Users(per 100 people)", *World Development Indicators*(2014).

38) World Economic Forum, *The Global Information and Technology Report 2015*, p. 9.

39) 1/4 이상의 싱가포르인은 최소한 1주일에 한 번은 온라인 쇼핑을 한다. "Singaporeans Are Southeast Asia's Top Online Shoppers: Visa Survey"(www.visa.com) 참고.

40) 창이공항은 2016년 세계 최고의 공항으로 Skytrax상을 수상했다. www.changiairport.com/our-business/awards 참고.

41) "Best Seaport in Asia", "Singapore Named Best Seaport in Asia for 28th Time", Channel NewsAsia, June 15, 2016 참고. 물동량 기준 순위에 대해서는, World Shipping Council(www.worldshipping.org) 참고.

42) Singapore Airlines, www.singaporeair.com 참고.

43) Anshuman Daga and Kevin Lim, "Singapore Casinos Trump Macau with Tourism Aces", Reuters, September 23, 2013.

44) World Economic Forum, *The Travel & Tourism Competitiveness*

Report 2015, p. 5.

45) Melissa Yeo, "10 Famous Celebrities You Won't Believe Emigrated to Singapore", *Must Share News*, January 16, 2015.

46) Liz Neisloss, "Why Is Facebook Co-founder Now in Singapore?", CNN, May 17, 2012; and David Yin, "Singapore Needs Immigrants, Says Jim Rogers", *Forbes*, June 6, 2013.

47) 2015년 싱가포르 인구는 550만 명이다. 이 중 340만 명은 싱가포르 국민, 210만 명이 외국인으로 집계되었고, 외국인 중에서는 53만 명이 영주권자, 160만 명이 비거주자이다. Department of Statistics–Singapore, *Population in Brief 2015*, September 2015, p. 4 참고.

48) Brenda Yeoh and Weiqiang Lin, "Rapid Growth in Singapore's Immigrant Population Brings Policy Challenges"(Migration Policy Institute, April 3, 2012); and Department of Statistics–Singapore, *Population in Brief 2015*, p. 6.

49) 아시아만 놓고 보면 싱가포르 바로 다음이 동일하게 32위를 차지한 일본의 도쿄, 고베, 요코하마, 오사카다. Mercer's "2016 Quality of Living Worldwide City Rankings"(London, 2016) 참고.

50) World Bank, "Population Density(People per Sq Km of Land Area)", *World Development Indicators*(2015).

51) Anita Pugliese and Julie Ray, "Air Quality Rated Better than Water Quality Worldwide", *Gallup World*, May 14, 2012. (www.gallup.com/poll/154646/air-quality-rated-better-water-quality-worldwide.aspx).

52) Institute for Management Development(IMD), *IMD World Competitiveness Yearbook 2013*(Lausanne, Switzerland: IMD World Competitiveness Center, 2013).

53) 예를 들어 외국인 도우미는 고용법이 적용되지 않아 노동권을 보호받지 못하고, 하루 최대 노동 시간 규정 등의 제한을 받지

않는다. Human Rights Watch, "World Report 2015: Singapore" (www.hrw.org) 참고.

54) World Bank, "Fertility Rate, Total(Births per Woman)", *World Development Indicators*(2014).

55) 2016년 The Political and Economic Risk Consultancy는 싱가 포르 관료제를 아시아에서 가장 부패하지 않은 것으로 꼽았다. "Annual Review of Corruption in Asia, 2016"(www.asiarisk.com) 참고.

56) World Economic Forum, *Global Competitiveness Report 2015-2016*.

57) 2015년 싱가포르는 8위를 차지했다. Transparency International, *Corruption Perception Index 2015*.

58) Freedom House는 1999~2000년 싱가포르를 "부분적으로 자유 롭다고partly free" 평가했다. 1~7 척도에서 1을 가장 최고점으로 했을 때, 자유 5점, 시민 자유civil liberties 5점, 정치적 권리 5점 을 받았고 2016년 각 범주의 점수가 4점으로밖에 오르지 못했 다. Freedom House, *Freedom in the World—Singapore*(2016)(www. freedomhouse.org) 참고.

59) 싱가포르 언론 자유 순위는 Freedom House, *Freedom of the Press 2015*(http://freedomhouse.org) 참고.

60) Amnesty International, "Singapore: Drop 'Strike'-Related Charges against Chinese Migrant Bus Drivers", February 7, 2013: and Human Rights Watch, "World Report 2015: Singapore".(www.hrw.org)

61) Department of Statistics–Singapore, *Yearbook of Statistics Singapore*, various editions.

62) Yeoh and Lin, "Rapid Growth in Singapore's Immigrant Population Brings Policy Challenges." 그러나 이주 노동자들은 지역의 사회복지 혜택을 받을 수 없기 때문에 고용주들은 대형

재난에 대비해 보험을 들어줘야 한다.

63) Jake Maxwell, "Singapore Election to Test Immigration", *Wall Street Journal*, September 3, 2011 참고.

64) Economist Intelligence Unit, *Worldwide Cost of Living Survey*, March 10, 2016.

65) 시간 순에 따른 지니 계수는 Department of Statistics - Singapore, *Key Household Income Trend*, for 2008, 2010, and 2013 참고. 가장 최근 계수는 정부 세금과 현금 보조를 포함시키기 위해 수정 보완되었다고 하나, 이 표현의 정확한 의미는 모호하다.

66) U.S. Department of State, *Foreign Relations of the United States*, 1964~1968, vol.26, "Indonesia; Malaysia-Singapore; Philippines"(Washington: U.S. Government Printing Office, 2000).

67) "Why China's President Didn't Visit Singapore", *The Independent*(London), October 12, 2013.

68) Chinese Culture Forum, *Chronicle of PRC 1978*. (http://chineseculture.about.com/library/china/history/blsyear1978. htm).

69) Ezra F. Vogel, *Deng Xiaoping and the Transformation of China*(Harvard University Press, 2011), pp. 287~291. 덩샤오핑과 리콴유는 1950, 1985, 1988년에도 만났다.

70) Clarissa Oon, "The Dragon and the Little Red Dot: 20th Anniversary of China-Singapore Diplomatic Ties", *The Straits Times*, October 2, 2010.

71) Vogel, *Deng Xiaoping and the Transformation of China*, p. 291.

72) Ibid., p. 673.

73) Singapore Ministry of Foreign Affairs, "MFA Press Statement: Official Visit of His Excellency Xi Jinping, Vice President of the People's Republic of China to Singapore, November 14~16,

2010", and "MFA Press Statement: State Visit to Singapore by His Excellency Xi Jinping, President of the People's Republic of China, November 6~7, 2015"(both at www.mfa.gov.sg).

74) "Singapore and Russia Sign MOU to Increase Economic Cooperation", *Business Wire India*, June 26, 2014.

75) Changi Airports International.(www.cai.sg/portfolio.htm) 싱가포르 국영기업인 항만청PSA International은 테마섹이 온전히 소유하고 있고, 4개 대륙 15개 국가에서 최소한 28개 주요 컨테이너 항구를 관리한다. 제휴기업 PSA Marine은 항만청PSA International이 관리하는 항구에서 수로안내와 예선 서비스를 담당한다. PSA International (www.globalpsa.com) 참고.

76) Edwin Musoni, "President Kagame Calls for Increased Efforts to Development", *The New Times*(Rwanda), January 14, 2013.

2장

1) Lindsay Davis, ed., *The Wit and Wisdom of Lee Kuan Yew*(Singapore: Editions Didier Millet Pte., 2013); Alex Josey, *Lee Kuan Yew: The Critical Years, 1971~1978*(Singapore: Times Books International, 1980); Alex Josey, *Lee Kuan Yew: The Crucial Years*(Singapore: Times Books International, 1980); and Peng Er Lam and Kevin Y. L. Tan, *Lee's Lieutenants: Singapore's Old Guard*(St. Leonards: Allen and Unwin, 1999) 참고.

2) 조직 구성에 대해서는 John S. T. Quah, *Public Administration Singapore-Style*(Bingley: Emerald Group, 2010), 시민사회의 다양한 세력들에 대해서는, Kent E. Calder and Roy Hofheinz Jr., *The Eastasia Edge*(New York: Basic Books, 1982), pp. 68~83 참고.

3) 밀튼 프리드먼Milton Friedman은 그의 저서 *Free to Choose PBS series*에서 홍콩을 주로 다루었지만, 싱가포르에 대해서도 이렇게 언급했다. "경제적 자유는 자유의 중요한 부분이다." 그의 견

324 | 싱가포르, 스마트 국가의 최전선

해에 대해서는 Jim Zarroli, "How Singapore Became One of the Richest Places on Earth", National Public Radio, March 29, 2015 참고.

4) Michael D. Barr and Zlatko Skrbis, *Constructing Singapore: Elitism, Ethnicity, and the Nation-Building Project*(Copenhagen: NIAS Press, 2008.)

5) 사물인터넷에 대해서는 Hakima Chaouchi, *The Internet of Things*(London: Wiley-ISTE, 2010); and Philip Howard, *Pax Technica: Will the Internet of Things Lock Us Up or Set Us Free?*(Yale University Press, 2015) 참고.

6) Michael Leifer는 *Singapore's Foreign Policy: Coping with Vulnerability*(London Routledge, 2000, p. 14)에서 두 가지 이유로 베네치아가 지리역사적으로 적절한 비교대상이 될 수 있다고 했다. 첫째는 베네치아는 훌륭한 해양 무역중심지로서 주요 기업들의 발생지였다는 것이고, 둘째는 르네상스 시대에 베네치아가 역동적인 유럽의 중심지였듯이 싱가포르도 오늘날 동남아시아에서 그런 역할을 수행할 수 있는 미래도시로서의 잠재력이 있다는 것이다.

7) 2015년 싱가포르에 살고 있는 비거주자는 약 210만 명이다. 이 중에서 140만 명이 이주노동자, 52만7000명이 영주권자, 나머지는 가족들이다. Department of Statistics-Singapore, "Latest Data"(www.singstat.gov.sg) 참고.

8) Ibid.

9) World Bank, *World Development Indicators*(2014). 이 수치는 다른 시기와 비교하기 위해(intertemporal comparison) 2011년 구매력으로 환산되어 계산된 값이다.

10) Cecilia Tortajada and Kimberly Pobre, "The Singapore-Malaysia Water Relationship: An Analysis of Media Perspectives", *Hydrological Sciences Journal* 56, no. 4(2011): 611~613 참고.

11) Prime Minister's Office Singapore, National Population and Talent Division, "Our Population Our Future: Issues Paper July, 2012", p. 31.(www.nptd.gov.sg)

12) 외국인 고용은 2만2600명 늘어났고, 전체 고용은 3만2300명 늘어났다.(외국인 도우미 제외) Manpower Research and Statistics Department, "Labour Market 2015"(Singapore Ministry of Manpower: March 2016), pp. vii, 9(www.mom.gov.sg) 참고.

13) Department of Statistics – Singapore, "Population Trends 2015", *Key Demographic Indicators, 1970–2015*.(www.singstat.gov.sg)

14) Prime Minister's Office Singapore, "Speech by Prime Minister Lee Hsien Loong at the Singapore Manufacturers' Federation 80th Anniversary Dinner, September 2012."

15) Ministry of Trade and Industry—Singapore, "Challenge for Our Human Capital in the New Economy", *Economic Review Committee Report*(December 1, 2010), p. 14.

16) U.S. Energy Information Administration(EIA), "World Oil Transit Chokepoints".(www.eia.gov/todayinenergy/)

17) 2014년에만 말라카 해협에 선박 7만9344대가 지나갔다. Marcus Hand, "Malacca Strait Traffic Hits an All-time High in 2014", *Seatrade Maritime News*, February 27, 2015 참고.

18) 2013년 하루 동안 평균 1520만 배럴 원유가 말라카 해협을 통해 운반되었고, 세계적으로 하루 동안 5650만 배럴 원유가 해상을 통해 거래되었다. U.S. Energy Information Administration, "World Oil Transit Chokepoints" 참고. 그리고 3900억 달러 가치의 5억2500만 톤의 상품이 말라카 해협을 지난다. Joshua Ho, "The Security of Sea Lanes in Southeast Asia", *Asian Survey* 46(July–August 2006) 참고. 테러리즘 문제에 대해서는 Jeanette Tan, "S'pore Still a Target for Terrorism: PM Lee", *Yahoo Newsroom*, March 26, 2013 참고.

19)   World Bank, *World Development Indicators*(2015).

20)   International Monetary Fund, "Official Reserve Assets and Other Foreign Currency Assets(Approximate Market Value)", *Data Template on International Reserves and Foreign Currency Liquidity(IRFCL)*(December 2015).

21)   Singapore merchandise trade was 221.1 percent of GDP in 2015. World Bank, *World Development Indicators*(2015).

22)   Ibid.

23)   리만 위기와 2010년 9월 사이에 싱가포르달러는 미국 달러에 비해 20퍼센트 절상되었다. Monetary Authority of Singapore, "Recent Development in the Singapore Economy", *Macroeconomic Review*(October 2010)
(www.mas.gov.sg/monetary-policy-and-economics/monetary-policy/macroeconomic-review.aspx).

24)   "Worldwide Cost of Living Survey", *The Economist*, March 10, 2016. Data from September 2015.

25)   Saeed Azhar and Michael Flaherty, "Exclusive: Singapore's Temasek: Evolution, Not Revolution", Reuters, March 27, 2012.

26)   Costa Paris and P. R. Venkat, "Singapore's GIC Suffers $41.6 Billion Loss", *Wall Street Journal*, September 30, 2009.

27)   Internet Telecommunications Union, "The World in 2015", *ICT Facts and Figures 2015*(www.itu.int/en/ITU-C/Statistics/Documents/facts/ICTFFactsFigures2015.pdf).

28)   Leonard Binder and others, *Crises and Sequences in Political Development*(Princeton University Press, 1971); Raymond Grew, ed., *Crises of Political Development in Europe and the United States*(Princeton University Press, 1978); John W. Kingdon, *Agendas, Alternatives, and Public Policies*(Boston: Little, Brown,

1984); and Kent E. Calder, *Crisis and Compensation: Public Policy and Political Stability in Japan*(Princeton University Press, 1988) 참고.

3장

1) "중대한 시점critical juncture" 개념과 정책 진화의 중요성에 대해서는 Kent E. Calder, *Crisis and Compensation*(Princeton University Press, 1988), pp. 39~42; Kent E. Calder and Min Ye, *The Making of Northeast Asia*(Stanford University Press, 2010), pp. 45~46; and Kent E. Calder, *The New Continentalism: Energy and Twenty-Firs* 참고.

2) Max Weber, *Economy and Society: An Outline of Interpretive Sociology*, edited by Guenther Roth and Claus Wittich, translated by Ephraim Fischoff and others(University of California Press, 1978).

3) George Stigler, "The Theory of Regulation", *Bell Journal of Economics and Management Science 3*(1971): 3~21.

4) Anthony Downs, *Inside Bureaucracy*(Boston: Little Brown, 1966).

5) Michel Crozier, *The Bureaucratic Phenomenon*(University of Chicago Press, 1964).

6) Samuel P. Huntington, *Political Order in Changing Societies*(Yale University Press, 1968).

7) 1959년 싱가포르 실업률은 13.5퍼센트였고, 1965년에는 10퍼센트, 1973년 4.5퍼센트를 기록했다. Lawrence B. Krause, *The Singapore Economy Reconsidered*(Singapore: Institute of Southeast Asian Studies, 1988), p. 5 참고.

8) National Archives of Singapore, "Political Milestones", 2008. (www.nas.gov.sg/1stcab/PanelPDF/Section%20120-%20Political%20Milestones%201.pdf)

9)   세부 사항과 당시 리콴유의 반응에 대해서는 Lee Kuan Yew, *The Singapore Story*, vol. 2(Singapore: Singapore Press Holding, 1998), pp. 373~401 참고.

10) Ashraf Ghani and Clare Lockhart, *Fixing Failed States: A Framework for Rebuilding a Fractured World*(Oxford University Press, 2008), p. 36.

11) Stephan Ortmann, *Politics and Change in Singapore and Hong Kong: Containing Contention*(New York: Routledge, 2010), p. 56.

12) Albert Lau, *A Moment of Anguish: Singapore in Malaysia and the Politics of DisEngagement*(Singapore: Times Academic Press, 1998); National Library Board, "PAP to Contest the 1964 Malaysian General Election", March 1, 1964.

13) Vijayan P. Munusamy, "Ethnic Relations in Malaysia: The Need for 'Constant Repair' in the Spirit of Muhibbah", in *Handbook of Ethnic Conflict: International Perspectives*, edited by Dan Landis and Rosita D. Albert(New York: Springer, 2012), p. 125.

14) Jamie Han, "Communal Riots of 1964", *Singapore Infopedia*, Singapore National Library Board.

15) 예를 들면 마이클 바Michael Barr는 다음과 같이 주장한다. 당시 고켕쉬Goh Keng Swee 재무장관은 1965년 초여름 리콴유에게 말레이시아 지도자와 싱가포르 분리 독립에 대해 협상하자고 제안했고, 리콴유와 고켕쉬는 1965년 7월에 비밀 협상을 진행했다는 것이다. Michael Barr, *Lee Kuan Yew: The Beliefs behind the Man*(Richmond: Curzon Press, 2000), pp. 79~80; as well as Sonny Yap, Richard Lim, and Leong Weng Kam, *Men in White: The Untold Story of Singapore's Ruling Political Party*(Singapore: Singapore Press Holdings, 2009), pp. 297~298 참고.

16) 중국 공산당 중앙정치국이 문화혁명 계획에 대해 첫 공식문서를 공표한 것은 1966년 5월 16일로, (사회정치적 격동은 앞

선 해 가을에 시작되었으나) 이 시점이 문화혁명 시작으로 일컬어진다. Guo Jian, Yongyi Song, and Yuan Zhou, *Historical Dictionary of the Chinese Cultural Revolution*(Lanham, Md.: Scarecrow Press, 2006), p. xliv. Also, Roderick MacFarquhar, The Origins of the Cultural Revolution, vol. 3: *The Coming of the Cataclysm*(Columbia University Press, 1977) 참고.

17) "중대한 시점critical jucture" 개념과 정책 진화에 있어서 그 중요성에 대해서는 Calder, *Crisis and Compensation*, pp. 39~42; and Calder and Ye, *The Making of Northeast Asia*, pp. 45~46 참고.

18) 리콴유 철학에 관해서는 Barr, *Lee Kuan Yew: The Beliefs behind the Man*; and Graham Allison and Robert D. Blackwill, with Ali Wyne, *Lee Kuan Yew: The Grand Master's Insights on China, the United States, and the World*(MIT Press, 2013)을 비롯한 여러 자서전 참고.

19) Yap, Lim, and Kam, *Men in White*, pp. 358~362.

20) 페러나칸The Peranakans은 중국-말레이/인도네시아계 혼혈인을 말한다. 그 선조들은 15~19세기 사이 중국에서 건너온 이민자들로 말레이 사회에 완전히 동화되었다.

21) "Singapore World's Busiest Port", *Manila Standard*, May 17, 1987, retrieved from Google News.

22) PSA International, "PSA Container Throughput for 2012", news release, January 11, 2013.

23) 친위대 개개인 경력에 대해서는 Lam Peng Er and Kevin Y. L. Tan, eds., *Lee's Lieutenants: Singapore's Old Guard*(Sydney: Allen and Unwin, 1999); and Jenny Tien, "Goh Keng Swee", "Toh Chin Chye", "Lim Kim San", and "S. Rajaratnam", *Singapore Infopedia*, Singapore National Library Board 참고.

24) Ezra F. Vogel, "A Little Dragon Tamed", in *Management of Success: The Molding of Modern Singapore*, edited by Kernial

Singh Sandhu and Paul Wheatley(Singapore: Institute of Southeast Asian Studies, 1989), p. 1035.

25)   Ibid.

26)   Jon S. T. Quah, *Public Administration Singapore-Style*(Singapore: Emerald Group, 2010), p. 5.

27)   싱가포르 인민협회는 1960년 7월 1일 설립된 법정위원회로, 인종적으로 화합하고, 사회적으로 응집력 있는 공동체를 만들고자 애쓰는 적극적인 시민들로 구성되어 있다. People's Association, "About Us"(www.pa.gov.sg/about-us.html) 참고.

28)   부처별 업무에 대해서는 Singapore Government Directory(www.sgdi.gov.sg/) 참고.

29)   "Statutory Boards", Singapore Government Directory, last updated April 8, 2016(www.gov.sg/sgdi/statutory-boards).

30)   싱가포르는 도시의 각 지역마다 5명이 시민의 의사를 반영하는 역할을 한다. 이들은 공식적으로 공동체의회(CDC) 의장으로 알려져 있지만, 광범위하게 시장mayor으로 불리기도 한다. 이 시스템은 1997년 지역 단위에서 사회 복지와 공동체 이슈를 다루기 위해 만들어졌고, 결국에는 중앙정부 역할과 융합된다. 공동체의회와 시장들이 역할에 대해서는 www.cdc.org.s/office-of-the-Mayor 참고.

31)   Prime Minister Lee Hsien Loong's National Day Rally, "A Home with Hope and Heart", August 2012(www.pmo.gov.sg.)

32)   싱가포르가 법정위원회를 설립하는 이유에 대해서는 Quah, *Public Administration*, pp. 46~48 참고.

33)   Department of Statistics-Singapore, *Yearbook of Statistics Singapore 2015*.(www.singstat.gov.sg) 여기서 이 비율은 세계은행에서 제시한 전체 노동력 자료를 사용하여 계산되었다. 싱가포르 정부와 세계은행은 2014년에 전체 노동력 수치를 다르게 발표했다. 나라별 공공기관 비교는 4장에 나온다.

34) Ibid.

35) 2012년 당시 정치적 분위기를 존중하여 리센룽 총리도 자진해서 그의 임금을 삭감했지만, 그래도 200만 싱가포르달러가 넘는다. 세계에서 가장 높은 지도자 급여에 해당하고 미국 버락 오바마 대통령 봉급의 4배가 넘는다. Lucy Hornby, "Xi Jinping's Pay Far behind Global Peers Even after 62 Percent Rise", *Financial Times*, January 20, 2015; as well as Amanda Macias and Mike Nudelman, "Here Are the Salaries of 13 Major World Leaders", *Business Insider*, March 19, 2015 참고.

36) Sukvinder-Singh Chapra, *Singapore's Civil Service*(Astana: Astana Economic Forum, 2013)(http://2013.astanaforum.org/en/events/russian); and "Parliament", *The Straits Times*, February 15, 2006, p. H-4. 부처별로 직원의 10퍼센트 이상과 법정위원회 근무자의 16퍼센트 이상이 그러한 엘리트 장학금 수혜자다. Department of Statistics-Singapore, *Yearbook of Statistics Singapore 2015*.

37) 90퍼센트 소유는 주택개발청 아파트에 거주하는 가구 중에서 소유자를 말한다. Department of Statistics-Singapore, "Resident Households by Tenancy, Annual". 1959년에는 싱가포르 인구의 9퍼센트만 공공 주택에 살았고, 이 중에도 임대가 많았다. Valerie Chew, "Public Housing in Singapore", *Singapore Infopedia*, Singapore National Library Board.

38) World Bank, "Singapore Local Economic Development: The Case of the Economic Development Board(EDB)" (siteresources.worldbank.org/INTLED/Resources/339650-1194284482831/4356163-1211318886634/SingaporeProfile.pdf), p. 2.

39) Economic Development Board(EDB), "Our Economic History: The Sixties"(www.edb.gov.sg/content/edb/en/why-singapore/about-singapore/our-history/1960s.html).

40) Henry Wai-chung Yeung, "Regional Development and the Competitive Dynamics of Global Production Networks: An East Asian Perspective", *Regional Studies* 43(April 2009).

41) EDB, "Contact Us-Global Offices", last updated Jun 5, 2015.

42) 경제개발청은 중등학교를 졸업생 중에서 잠재 후보들을 추리고, 최소한 5년을 경제개발청에서 의무적으로 근무한다는 조건으로 대학교 교육자금을 지원한다.(영어회화가 가능한 사람은 6년, 영어 회화가 불가능한 사람은 5년) 장학금은 싱가포르에 투자하여 수익을 낸 다국적 기업이 제공하고, 몇몇 경제개발청 관료들은 결국 의무 근무 기간이 끝나면 그 다국적 기업으로 옮겨간다.(www. edb.gov.sg 참고.)

43) 행쉬킷에 대해서는 www.pmo.gov.sg 참고.

44) 레오 입에 대해서는 www.pmo.gov.sg 참고. 행쉬킷과 레오 입은 싱가포르 경찰장학금을 받아 케임브리지대학교에서 수학했다. 리콴유는 행쉬킷이 정치무대로 들어오는 걸 도왔고, 교육부 장관이 되어 현재 싱가포르 시민사회 정책의 근간에 된 Our Singapore Conversation 정책을 기획했다. www.pmo.gov.sg 참고.

45) Joseph Nye, "Smart Power: In Search of the Balance between Hard and Soft Power", *Democracy: A Journal of Ideas*, no. 2(Fall 2006). 이 논문은 Kurt M. Campbell and Michael O'Hanlon, *Hard Power: The New Politics of National Security*(New York: Basic Books, 2006)에 대한 비평이다.

46) Barr, *Lee Kuan Yew: The Beliefs behind the Man*, pp. 81~83.

47) Lee Kuan Yew, *From Third World to First: The Singapore Story, 1965-2000*(New York: Harper Collins, 2000), p. 57 참고.

48) "독이 든 새우poisonous shrimp"는 1980년대 싱가포르 국방의 중추적인 전략이었다. Michael Leifer, *Singapore's Foreign Policy: Coping with Vulnerability*(London: Routledge, 2000), pp. 33~34; as well as Fang Fang and others, "Singapore's International

Strategy Is Like a Poisonous Shrimp?", *The Straits Times*, October 4, 2013 참고. 리콴유 또한 이 비유를 사용했다.

49) Lee, *From Third World to First*, pp. 14~15.

50) Amnon Barzilai, "A Deep, Dark, Secret Love Affair", *Haaretz*, July 16, 2004(www.haaretz.com) 참고.

51) 1967년 3월 싱가포르는 이스라엘 시스템을 본떠 병역법을 통과시켰다. Er and Tan, *Lee's Lieutenants*, p. 58 참고.

52) 싱가포르는 1996년에야 파리를 근거지로 하여 이스라엘에 대사를 파견했고, 1999년에야 이스라엘에 명예 영사를 발령냈다. Leifer, *Singapore's Foreign Policy*, p. 65 참고.

53) Ibid.

54) Lee, *From Third World to First*, p. 26.

55) Ibid.

56) 인도네시아의 아담 말릭Adam Malik과 태국의 타낫 코만Thanat Khoman이 처음으로 ASEAN에 대한 아이디어를 제시했다. 라자라트남도 곧 이에 동조했다. ASEAN, "History: the Founding of ASEAN"(www.asean.org/asean/about-asean/history) 참고.

57) Integrated Air Defense System을 포함하여 FPDA(Five Power Defense Arrangement)의 제한적이지만 실질적인 성과에 대해서는 Damon Bristow, "The Five Power Defense Arrangements: Southeast Asia's Unknown Regional Security Organization", *Contemporary Southeast Asia* 27, no. 1(2005): 1~20 참고.

58) Lee, *From Third World to First*, pp. 463~464.

59) Allison and others, *Lee Kuan Yew*, pp. xxv, 41 참고.

60) Ibid.

61) Ezra F. Vogel, *Deng Xiaoping and the Transformation of China*(Harvard University Press, 2011), pp. 287~291.

62) Daniel Bell, *The Coming of Post-Industrial Society: A Venture in Social Forecasting*(New York: Basic Books, 1973); and Daniel Bell,

The Cultural Contradictions of Capitalism(New York: Basic Books, 1976).

63) Yap, Lim, and Kam, *Men in White*, p. 430.

64) Ibid., pp. 433~434.

65) 재무장관 림킴산은 고촉통을 PPS로 고용하려는 리콴유를 만류했다고 한다. 그러나 고촉통 해외로 유학 보낸 경제개발청 상사였던 J. Y. Pillay가 탄원을 했다. ibid., p. 383 참고.

66) 국가별 전자정부 비교는 J. Ramon Gil-Garcia, *E-Government Success around the World: Cases, Empirical Studies, and Practical Recommendations*(Hershey, Pa.: IGI Global, 2013); Senior Minister Goh Chok Tong, "Integrating Public Services, Engaging Citizens", speech for the iGov Global Exchange, June 15, 2009(www.ida.gov.sg) 참고.

67) 싱가포르 전자정부 역사는 Barney Tan and others, "The Evolution of Singapore's Government Infocomm Plans: Singapore's E-Government Journey from 1980 To 2007", Singapore eGovernment Leadership Centre and School of Computing, National University of Singapore, 2008(http://unpan1.un.org/) 참고.

68) Infocomm Development Authority of Singapore, "Factsheet: Singapore's e-Government Journey"
(www.ida.gov.sg/~/media/Files/Archive/News%20and%20Events/News_and_Events_Level2/20060530150726/eGovJourney.doc).

69) 싱가포르 전자정부가 제공하는 서비스 목록은
www.ecitizen.gov.sg/eServices/Pages/default.aspx 참고.

70) Infocomm Development Authority of Singapore, "Annual e-Government Perception Survey(Citizen) Conducted in 2015".
(www.ida.gov.sg)

71) 싱가포르는 2009년부터 와세다Waseda 순위에 5번 1위를 차

지했다. Toshio Obi, ed., "2015 Waseda IAC International e-Government Ranking Survey", June 2015(www.e-gov.waseda.ac.jp) 참고.

72) United Nations Department of Economic and Social Affairs, "United Nations e-Government Survey 2014" (https:publicadministration.un.org).

73) National Library Board, "TradeNet Is Officially Launched", October 17, 1989.

74) Marissa Lee, "The National IT Project That Went Global in a Big Way", *The Straits Times*, May 2, 2016.

75) 뒤의 두 가지 혁신에 대해서는 Yap, Lim, and Kam, *Men in White*, p. 360 참고.

76) 고촉통은 1990년 싱가포르 의회에서 이렇게 말했다. "우리는 종교를 이유로 불화를 일으키는 사람들을 ISA나 Sedition Act 등 관련법을 근거로 법정 기소하기보다는 이들을 아주 세심하게 다룰 수 있는 법을 만들고자 했다." Maintenance of Religious Harmony Bill, February 23, 1990, Parliament of Singapore—Official Report Parliamentary Debates(Hansard)(http://sprs.parl.gov.sg/) 참고.

77) Ibid., pp. 475~476.

78) 고촉통은 1999년 8월 국경일에 이러한 생각을 전했다. C. M. Turnbull, *A History of Modern Singapore, 1819-2005*(Singapore: NUS Press, 2009), p. 359 참고.

79) Ibid., p. 359; Yap, Lim, and Kam, *Men in White*, p. 492.

80) Yap, Lim, and Kam, *Men in White*, pp. 563~564.

81) Ibid., pp. 486~487. 미국-싱가포르 자유 무역 협정은 미국이 아시아 국가와 맺은 첫 협정이다.

82) Ibid., p. 478.

83) 당나라 재상 위징魏徵(580~643)의 글이다.

84) 리센룽이 택한 방식 중에는 2012년 4월 싱가포르 지도자로서는 처음으로 페이스북 페이지를 개설한 것도 포함된다. www.facebook.com/leehsienloong 참고.

85) Yap, Lim, and Kam, *Men in White*, p. 512.

86) Ibid., pp. 510~511.

87) Ibid., pp. 490~491, 518~519. 리센룽 총리는 1982년 첫 부인 윙밍양Wong Ming Yang이 별세했을 때, 초등학교를 중퇴하고 사투리를 쓰는 하사관에게 운구를 부탁했다.

88) Ibid., p. 519.

89) 1999년 국가정보화위원회와 싱가포르 통신국(TAS)의 합병으로 형성된 정보개발청(IDA)은 정보통신부 산하의 법정위원회다. 여기서 싱가포르의 10개년 정보 통신 기본 계획을 통해 더욱 융합된 정보와 통신기술을 관리한다. the IDA segment, "About Us: History" www.ida.gov.sg/About-Us/What-We-Do/History 참고.

90) SPRING Singapore, "Sector Specific Accelerator(SSA) Programme"(www.spring.gov.sg/···/Pages/sector-specific-accelerator.aspx); and National Research Foundation, "Early Stage Venture Fund". www.nrf.gov.sg/···/early-stage-venture-fund.aspx 참고.

91) Yap, Lim, and Kam, *Men in White*, p. 513.

92) Garry Rodan, "Singapore in 2004: Long-Awaited Leadership Transition", *Asian Survey* 45, no. 1(2005): 140~145.

93) 싱가포르관광청, Singapore GP, Bernie Ecclestone은 2007년 계약을 체결했지만, 실제 첫 야간 경주는 2008년에 열렸다. http://uniquelysingapore.org 참고.

94) Yap, Lim, and Kam, *Men in White*, p. 453; "Singapore 21"은 고촉통 총리의 1997년 총선 공약 선언문이었다. Jasmine S. Chan, "Singapore: A Vision for the New Millennium", *Southeast Asian Affairs*, 2000, p. 260(www.jstor.org/stable/279 12255) 참고.

95) 중앙후생기금은 정부 보조금에 더해 의료 비용을 조달한다. 메디세이브는 이 중앙후생기금의 강제 저축프로그램이었다. 메디펀드는 정부의 흑자 운영으로 형성되었고, 빈곤한 싱가포르인들에게 안전망 역할을 한다. 자세한 내용은 Yap, Lim, and Kam, *Men in White*, p. 454 참고.

96) 고촉통은 임대 아파트에 사는 싱가포르인들이 주택을 소유할 수 있도록 돕는 정책을 시행했다. ibid., pp. 454~455 참고.

97) Turnbull, *A History of Modern Singapore*, p. 362.

98) 보겔의 싱가포르 관료제에 대한 비평은 Quah, *Public Administration*, p. 6 참고.

99) 1990년 9월에 도입된 싱가포르 헌법 조항에 의해, 대통령은 국회의원 9명까지 임명할 수 있다(www.parliament.sov.sg/members-parliament).

4장

1) John Micklethwait and Adrian Wooldridge, *The Fourth Revolution: The Global Race to Reinvent the State*(New York: Penguin Press, 2014).

2) Thomas L. Friedman and Michael Mandelbaum, *That Used to Be Us: How America Fell Behind in the World It Invented and How We Can Come Back*(New York: Farrar, Straus and Giroux, 2011).

3) "합리적 계획에 의한 개발 국가plan-rational developmental state" 개념에 대해서는 Chalmers Johnson, *MITI and the Japanese Miracle*(Stanford University Press, 1982), chap. 1 참고.

4) Peter Evans, *Embedded Autonomy: States and Industrial Transformation*(Princeton University Press, 1995).

5) Peter Hall and David Soskice, eds., *Varieties of Capitalism: The Institutional Foundations of Comparative Advantage*(Oxford University Press, 2001); Theda Skocpol, *States and Social*

Revolutions: A Comparative Analysis of France, Russia, and China(Cambridge University Press, 1979); and Stephan Haggard, *Pathways from the Periphery: The Roles of Growth in the Newly Industrializing Countries*(Cornell University Press, 1990); as well as Stephan Haggard and Matthew D. McCubbins, eds., *Presidents, Parliaments, and Policy*(Cambridge University Press, 2001).

6)   Robert O. Keohane and Joseph S. Nye Jr., *Power and Interdependence*, 4th ed.(New York: Pearson, 2011); Hans J. Morgenthau, *Politics among Nations: The Struggle for Power and Peace*(New York: McGraw-Hill, 1993); and Robert Gilpin, *War and Change in World Politics*(Cambridge University Press, 1981).

7)   George Liska, *Nations in Alliance: The Limits of Interdependence*(Johns Hopkins University Press, 1962); and George Liska, *Expanding Realism: The Historical Dimension of World Politics*(Lanham, Md.: Rowman and Littlefield, 1998).

8)   "최소주의 정부minimalist government" 개념에 대해서는 Kent E. Calder, "Japan's Minimalist Government", *Wall Street Journal*, February 13, 1981 참고.

9)   이 부분의 요약에 대해서는 "Widefare: Social Spending in Asia: Asia's Emerging Welfare States Spread Themselves Thinly", *The Economist*, July 16, 2013 참고.

10)   U.K. Department of Health, "The NHS Constitution for England", updated October 14, 2015.

11)   일본 의료 비용에 대해서는 Ministry of Health, Labor, and Welfare(MHLW), "Overview of Medical Service Regime in Japan", Slide 3(www.mhlw.go.jp) 참고. 싱가포르 의료 비용에 대해서는 Ministry of Health Singapore, "Healthcare Financing Sources".(May 13, 2013 참고) 환자부담 비율은 표 1을 바탕으로, 국가의료 지출액에서 정부 지출과 메디펀드, 메디세이브, 메디쉴

드 지출의 합을 제한 값으로 저자가 계산하였다.

12) 메디세이트와 베디쉴드는 중앙후생기금 계좌로, 실질적으로 개인 적립 구좌이다. 의료에 있어 중앙후생기금의 역할에 대해서는 이 장에서 논의한다.

13) MHLW, "Overview of Medical Service Regime in Japan", Slide 7.

14) "Healthcare We All Can Afford", pamphlet prepared by Ministry of Health Singapore 참고.

15) 일본과 영국 수치는 the Organization for Economic Cooperation and Development(OECD), "Health at a Glance 2011", p. 157 (www.oecd.org/health/health-systems/49105858.pdf)에서, 싱가포르 수치는 Ministry of Health에서 제공한 "Healthcare Financing Sources"(www.moh.gov.sg)를 바탕으로 저자가 계산하였다.

16) World Bank, "Health Expenditure, Public(퍼센트 of Total Health Expenditure)", *World Development Indicators*(2014).(www-wds.worldbank.org/)

17) 오바마 케어는 의료 보험 부담액에 보조금을 지급한다. 빈곤 기준의 4배 이하(또는 2013년 4인 가족을 기준으로 94200달러 이하) 소득의 개인과 가족에게 제공한다. Tami Luhby, "What You'll Actually Pay for Obamacare", CNN, August 21, 2013(money.cnn.com) 참고.

18) 중앙후생기금 프로그램의 자세한 내용은 Central Provident Fund(CPF) Board, "CPF Overview"(http://cpf.gov.sg) 참고.

19) 물론 존 로크는 1690년 출간한 통치론 제2논고(*Second Treaties*)에서 부동산 취득의 중요성을 강조했다. 미국 건국의 아버지들도 마찬가지였다. 싱가포르에서는 1960년대 후반부터 공공 정책의 근간을 이루었다. C. B. McPherson, ed., *John Locke's Second Treatise of Government*(Indianapolis: Hackett, 1980) 참고.

20) CPF Board, "CPF Contribution and Allocation Rates from 1 January 2016".(www.cpf.gov.sg/Assets/Members/Documents/

Jan2016_Con_Rate_Page.pdf)

21) 2014년 12월 31일을 기준으로, 중앙후생기금 가입자는 195만 1000명이다. CPF Board, "Annual Report 2015", p. 24 참고. 그리고 싱가포르는 2014년 218만5200명의 거주 노동자가 있는 것으로 기록되어 있다. Department of Statistics – Singapore, *Yearbook of Statistics Singapore 2015*, table 5.1(www.singstate.gov. sg/) 참고.

22) 중앙후생기금 투자 계획은 만약 개인 적립구좌에 정부가 요구한 최소금액보다 적립액이 많으면 개인별로 상당히 완화된 기준으로 투자 옵션을 제안한다. CPF Board, "CPF Investment Schemes"(www.cpf.gov.sg/) 참고.

23) 예를 들어 2015년 7월 1일을 기준으로 55세가 되는 가입자가 적립해야 하는 금액은 16만1000싱가포르달러다. CPF Board, "Retirement Sum Scheme"(www.cpf.gov.sg/) 참고.

24) Ministry of Finance Singapore, "Section IV. Is Our CPF Money Safe? Can the Government Pay All Its Debt Obligations?", *Our Nation's Reserves*(www.mof.gov.sg/Policies/Our-Nations-Reserves).

25) 투자 가능한 적립액 중 최대 10퍼센트까지 금에 투자할 수 있다. 다른 투자 상품은 중앙후생기금 이사회의 검토를 거친다. CPF Board, "CPF Investment Schemes." 참고.

26) Housing and Development Board(HDB), Research & Planning Department, "Key Findings of Sample Household Survey 2008", *Statistics Singapore News Letter*, September 2010, p. 17.

27) Valerie Chew, "Public Housing in Singapore", *Singapore Infopedia*, 2009(http://eresources.nlb.gov.sg).

28) Lee Kuan Yew, *From Third World to First: The Singapore Story, 1965-2000*(New York: Harper Collins, 2000), p. 96.

29) Valerie Chew, "Housing and Development Board", *Singapore Infopedia*, 2009.

30) CPF Board, "Home Protection Scheme"(www.cpf.gov.sg/) 참고.

31) HDB, "Public Housing in Singapore: Residents' Profile, Housing Satisfaction, and Preferences—HBD Sample Household Survey 2013"(www.hdb.gov.sg) 참고.

32) Samuel P. Huntington, *The Clash of Civilizations and the Remaking of World Order*(New York: Simon and Schuster, 2006).

33) 그림 4-7에서 싱가포르의 말레이와 인도인 인구는 소수인종 1, 소수인종 2로 표시되었다.

34) Benedict R. Anderson, *Imagined Communities: Reflections on the Origin and Spread of Nationalism*(London: Verso, 1983) 참고.

35) Charles Tilly, ed., *The Formation of Nation States in Western Europe*(Princeton University Press, 1975); and Charles Tilly, *Coercion, Capital, and European States: AD 990~1990*(Oxford: Blackwell, 1990).

36) 이 개념에 대해서는 Eric Hobsbawm, *The Invention of Tradition*(Cambridge University Press, 1983) 참고.

37) 주택개발청은 국토개발부 산하에 법정위원회다. 인민협회는 문화·공동체·청소년부 산하 법정위원회다.

38) 1989년의 이 정책변화는 25개 주택개발청 신도시의 125개 주거지 중 35개에 영향을 미쳤다. National Library Board, "Ethnic Integration Policy Is Implemented", March 1, 1989(http://eresources.nlb.gov.sg/) 참고.

39) 리콴유는 공산주의자들의 대중 동원 능력을 상당히 높게 평가했고, 이를 막는 게 중요하다고 생각했다. Lee, *From Third World to First*, pp. 96~100, 123~124 참고.

40) www.pa.gov.sg 참고.

41) People's Association, "About Grassroots Organisations"(www.pa.gov.sg) 참고.

42) 국가유산위원회는 문화·공동체·청소년부 산하 법정위원회다.

43) fiscal 2014 budget operating expenditure in Ministry of Finance, "Head X Ministry of Culture, Community and Youth", p. 189(Singaporebudget.gov.sg) 참고.

44) "PM Lee Attends Opening Ceremony of New Singapore Chinese Cultural Centre", *AsiaOne*, September 29, 2014; and "Singapore's Unique Chinese Culture", *The Straits Times*, February 7, 2016.

45) 일본에 대해서는 Kent E. Calder, *Crisis and Compensation: Public Policy and Political Stability in Japan*(Princeton University Press, 1988) 참고.

46) 싱가포르 정부 지출은 회계연도 2014년에 GDP의 14.6퍼센트였다. 이 중 22퍼센트가 국방, 21퍼센트가 교육, 4퍼센트가 정부행정에 사용되었다. Singapore Ministry of Finance. *Budget Statement 2014* 참고.

47) 비교를 위한 시점은 2011년으로, 이 책을 집필할 당시 모든 국가를 비교할 수 있는 가장 최근 시점이었다.

48) Ministry of Education Singapore, "Edusave"(www.moe.gov.sg/education/edusave) 참고.

49) Ibid.

50) Ministry of Education Singapore, "Eligibility: Who Is Eligible for a PSEA?"(www.moe.gov.sg/education/post-secondary/post-secondary-education-account/eligibility).

51) 그러나 2006년 이후 태어난 아이들은 13세가 넘어야 대학 교육 적립 계좌가 만들어진다.

52) Ministry of Manpower Singapore, "Committee of Supply", Speech to Parliament by Lee Yi Shyan, Minister of State for Trade & Industry and Manpower, March 9, 2011.

53) Singapore Workforce Development Agency, "What is WSQ?", updated July 15, 2015(www.wda.gov.sg).

54) OECD, *Economic Outlook for Southeast Asia, China and India*

2014: Beyond The Middle-Income Trap, p. 206 참고.

55) OECD, "PISA 2012 Results in Focus".(www.oecd.org/pisa/ keyfindings/)

56) Ibid.

57) PISA 2012는 문제 해결 능력을 "문제 해결책이 명확하지 않을 때 상황을 이해하고 해소할 수 있는 인지 과정과 관련된 개인 의 능력"이라고 정의한다. 여기에는 건설적이고 사색적인 시민으로서 잠재력을 키우기 위해 이러한 상황에 자진해서 몰두할 용의가 있는지도 포함한다. OECD, "PISA 2012 Results: Creative Problem Solving"(ibid.) 참고.

58) Ministry of Trade and Industry, "The Road Thus Far", chap. 1, p. 27(www.mti.gov.sg/AboutMTI/Documents/app.mti.gov.sg/data/ pages/507/doc/ERC_Comm_MainReport_Part1_v2.pdf) 참고.

59) Speech by Indranee Rajah, senior minister of state, Ministry of Law and Ministry of Education, at the National Youth Business Conference 2014, "Dream Big. Do Big", October 4, at ITE College East.

60) Jacky Yap, "ACE and MOE announce S$15M 3-year plan to grow student entrepreneurs", e27, November 9, 2012.

61) 창업기업 지원책은 SPRING Singapore, "Nurturing Startups: Overview"(www.spring.gov.sg/) 참고.

62) Shea Driscoll, "Singapore Budget 2016: More Low-Wage Workers to Qualify for Workfare Income Supplement Scheme That Tops Up Their Income", *The Straits Times*, March 24, 2016; and Central Provident Fund Board, "More Frequent Workfare Income Supplement(WIS) Payouts: Frequently Asked Questions"(www.workfare.gov.sg/Documents/FAQs.pdf).

63) Infocomm Development Authority of Singapore, "Bridging the Digital Divide", April 17, 2014. 64. Ministry of Social and

Family Development, "Baby Bonus Scheme"(https:/app.msf.gov.
sg/).

64) Ministry of Social and Family Development, "Baby Bonus
Scheme"(https:/app.msf.gov.sg/).

65) Ministry of Health Singapore, "Medical Endowment Scheme:
Annual Report 2014/2015." 참고.

66) Linda Low, "The Singapore Developmental State in the New
Economy and Polity", *Pacific Review* 14, no. 3(2001): pp.
411~441.

67) 싱가포르 통계청은 정부 지분이 20퍼센트 이상인 기업을 국
유기업으로 정의한다. Department of Statistics–Singapore,
"Contribution of Government–Linked Companies to Gross
National Product", Occasional Papers on Economic Statistics,
2001 참고.

68) Carlos D. Ramirez and Ling Hui Tan, *Singapore, Inc.
Versus the Private Sector: Are Government-Linked Companies
Different? International Monetary Fund Working Paper
WP/03/156*(Washington: July 2003), p. 14.

69) 민영화 과정과 시사점에 대해서는 Loizos Heracleous,
"Privatisation: Global Trends and Implications of the Singapore
Experience", *International Journal of Public Sector Management*
12, no. 5(1999): pp. 432~444 참고.

70) 예를 들면 창이공항 그룹과 Capital Mall Asia가 참여한 Project
Jewel이라는 공동벤처는 2014년에 14억7000싱가포르달러를 들
여 창이공항에 상업·라이프스타일 단지 건설 프로젝트에 착수
했다. 2018년에 완공 예정이다. "Changi Airport's Project Jewel:
5 Things to Know about the New Lifestyle Complex", *The Straits
Times*, December 4, 2014.

71) 창이 종합병원 근방에 위치한 2억2000만 달러의 새로운 원스

톱 메디컬 센터는 2017년 완공 예정이다. "One-Stop Care at Upcoming Medical Centre at Changi General Hospital", *The Straits Times*, August 29, 2014 참고.

72) Basic Element, Changi Airports International, and Sberbank, "Joint Press Release: Basic Element, Sberbank and Changi Airports International Form Airport Business Partnership", St. Petersburg, June 22, 2012(www.changiairportgroup.com/export/sites/caas/assets/media_release_2012/22_Jun_2012_2.pdf).

73) Temasek, "Why Was Temasek Established?".(www.temasek.com.sg/Documents/)

74) Wilson Ng, "The Evolution of Sovereign Wealth Funds: Singapore's Temasek Holdings", *Journal of Financial Regulation and Compliance* 18(December 2009): 2.

75) Temasek, "Portfolio Highlights: Geography", last updated March 31, 2016.(www.temasek.com.sg/porfolio)

76) Temasek, "Mr. Robert Zoellick Joins the Temasek Board", news release, August 1, 2013.

77) 2016년 테마섹 포트폴리오는 정보통신(25퍼센트), 금융(23퍼센트), 교통/산업(18퍼센트)으로 구성되어 있다. Temasek, "Portfolio Highlights: Sector." 참고.

78) Ramirez and Tan, *Singapore, Inc.*, p. 14.

79) Temasek, "Portfolio Highlights: Major Investments."

80) Johnson, *MITI and the Japanese Miracle, and Steven Vogel, Freer Markets, More Rules: Regulatory Reform in Advanced Industrial Countries*(Cornell University Press, 1998) 참고.

81) 싱가포르에는 16개 부처가 있다. 이 중에는 주택개발청을 관장하는 국토개발부, 경제개발청을 감독하는 통상산업부가 있다. 부처 구성에 대해 자세한 내용은 Singapore Government Directory(www.sgdi.gov.sg) 참고.

82) Economic Development Board, "About EDB"(www.edb.gov.sg/content/edb/en/about-edb.html) 참고.

83) EDB, "Contact Us-Global Offices." 참고.

84) 총리실 장관 림 스위세이Lim Swee Say, 테마섹 홀딩스 의장 다나발란S. Dhanabalan, 주롱공사 사장 마노아 키아타니Manohar Khiatani, 중앙후생기금 사장 리우 행산Liew Heng San, SRPING Singapore 의장 필립 유Philip Yeo가 모두 경제개발청 출신이다.

85) 기관의 본질적인 권한, 즉 "뿌리 깊은 독립성embedded autonomy"은 기술관료의 유연성과 연관 지어 생각된다. Peter Evans, *Embedded Autonomy: States and Industrial Transformation*(Princeton University Press, 1995) 참고.

86) the biography of Beh Swan Gin, chair of the EDB since 2014, Economic Development Board, "Dr Beh Swan Gin", last updated April 26, 2016(www.edb.gov.sg/··· top-of/the-board/) 참고.

87) EDB, "Our Board Members", last updated March 9, 2016(www.edb.gov.sg) 참고.

88) EDB, "International Advisory Council", last updated June 27, 2016(www.edb.gov.sg) 참고.

89) "EDB International Advisory Council(IAC) Makes Recommendations for Singapore's Economic Future", September 20, 2013(www.edb.gov.sg) 참고.

90) 샨무가라트남Shanmugaratnam 부총리는 경제개발청의 역할이 가치를 더하는 데서value adding 가치를 창조하는 것으로value creation 바뀌는 새로운 국면을 맡고 있다고 말했다. Ministry of Finance, Speech by Mr. Tharman Shanmugaratnam, deputy prime minister and minister for finance, at EDB Society's 25th Anniversary Gala Dinner, July 23, 2015(www.mof.gov.sg) 참고.

91) 이런 점에서, 경제개발청장 베 스완 진Beh Swan Gin이 의사·생의

학 전문가 출신이고 최근까지 법무부에서 사무차관을 지냈다는 점은 특히 흥미롭다.

92) Monetary Authority of Singapore, "New FinTech Office: A One-Stop Platform to Promote Singapore as a FinTech Hub", media release, April 1, 2016.

93) Agency for Science, Technology and Research, "About A*STAR" (www.a-star.edu.sg) 참고.

94) 국토개발부 산하의 도시재개발청은 A*STAR의 연구개발을 담당할 퓨저노폴리스 과학단지 개발을 담당하고 있다. URA, "Commercial Projects in Pipeline at End of 2nd Quarter 2014", p. 1(www.ura.gov.sg/uol/media-room/news/) 참고.

95) 상공부 산하 법정위원회인 주롱공사는 A*STAR의 연구 개발을 담당할 바이오폴리스와 퓨저노폴리스 연구 단지를 개발했다. A*STAR, "A Vision for Convergence"(www.a-star.edu.sg… A-Vision-for-Convergence.aspx) and JTC, "One North"(www.jtc. gov.sg/RealEstateSolutions/one-north/) 참고.

96) 이 문제들에 대한 통찰력 있는 견해를 듣고자한다면, the 2015 Rajaratnam Lecture of Prime Minister Lee Hsien Loong(www. mfa.gov.sg/…media_centre/) 참고.

97) Kent E. Calder, *Embattled Garrisons: Comparative Base Politics and American Globalism*(Princeton University Press, 2007), pp. 60~62, 236~237.

98) 면적이 700제곱킬로미터 밖에 안 되는 싱가포르는 ASEAN에서 두 번째로 규모가 작은 브루나이 규모의 1/8밖에 안 된다. World Bank, "Land Area", *World Development Indicators*(2015) 참고.

99) 2013년 싱가포르 국방예산은 98억6000만 달러였다. 베트남 국방예산은 38억 달러, 말레이시아는 50억 달러, 인도네시아는 84억이었다. International Institute of Strategic Studies, *The Military Balance 2014*(London: International Institute for Strategic

Studies, 2014) 참고.

100) 2014년 4월 미국은 Enhanced Defense Cooperation Agreement
를 체결했다. 이 협정으로 미국 군대는 필리핀 기지를 사용할 수
있게 되었다. 그러나 영구적인 시설을 만들 수는 없었고, 핵무기
반입은 금지되었다. 협정의 구체적인 내용에 대해서는 www.gov.
ph/downloads/2014/04apr/20140428-EDCA.pdf 참고.

101) Calder, *Embattled Garrisons*, p. 61. 미국이 필리핀에서 철수
한 이후 1992년 7월부터 미국 Navy Western Pacific Logistics
Group 본부는 싱가포르에 자리 잡고 있다.

102) Ibid.

103) "Agreement Calls for 4 U.S. Littoral Combat Ships to Rotate
through Singapore", Defense News, June 2, 2012(www.
defensenews.com); and "Four U.S. Warships to Operate out of
Singapore by 2018", *The Straits Times*, November 5, 2015.

104) 타이거밤Tiger Balm 훈련은 싱가포르군 역사상 가장 오래된 공동
훈련이다. 현재는 국가방위군National Guard과 미육군이 참여한
다. 2007년부터는 미태평양 육군이 스폰서로 참여하는 번개작
전Lightning Strike에도 참여한다. 공동훈련의 세부사항에 대해서
는 www.army.mil 참고.

105) CARAT 작전은 1995년에 시작되었다. 2014년에는 육상사격술,
방공, 수색구조, 선상 헬리콥터 작전, 해상차단 훈련에 초점을
맞추었다. 두 나라에서 1400명이 참여해 공동훈련의 성격과 다
국적 훈련의 측면도 갖고 있다. Loke Kok Fai, "Singapore, U.S.
Kick Off Joint Military Exercise in South China Sea", *Channel
NewsAsia*, July 29, 2014 참고.

106) Peace Carvin II에 대해서는 www.pacaf.af.mil 참고. 싱가포르
공군은 Forging Sabre작전으로 2005년부터 미군과 공동훈련을
수행한다. 훈련 장소는 매년 바뀐다. 2009년 훈련은 오클라호마
주의 포트 실Fort Sill에서 수행되었다. www.globalsecurity.org/

military/library/news/2009/11/mil-091125-arnews05.htm 참고.

107) Red Flag 작전은 다국적 공군작전으로 미국뿐만 아니라 필리핀, 캐나다, 영국, 일본, 뉴질랜드, 호주가 참여한다. 원래는 Cope Thunder 작전으로 알려졌으나, 2006년부터 Red Flag작전으로 변경되었다(www.globalsecurity.org/military/ops/cope-thunder.htm).

108) 이 협정의 자세한 내용에 대해서는 www.state.gov/documents/organiztion/95360.pdf 참고.

109) 그런 어려움에 대해서는 Calder, *Embattled Garrisons*, pp. 130~136, 147~148, and 151~152; as well as William L. Brooks, *The Politics of the Futenma Base Issue in Okinawa: Relocation Negotiations in 1995–1997 and 2005–2006*, Asia-Pacific Policy Papers 9(Washington: Reischauer Center for East Asian Studies, 2000); and William L. Brooks, *Cracks in the Alliance? Futenma Log: Base Relocation Negotiations, 2009–2013*, Asia-Pacific Policy Papers 12(Washington: Reischauer Center for East Asian Studies, 2011) 참고.

110) "Singapore Troops to Join Taiwan Drills", *Taipei Times*, March 5, 2013.

111) Lee Min Kok, "China and Taiwan to Hold Historic Talks in Singapore: Six Things about Cross-Strait Relations", *The Straits Times*, November 5, 2015.

112) International Institute for Democracy and Electoral Assistance(www.idea.int/asia-pacific/burma/upload/chap1.pdf).

113) Michael Leifer, *Singapore's Foreign Policy: Coping with Vulnerability*(London: Routledge, 2000), p. 84.

114) 세계물의회는 글로벌 공동체의 물부족 문제에 대응하고자 세계적인 물 전문가와 국제조직에 의해 1996년 설립되었다. 세계물의회와 싱가포르의 세계물주간에 대해서는 www.

worldwatercouncil.org/about-us/vision-mission-strategy 참고.

115) "권력의 그늘penumbra of power" 개념에 대해서는 Kent E. Calder, *Asia in Washington: Exploring the Penumbra of Transnational Power*(Brookings, 2014) 참고.

116) 싱가포르가 외교적 이익을 추진하기 위해 어떻게 워싱턴의 자국 대사를 활용했는지에 대해서는 Calder, *Asia in Washington* 참고.

117) www.mfa.sg.washington 참고.

5장

1) McKinsey and Company, "How to Make a City Great", September 2013.(http://mckinsey.com)

2) UNDP(United Nations Development Program)는 2050년 도시 인구를 63억3900만 명으로 추정 한다.(http://esa.un.org/undp/wup/Highlights/WUP2014-Highlights.pdf 참고) United Nations Department of Economic and Social Affairs(UNDESA), *World Urbanization Prospects: The 2014 Revision*(June 2014), p. 1 참고.

3) Karl Wilson, "Urban Future", *China Daily: Asia Weekly*, June 20~26, 2014, p. 1.

4) UNDESA, *World Urbanization Prospects: The 2014 Revision*.

5) *The New Statesman*에 따르면 2014년 자카르타와 마닐라가 세계에서 21번째와 22번째로 공기가 오염된 도시였다고 한다.(www.newstatesman.com)

6) 20개 도시 중 3개 도시는 파키스탄에, 3개 도시는 방글라데시에 있다. 즉 20개 오염된 도시 중 16개 도시가 남아시아에 위치해 있다. 이 수치는 세계보건기구(WHO)에서 세계의 1600개 도시의 PM2.5를 기준으로 한 값이다. Madison Park, "Top 20 Most Polluted Cities in the World", CNN, May 8, 2014(www.cnn.com) 참고.

7) Charles Goldblum, "Singapore's Holistic Approach to Urban

Planning: Centrality, Singularity, Innovation, and Reinvention",
in *Singapore from Temasek to the 21st Century: Reinventing the
Global City*, edited by Karl Hack and Jean-Louis Margolin,
with Karine Delaye(Singapore: NUS Press, 2010), pp. 384~408.

8)   Chalmers Johnson, *MITI and the Japanese Miracle*(Stanford
University Press, 1982); and Meredith Woo-Cumings, ed., *The
Developmental State*(Cornell University Press, 1999).

9)   아시아 녹색도시지수의 세부 분야로는 에너지 절감, 토지·건
물이용, 교통, 폐기물 관리, 물, 위생, 공기 질, 환경 거버넌스가
있다. 모든 분야에서 싱가포르는 평균보다 높다. Karl Wilson,
"Singapore Model Sets Global Standard", *China Daily: Asia
Weekly*, June 20-26, 2014, p. 7 참고.

10)   Mahizhan Arun, "Smart Cities: The Singapore Case", Cities
6, no. 1(1999): 13~18; and iN2015 Steering Committee,
Innovation, Integration, and Internationalisation
(www.ida.gov.sg/media/Files/Infocomm퍼센트20Landscape/iN2015/
Reports/01_iN2015_Main_Report.pdf) 참고.

11)   싱가포르 정부가 추진하는 Tradenet, Medinet, Lawnet 등 의
정보화를 향한 정책의 진행 상황에 대해서는 www.ida.gov.
sg/-/media/Files/Infocomm퍼센트20Landscape/iN2015/
Reports/01-iN2015_M_Report.pdf 참고.

12)   National Computer Board, *A Vision of an Intelligent Island: The
IT 2000 Report*(Singapore: National Computer Board, 1992).

13)   the Infocomm Development Authority of Singapore, "iN
2015 Masterplan"(www.ida.gov.sg/Infocomm-Landscape/iN2015-
Masterplan) 참고.

14)   Ibid. 여기서 iN2015는 싱가포르 정보통신산업의 부가가치를 현
재의 두 배인 260억 싱가포르달러로 올리고, 정보통신기술 수출
로 얻는 수익을 600억 싱가포르달러로 증가시켜 8만 개 일자리

를 만들자고 제안했다.

15) 상공부 산하 법정위원회인 에너지 공사는 2009년 Intelligent
     Energy System 시범사업을 실시했다. "Smart Grid Technology
     Primer: A Summary", National Climate Change Secretariat and
     National Research Foundation, 2011(http://app.nccs.gov.sg.) 참고.

16) 2013년 UN에 따르면 2013년 싱가포르 폐기물의 57퍼센트가
     재활용되었다. 독일의 46.6퍼센트, 스웨덴의 35.4퍼센트, 영국
     의 26.9퍼센트, 미국의 23.8퍼센트, 프랑스의 18.2퍼센트, 일본
     의 16.8퍼센트에 비하면 매우 높은 비율이다. United Nations
     Statistics Division, "Municipal Waste Treatment", *Environmental
     Indicators*(http://unstats.un.org/unsd/environment/wastetreatment.
     html); and Wilson, "Singapore Model Sets Global Standard."

17) 2014년 정보개발청 자료(www.ida.gov.sg/Tech-Scene-News/Facts-
     and-Figures/Infocomm-Usage-Households-and-Individuals) 참고.

18) Infocomm Development Authority of Singapore, "Bridging the
     Digital Divide", April 17, 2014(www.ida.gov.sg).

19) 싱가포르 인구밀도는 제곱킬로미터당 7736.5명이다. 일본은
     348.7/제곱킬로미터, 한국은 505/제곱킬로미터, 미국은 34.6명/
     제곱킬로미터에 불과하다. World Bank, "Population Density",
     World Development Indicators(2014) 참고.

20) 싱가포르 몇몇 지역에서 2011~2013년 동안 지가가 연간 30퍼
     센트 상승했고, 주택가격보다 3배 빠른 속도로 올랐다. 주택의
     전체 개발 비용 중 평균지가 비율이 2008년 42퍼센트에서 2013
     년 62퍼센트로 올랐다. Pooja Thakur, "Singapore's Soaring Land
     Prices 'Suicidal' for Developers", *Bloomberg News*, February 20,
     2014; and Nikki De Guzman, "Land Cost Takes Over Property
     Prices and Income Growth", *Yahoo News*, September 10, 2013
     참고.

21) Joan C. Henderson, "Planning for Success: Singapore, the

Model City-State?", *Journal of International Affairs* 65(Spring/Summer 2012): pp. 69~83.

22)   Center for Livable Cities and Urban Land Institute, Principles for Livable High-Density Cities: *Lessons from Singapore*, 2013(www.uli.org).

23)   Urban Redevelopment Authority(URA), "Introduction to Concept Plan."

24)   Henderson, "Planning for Success: Singapore, The Model City-State?"

25)   "Singapore Holds Heritage Town Award Presentation Ceremony", *Gov Monitor*, February 21, 2011; and Belinda Yuen, "Searching for Place Identity in Singapore", *Habitat International* 29, no. 2(2005): pp. 197~214.

26)   Goldblum, "Singapore's Holistic Approach to Urban Planning", p. 388.

27)   URA, "The Planning Act Master Plan Written Statement 2014", revised January 15, 2016.

28)   URA, "Introduction to Master Plan."

29)   개발규제에 대해 더 자세한 내용은 URA, "Development Control"(www.ura.gov.sg/uol/DC.aspx#).

30)   Ministry of National Development, "How We Will Live, Work, and Play in Singapore 2030"(www.mnd.gov.sg/landuseplan/environment_live_work_play.htm); and Infocomm Development Authority of Singapore, "Smart Work Centres"(www.ida.gov.sg/⋯/New-Ways-of-Work/).

31)   Marsita Omar and Nor-Afidah Abd Rahman, "Certificates of Entitlement(COEs)", *Singapore Infopedia*(National Library Board Singapore, 2006)(http://eresources.nlb.gov.sg/infopedia/articles/).

32)   싱가포르 "콤팩트 도시compact city" 정책은 고밀도로 기획되

고, 보행을 용이하게 만든다. 150킬로미터에 달하는 Island Route 자전거 도로 등 상당한 기반시설이 자전거 활용을 장려한다. Centre for Liveable Cities and Urban Land Institute, "10 Principles for Liveable High-Density Cities: Lessons from Singapore", press release, 2013(www.ULI_Density_10Princ%20(3) pdf) 참고.

33) 싱가포르의 접근방식에 대해서는 Carlos Felipe Pardo, "Sustainable Urban Transport", *Shanghai Manual—A Guide for Sustainable Urban Development in the 21st Century*(Beijing: China International, 2011), pp. 29~38 참고.

34) Land Transport Authority, "Household Interview Travel Survey 2012: Public Transport Mode Share Rises to 63퍼센트", October 7, 2013(www.lta.gov.sg/apps/news/).

35) KPMG International, "Infrastructure 100: World Market Report 2014", p. 52(www.kpmg-institutes.com/institutes/ government-institutes/articles/).

36) 1인당 GDP 대비 싱가포르 통근비용은 홍콩보다 적다.(9.2퍼센트) 싱가포르보다 비용이 낮은 주요 도시는 코펜하겐과 마드리드밖에 없다. Credo Business Consulting LLP, "The Mobility Opportunity: Improving Public Transport to Drive Economic Growth", report commissioned by Siemens AG, p. 9(www.credo-group.com/download/MobilityOpportunityStudy.pdf) 참고.

37) 2008년부터 싱가포르 정부는 600억 싱가포르달러를 들여 경전철 네트워크를 두 배로 연장하여 280킬로미터로 늘리고 버스를 800대 증차하기로 약속했다(www.publictransport.sg).

38) Lew Yii Der and Leong Wai Yan, "Managing Congestion in Singapore—A Behavioral Economics Perspective", *Journeys*, May 2009.

39) Say Tay Tan, F. L. Leong, and B.C.A Leong, *Economics in*

Public Policies: The Singapore Story(Singapore: Marshall Cavendish Education, 2009).

40) Johnathan E. D. Richmond, "Transporting Singapore—The Air-Conditioned Nation", *Transport Review* 28(May 2008): pp. 357~390(http://the-tech.mit.edu/~richmond/professional/aircon.pdf).

41) Land Transport Authority, "Transition to a Government Contracting Model for the Public Bus Industry", May 21, 2014.

42) Stephanie Ho, "Mass Rapid Transit(MRT) System", *Singapore Infopedia*, November 5, 2013.

43) 교통부 산하 법정위원회 대중교통위원회는 저렴한 대중교통 시스템을 유지하기 위해 요금을 규제한다. Public Transport Council, "About Us"(www.ptc.gov.sg/index/aspx.) 참고.

44) Credo Business Consulting LLP, "The Mobility Opportunity", p. 9 참고.

45) 세계은행과 소위 하버드 팀은 부분 또는 전체 급행버스 체계를 제안했지만, 싱가포르는 철도 시스템으로 결정했다. www.smrt.com.sg 참고.

46) 이를테면 SMRT는 MetroRail 컨퍼런스에서(2008년 4월) Best Passenger Experience 상을 수상했다. ibid 참고.

47) Harvey Dzodin, "Singapore Is the Future of China in Urban Order", Xinhuanet.com, August 30, 2014 참고.

48) Land Transport Authority, "Certificate of Entitlement(COE)."

49) Land Transport Authority, "Vehicle Quota System", "Certificate of Entitlement(COE)", and "Tax Structure for Cars."

50) Neel Chowdhury, "Strategic Singapore", *Time*, March 3, 2011.

51) Lim Tin Seng, "Area Licensing Scheme", *Singapore Infopedia*, August 15, 2014.

52) G. Santos, W. W. Li, and W. T. Koh, "Transport Policies in

Singapore", *Research in Transport Economics* 9, no. 1(2004): pp. 209~235.

53) Ministry of the Environment and Water Resources, "A Lively and Livable Singapore", p. 57(https://app.mewr.gov.sg/data/ImgCont/1299/Chapter05_Commute.pdf).

54) Land Transport Authority, "In-Vehicle Unit."

55) Christopher Tan, "ERP Rates at Four Locations in Singapore Will Be Raised from Monday, May 4", *The Straits Times*, April 27, 2015.

56) Ministry of the Environment and Water Resources, *The Singapore Green Plan: Toward a Model Green City*(Singapore: Ministry of the Environment and Water Resources, 1992); and Chua Lee Hoong, *The Singapore Green Plan 2012*(Singapore: Ministry of the Environment and Water Resources, 2012).

57) Prime Minister's Office Singapore, "Speech by Prime Minister Lee Hsien Loong at the Launch of Clean and Green Singapore 2014." 참고.

58) 리콴유는 1967년 전원 도시 비전을 제안하면서 첫 단계는 거리의 쓰레기를 치우는 일이라고 했고, 공공장소의 쓰레기는 시민 의식 부족으로부터 생긴다고 말했다. "S'pore to Become Beautiful, Clean City within Three Years", *The Straits Times*, May 12, 1967, p. 4; and National Library Board, "'Garden City' Vision Is Introduced", May 11, 1967(http://eresources.nlb.gov.sg/) 참고.

59) 싱가포르 녹색 계획 2012(2002년 발표)는 자연보존을 위해 새 공원과 파크 커넥터를 기획했다. Chua, *The Singapore Green Plan 2012*, p. x 참고.

60) 파크 커넥터는 싱가포르에서 보행과 자전거 타기를 대중화시키는 데 큰 역할을 한 녹색보행도로 및 자전거 도로다. 2008 여가

계획은 파크 커넥터를 100에서 360킬로미터로 늘리도록 계획했다. Urban Redevelopment Authority, "URA Launches New Island-wide Leisure Plan", May 21, 2008. 파크 커넥터 네트워크에 대해서는, a descriptive online map provided by the National Parks Board(www.nparks.gov.sg); Chua, *The Singapore Green Plan 2012*, p. 22 참고.

61) Valerie Chew, "Singapore Green Plan", *Singapore Infopedia*, 2010.

62) National Parks Board, "Community in Bloom Initiatives", March 8, 2016(www.nparks.gov.sg/gardening/).

63) 캠페인 종류에 대해서는 National Environment Agency, "All Campaigns", last updated November 2015(www.nea.gov.sg/events-programmes/) 참고.

64) 에듀테인먼트는 교육과 엔터테인먼트를 결합한 싱가포르 용어다. 싱가포르에 에듀테인먼트 프로젝트가 많지만, 여기에 기술한 것 말고도 익스피리언스 센터Experience Center와 사이언스 센터 싱가포르Science Center Singapore도 있다. www.singapore-attractions.com/members/edutainment.php 참고.

65) Chua, *The Singapore Green Plan 2012*, p. 25.

66) URA, "Master Plan: Civic and Cultural District by the Bay."

67) National Library Board, "Esplanade—Theatres on the Bay Opens", October 12, 2012(http://eresources.nlb.gov.sg/infopedia/articles/)

68) Gardens by the Bay(www.gardensbythebay.com.sg/en.html) 참고.

69) www.formula1.com 참고.

70) Derek da Cunha, *Singapore Places Its Bets: Casinos, Foreign Talent, and Remaking a City-state*(Singapore: Straits Times Press, 2010).

71) Dan Smith, *The Penguin State of the World Atlas*, 9th ed.(New

York: Penguin Books, 2012), p. 91.

72) Ibid.

73) Agriculture and Agri-Food Canada, "Market Overview— Singapore", *Market Access Secretariat-Global Analysis Report*(Ottawa, June 2014), p. 3.

74) United Nations Department of Economic and Social Affairs Population Division, "File 3: Urban Population at Mid-Year by Major Area, Region and Country, 1950~2050(Thousands)", *World Urbanization Prospects: The 2014 Revision*(June 2014).

75) Nikos Alexandratos and Jelle Bruinsma, *World Agriculture towards 2030/2050: The 2012 Revision*(Rome: Food and Agricultural Organization, 2012) (www.fao.org).

76) Kalinga Seneviratne, "Farming in the Sky in Singapore", *Our World*, December 12, 2012(http://ourworld.unu.edu).

77) Alexandra Kain, "Singapore's Ecological EDITT Tower", *Inhabitat*, October 15, 2008(http://inhabitat.com/editt-tower-by-trhamzah-and-yeang/) 참고.

78) Sky Greens, "About Sky Greens: How We Started"(www.skygreens.com/about-skygreen).

79) Seneviratne, "Farming in the Sky in Singapore."

80) Ibid.

81) "Lettuce Sees the Future: Japanese Farmer Builds High-Tech Indoor Veggie Factory", *GE Reports*, July 9, 2014(www.gereports.com).

82) 야채공장은 파나소닉 자회사Automotive and Industrial Systems Company가 운영한다. 일본에서는 이미 시금치 재배 그린하우스를 개발했고, 여기서는 온도와 습도가 자동조절 된다. Kyodo News International, "Panasonic Starts Trial Operation of Vegetable Factory in Singapore", July 17, 2014(www.globalpost.

com) 참고.

83) 나라별로 더 구체적 사항에 대해서는 Smith, *The Penguin State of the World Atlas*, p. 111 참고.

84) Emily Corcoran and others, eds., "Sick Water? The Central Role of Wastewater Management in Sustainable Development", A Rapid Response Assessment, United Nations Environment Programme, UN-HABITAT.

85) Smith, *The Penguin State of the World Atlas*, p. 111; Food and Agriculture Organization of the United Nations, "Water Uses – Thematic Discussion"(www.fao.org/nr/water/aquastat/water_use/index.stm).

86) United Nations Environment Program Division of Technology, Industry and Economics, "An Environmentally Sound Approach for Sustainable Urban Water Management: An Introductory Guide for Decision-Makers"(www.unep.or.jp/ietc/publications/urban/urbanenv-2/9.asp).

87) James Low, "Sustaining the Value of Water", in *Case Studies in Public Governance: Building Institutions in Singapore*, edited by June Gwee(New York: Routledge, 2012), p. 108.

88) Public Utilities Board, "Water Tariff",(www.pub.gov.sg)

89) 이 프로그램은 배수구, 수로, 저수지를 공원과 자연환경으로 둘러싸인 아름다운 시냇물로 변환하는 작업을 한다. 2030년까지 100개 지점을 변혁하도록 계획 중이다. Singapore International Waterweek, "PUB's Active, Beautiful, Clean Waters(ABC Waters) Programme Wins at Global Water Awards 2013." 참고.

90) Jean Lim, "NEWater", *SingaporeInfopedia*, 2010, National Library Board(http://eresources.nlb.gov.sg/infopedia/articles/).

91) Research Office Legislative Council Secretariat, "NEWater in Singapore", February 26, 2016(www.legco.gov.hk/···1516fsc22-

newater-in-singapore-20160226-e.pdf).

92) NEWater는 Stockholm Industry Water Award와 UN-Water Best Practice Award를 수상했다.

93) Lux Research, "Singapore Universities Top Ranking of Water Research Institutes", April 30, 2013.

94) Hyflux, "Tuaspring Wins Distinction in Desalination Plant of the Year Category at Global Water Awards 2014", *Featured Stories*, April 7, 2014.

95) Mayuko Tani, "Singapore's Hyflux Enters Latin American Water", *Nikkei Asian Review*, June 26, 2014.

96) International Enterprise Singapore(IES), "Singapore-South African Report Economic Relations Grow with IE Singapore's First Office in Africa", January 25, 2013.

97) Smith, *The Penguin State of the World*, p. 115.

98) 에너지 소비에 대한 수치는 국제에너지기구(IEA)에서 나왔다 (www.iea.org). 2004~2012년 기간에 글로벌 에너지 소비에서 중국의 비율은 56퍼센트 증가했고, 인도는 12퍼센트 증가했다.

99) World Bank, "CO2 Emissions", *World Development Indicators*(2011).

100) Central Intelligence Agency, *World Factbook 2016-2017*. 이 수치는 원유 수입에 대한 국가별 비교다.

101) Singapore Energy Market Authority(EMA), "Natural Gas Consumption by Sub-Sector", *Singapore Energy Statistics 2015*, table 3.7, p. 59(www.ema.gov.sg).

102) EMA, "Fuel Mix for Electricity Generation."

103) Neil McGregor, "Milestones in Singapore's Energy Strategy", *The Business Times*, June 20, 2012.

104) Alpana Roy, "Singapore as Asia's Liquid Natural Gas Hub: Challenges and Prospects", unpublished paper, SAIS/Johns

Hopkins University, December 12, 2012 참고.

105) Chou Hui Hong and Ramsey Al-Rikabi, "Singapore Bids for Role as LNG Hub with Second Terminal", *Bloomberg News*, February 25, 2014.

106) U.S. Energy Information Administration(EIA), *International Energy Outlook 2016*, pp. 41~42. EIA는 비OECD 아시아 국가 중 중국이 2012~2040년까지 천연가스 소비의 63퍼센트를 차지할 것이며 인도는 8퍼센트를 차지할 것으로 전망했다.

107) Ibid., pp. 49~50.

108) "IEA Chief Backs Natural Gas Spot Market in Asia", *China Post*, October 12, 2012. Petrochina, Sinopec, CNOOC와 파트너십을 맺은 상하이 자유 무역 지구에 대해서는, "China Launches New Oil and Gas Trading Platform—Xinhua", Reuters, July 1, 2015 참고.

109) Francis Kim, "LNG Traders Flock to Singapore to Tap China, India Demand", Reuters, March 1, 2011.

110) 싱가포르의 Intelligent Energy System에 대해서는www.ema.gov.sg/cmsmedia/Newsletter/2012/04/eyeon-emaIES.html 참고.

111) Dennis Gross, "Singapore: Smart Grid City", *Cleantech,* August 1, 2010.

6장

1) 경제개발청은 이렇게 공표했다. "싱가포르는 Intelligent Island가 될 것이다. 선진 과학기술의 중심지, 제조업의 고부가가치를 창출하는 곳, 상업·통신·정보가 모이는 글로벌 네트워크상의 전략적인 결절점 말이다." EDB, presentation at the Singapore Economic Forum, July 10, 1995(http://web.usm.my.aamj.1.2.1996/1-2-7.pdf)

2) 상하이 항구가 2014년에 352만9000TEU(twenty-foot equivalent

unit)를 다루어 1위이고, 싱가포르는 338만7000TEU로 두 번째
다. World Shipping Council, "Top 50 World Container Ports"
(www.worldshipping.org/···/global-trade/) 참고. AFSCA는 싱가포
르 항구를 "아시아 최고의 항구"로 여긴다. "Singapore Named
Best Seaport in Asia for 28th Time", *Channel NewsAsia*, June
15, 2016 참고.

3) Maritime and Port Authority Singapore, "Global Hub Port"(www.
mpa.gov.sg).

4) 창이공항은 2010년과 2013~2016년 내내 Skytrax World
Airport Awards로부터 세계최고의 공항으로 선정되었다. 홍콩
은 2011년 1위를, 2012년에는 인천이 1위를 차지했다. www.
worldairportawards.com 참고.

5) EDB, "Logistics and Supply Chain Management."(www.edb.gov.
sg)

6) 싱가포르는 세계에서 5위지만, 아시아에서는 최고다. 9위인 홍
콩, 12위인 일본을 앞선다. World Bank, "Global Ranking 2016",
International Logistics Performance Index(LPI) Global Ranking 참
고.

7) EDB, "Logistics and Supply Chain Management."

8) www.rvo.nl/sites/default/files/Logistics%20industry%20
Singapore%20-%20Sep'12.pdf 참고.

9) EDB, "Logistics and Supply Chain Management."

10) Daniel Tay, "This Building Could Be the Future of e-Commerce
Logistics in Southeast Asia", *Tech in Asia*, October 14, 2014;
and "Topping Out Ceremony Marks Milestone for SingPost
Regional e-Commerce Logistics Hub", *Singapore Post*, March 1,
2016.

11) Newley Purnell, "Singapore Post to Build Logistics Hub in
E-Commerce Bet", *Wall Street Journal*, October 15, 2014.

12) 정보통신기술이 정보교류와 접근성을 향상시키는 데 어떤 역할을 하는지는 Infocomm Development Authority(IDA) of Singapore, "iN2015 Masterplan"(www.ida.gov.sg/Tech-Scene-News/iN2015-Masterplan) 참고.

13) Jonathan Koh, "Towards a Single Window Trading Environment: Singapore's TradeNet", CrimsonLogic Report, p. 13(www.crimsonlogic.com/Documents/).

14) IDA, "Innovation, Integration, Internationalisation", Report by the iN2015 Steering Committee, p. 37.

15) 2014년 중동으로 수출되는 물품의 75.6퍼센트, 즉 매일 1970만 배럴 중 1490만 배럴이 아시아로 간다.(중국, 인도, 일본, 싱가포르, 아시아 태평양 국가) British Petroleum, *Statistical Review of World Energy* 2015 참고.

16) 국제에너지기구(IEA)는 페르시아만에서 동북아시아로 수출되는 물량이 2013년 하루 1200만 배럴에서 2040년까지 2200만 배럴로 늘어날 것으로 예측한다. IEA, *World Energy Outlook 2014* 참고.

17) 싱가포르의 첫 액화천연가스 터미널은 2013년 5월 개장했다. 2014년 2월에 두 번째 터미널 계획을 발표했다. 싱가포르 가스 허브 전망은 Rudolf ten Hoedt, "Singapore's Push to Be Asia's First LNG Trading Hub, and the Uncertain Future of the Asian Gas Market", *Energy Post*, October 28, 2014 참고.

18) Woo Shea Lee, Yip Yoke Har, and Ang Sock Sun, "Easing Taxes to Create Global Insurance Hub", *The Business Times*, March 24, 2016.

19) 2015년 전 세계가 보유한 외환은 중국(31퍼센트), 일본(11퍼센트), 한국, 홍콩, 인도가 51퍼센트를 소유하고 있다. World Bank, "Total reserves minus gold(current US$)", *World Development Indicators*(2015) 참고.

20) Ibid.

21) 예를 들면 사우디아라비아가 2015년 전체 외환의 6퍼센트를 보유했다.

22) "Singapore to Emerge as Top Finance Hub by 2014: Study", Reuters, July 4, 2013 참고.

23) 싱가포르 금융혁신에 대해서는 Robert F. Emery, *The Asian Dollar Market*, Federal Reserve System Discussion Paper(1975) (www.federalreserve.gov) 참고.

24) Lee Kuan Yew, *From Third World to First: the Singapore Story 1965~2000*(New York: HarperCollins, 2000), p. 77.

25) Laurie Cohen, "Singaporeans Learn Tricks of Trade at Merc", Chicago Tribute, June 10, 1984.

26) 2910억 달러(현물, 아웃라이트 선물환, 외환스와프, 옵션)과 790억 달러(FX 옵션) 포함. Singapore Foreign Exchange Market Committee, "Survey of Singapore Foreign Exchange Volume in April 2014", July 25, 2014 참고.

27) 현물, 아웃라이트 선물환, 외환스와프, 옵션 포함. New York Federal Reserve, "Foreign Exchange Committee Releases FX Volume Survey Results", Foreign Exchange Committee Announcement, July 28, 2014 참고.

28) 현물, 외환스와프, 아웃라이트 선물환, 옵션 포함. Tokyo Foreign Exchange Market Committee, "Results of Turnover Survey of Tokyo Foreign Exchange Market", July 28, 2014, table 1(http://www.fxcomtky.com/survey/pdf_file/survey_2014_02_e.pdf) 참고.

29) World Bank, "Net Inflows of Foreign Direct Investment, 퍼센트 of GDP", *World Development Indicators*(2014).

30) International Enterprise Singapore, "The Singapore Advantage", July 2014, p. 2.

31) "GM to Move International Headquarters to Singapore from

China", Reuters, November 13, 2013.

32) Jack Neff, "From Cincy to Singapore: Why P and G, Others Are Moving Key HQs", *Advertising Age*, June 11, 2012.

33) Economic Development Board, "P&G Opens $250 million Innovation Centre", March 28, 2014. 연구는 P&G사의 생화학, 분자학, 게놈 연구를 포함한다.

34) Amit Banati, "Kellogg Moves Asia-Pacific Headquarters to Singapore, Looks to Create Breakfast Category", September 19, 2013(www.lpk.com).

35) 싱가포르 법인세는 2000년 26퍼센트에서 2016년 17퍼센트로 감소했다. 싱가포르는 2003년부터 단일 세율을 채택하여 이중 과세가 없다. Economic Development Board, "Taxation", last updated March 11, 2016; and Hawksford Singapore, "Singapore Corporate Tax Guide"(www.guidemesingapore.com/taxation/corporate-tax/singapore-corporate-tax-guide) 참고.

36) Ministry of Trade and Industry Singapore, "Mr Lee Yi Shyan at the Asia-Pacific Trade Forum 2014", November 24, 2014.

37) Chia Siow Yue, "The Singapore Model of Industrial Policy: Past Evolution and Current Thinking", Second LAEBA Annual Meeting, Buenos Aires, Argentina, November 28~29, 2005 참고.

38) National Library Board, "Formation of SIJORI Growth Triangle Is Announced", December 20, 1989.

39) 지식기반경제 개념에 대해서는 Peter Drucker, *The Age of Discontinuity: Guidelines to Our Changing Society*(New York: Harper and Row, 1969); Fritz Machlup, *The Production and Distribution of Knowledge in the United States*(Princeton University Press, 1962) 참고.

40) National Research Foundation-Research, Innovation, Technology Administration(RITA) System, "R&D

Development", last updated May 13, 2016(www.nrf.gov.
sg/research/overview); and A*STAR, "STEP 2015 Science,
Technology & Enterprise Plan 2015: Asia's Innovation Capital",
May 2011.

41) 청정에너지 분야에서 운영 중인 살아 있는 실험실living laboratory
사례로는 CleanTech Park가 있다. Energy Efficient Singapore,
"Test-Bedding & R&D: CleanTech Park Living Lab Program"
(www.e2singapore.gov.sg) 참고.

42) Chia Yan Min, "A Home for World's Best Scientists", *The Straits
Times*, January 3, 2014.

43) A*STAR에 따르면 바이오폴리스 1단계는 5억 싱가포르달러를
투자하여 2003년 완성되었다. 퓨저노폴리스 1단계는 2008 10월
에 개장하였고, 6억 싱가포르달러가 들었다. 더 구체적인 수치는
현재까지 발표되지 않았다.

44) Economic Development Board(EDB), "Biopolis, Fusionopolis,
Mediapolis"(www.edb.gov.sg).

45) "Roche Establishes New Medical Research Hub in Singapore",
Asia-Pacific Biotech News 14, no. 2(2010): 34(www.asiabiotech.
com).

46) "Singapore Aims to Become 'Investment Hub for Global
Diagnostics Industry,'" December 2, 2014(www.out-law.com).

47) EDB, "Biopolis, Fusionopolis, Mediapolis."

48) Campus for Research Excellence and Technological Enterprise,
"CREATE Milestones." 참고.

49) SMRT 프로그램에 대해서는 https://smart.mit.edu/about-
smart/about-smart.html 참고.

50) National Research Foundation, "CREATE."

51) National Research Foundation, "R&D Development", last
updated May 13, 2016.

52) FIA(Food Industry Asia), "Singapore an Emerging Global Hub for Food Science and Nutrition" (http://foodindustry.asia/singapore-an-emerging-global-hub-for-food-science-and-nutrition).

53) National Research Foundation, "R&D Development", last updated May 13, 2016.

54) 2015~2016년에 싱가포르국립대학교 뒤를 이어 베이징대학교가 42위, 도쿄대학교가 43위다.

55) Times Higher Education, "150 under 50 Rankings 2016"(www.timeshighereducation.com).

56) ICEF Monitor, "Singapore Solidifies Its Reputation as a Regional Education Hub", June 6, 2014.

57) Ministry of National Development, "Urban Sustainability R&D Congress 2015."

58) Ministry of National Development, "Urban Sustainability R&D Congress 2011."

59) SIWW는 2014년까지 363억 달러 규모의 사업 발표를 기록했다. Singapore International Water Week, "Singapore International Water Week 2016"(www.siww.com.sg/sites/default/files/siww_2016_event_highlights_en_updated_jan_2016.pdf) 참고.

60) World Cities Summit Corporate Sponsorship Brochure 참고.

61) World Cities Summit, "Lee Kuan Yew World City Prize: About the Prize."

62) Lee Kuan Yew World City Prize, "2012 Prize Laureate: City of New York."

63) Lee Kuan Yew World City Prize, "2014 Prize Laureate: City of Suzhou, Jiangsu Province."

64) Singapore International Energy Week(SIEW), "FAQs"(www.siew.sg/about-siew/faqs).

65) SIEW, "Past Events: SIEW 2014."

66) "A Report on the Singapore Mission", GRIPS Development Forum, Tokyo, September 13, 2010(www.grips.ac.jp/teacher/oono/hp/docu02/singapore_BTOR.pdf).

67) Ibid.

68) Ibid.

69) Singapore Cooperation Program, "Bilateral Technical Assistance Programs" 참고.

70) SCE는 상공부 산하 법정위원회 싱가포르 무역청이 설립하였고, 싱가포르 외부경제를 촉진시키는 역할을 한다. IES, *Thirty Years of Globalising Singapore: International Enterprise Singapore Annual Report 2012~2013*(Singapore, 2012), p. 50.

71) Data as of November 2015; Singapore Cooperation Enterprise(SCE), "Our Reach", 2016.

72) 이 국제협력팀들에 대해서는 SCE, "International Partnerships" (www.sce.gov.sg/international-partnerships.aspx) 참고.

73) Singapore Cooperation Programme, "Third Country Training Programmes."

74) Singapore Business Federation, *Singapore: Your Global-Asia Hub Business Services Resource Guide 2012~2013*(http://knowledge.insead.edu/entrepreneurship-innovation/insead-at-50-the-defining-years-1356) 참고.

75) 2014년 싱가포르 상품수출은 총 4098억 달러, 서비스업 수출총액은 1401억 달러였다. World Trade Organization, "Singapore", *Country Profiles*, September 2015 참고.

76) EDB, "Industry Background: Energy"(www.edb.gov.sg/content/edb/en/industries/industries/energy.html); C. M Turnbull, *A History of Modern Singapore, 1819~2005*(Singapore: National University of Singapore, 2009), 311.

77) Trading Economics, "Singapore Exports"(www.tradingeconomics. com/singapore/exports).

78) 2014년 싱가포르 비원유 상품수출액은 3904억 싱가포르 달러로, 이 중 2391달러는 재수출에 해당한다. Department of Statistics–Singapore, "16.1 Merchandise Trade by Type", *Yearbook of Statistics Singapore 2016* 참고.

79) Marsita Omar, "Jurong Reclamation", *Singapore Infopedia* (Singapore: National ibrary Board, 2010).

80) 2015년 자료다. Wilson Wong and Lim Yi Ding, "Trends in Singapore's International Trade in Services", Statistics Singapore Newsletter, March 2016, p. 2 참고.

81) 창이공항공사는 2014년 동계올림픽 기간 동안 60만 명이 소치로 환승하는 데 핵심역할을 수행했다. "Opportunities for Singapore Companies in Russia, from Airports to Property and Planning", *The Straits Times*, May 21, 2016 참고.

82) 싱가포르 항만청의 과다르 항구관리 역할은 2013년에 끝났고, 이후에는 China Overseas Port Holding Company가 맡았다. Syed Irfan Raza, "China Given Contract to Operate Gwadar Port", *Dawn*, February 18, 2013 참고.

83) 걸프만과 같이 호텔 경영은 싱가포르의 주요한 서비스업 수출이다.

84) Singapore Personal Access(SingPass), "About Us." 참고.

85) 싱가포르는 2014 UN E-Government Development Index에서 3위에 랭크되었다.(https://publicadministration.un.org/egovkb/en-us/Reports/UN-E-Government-Survey-2014). 2015 Waseda-IAC International e-Government에서 와세다대학교는 1위를 차지했다.(www.waseda.jp/top/en-news/28775)

86) Marissa Lee, "The National IT Project That Went Global in a Big Way", *The Straits Times*, May 2, 2016.

87) 혁신적인 전자정부 프로그램의 구체적 내용은 www. crimsonlogic.com 참고.

88) Karl Polanyi, *The Great Transformation: The Political and Economic Origins of Our Time*(Boston: Beacon Press, 1944); Barrington Moore Jr., *Social Origins of Dictatorship and Democracy: Lord and Peasant in the Making of the Modern World*(Boston: Beacon Press, 1966); and Joseph A. Schumpeter, *Capitalism, Socialism, and Democracy*(London: George and Allen Unwin, 1976).

89) United Nations Department of Economic and Social Affairs(UNDESA) Population Division, "File 1: Population of Urban and Rural Areas at Mid-Year... and Percentage Urban, 2014", *World Urbanization Prospects: The 2014 Revision*(June 2014).

90) UNDESA Population Division, "File 3: Urban Population at Mid-Year by Major Area, Region and Country, 1950~2050", *World Urbanization Prospects: The 2014 Revision*(June 2014).

91) Cheryl Sim, "China-Singapore Suzhou Industrial Park" *Singapore Infopedia*(Singapore: National Library Board, 2015).

92) United Nations, *World Urbanization Prospects: The 2014 Revision*, p. 13.

93) Prime Minister's Office Singapore, transcript of Prime Minister Lee Hsien Loong's speech at Smart Nation Launch, November 24, 2014 참고.

94) Charles Goldblum, "Singapore's Holistic Approach to Urban Planning: Centrality, Singularity, Innovation, and Re-invention", in *Singapore from Temasek to the 21st Century: Reinventing the Global City*, edited by Karl Hack and Jean-Louis Margolin, with Karine Delaye(Singapore: NUS Press, 2010), pp.

390~391.

95) 지속적인 혁신의 최근 사례로 Clean Tech Park가 있다. 아시아 최초의 환경친화적 산업단지다. Elga Reyes, "Clean Tech One Officially Opens in Singapore's First Eco-Business Park", Eco-Business, August 16, 2013(www.eco-business.com) 참고.

96) Singapore-MIT Alliance for Research and Technology(SMART), "Future Urban Mobility(FM) IRG."

97) 덩샤오핑의 운명적인 1978년 싱가포르 방문과 이에 따라 정립된 관계rapport, 그리고 중국-싱가포르 양자 관계에 시사점에 대해서는 Ezra F. Vogel, *Deng Xiaoping and the Transformation of China*(Harvard University Press, 2011), pp. 290~291 참고.

98) 중국에서 SCE의 구체적인 활동에 대해서는 SCE, "Our Reach: China." 참고.

99) 풀러튼 금융지주회사의 중국내 소액대출 현황에 대해서는 Temasek, "Temasek Review 2014", p. 74 참고.

100) 풀러튼 금융지주회사는 인도 지방에 400개 지부가 있고, 인도네시아의 120만 자영업자와 노동자 계층 가정에게 서비스를 제공하고 있다. ibid 참고.

101) "Suzhou Industrial Park: 10 Things to Know about the China-Singapore Project", *The Straits Times*, October 25, 2014.

102) "The Sino-Singapore Tianjin Eco-City: A Practical Model for Sustainable Development", UNEP South-South Cooperation Case Study, March 2013 참고.

103) Sino-Singapore Guangzhou Knowledge City, "About Us: Milestones."

104) Sino-Singapore Guangzhou Knowledge City, "Industry Development: Industry Plan."

105) Sino-Singapore Guangzhou Knowledge City, "About SSGKC: Overview."

106) Sino-Singapore Guangzhou Knowledge City, "About Us: Company Profile."

107) 이 협정에 대해서는 "Chongqing and China Mobile to Build IoT Industrial Highland", *Chongqing News*, October 8, 2012(www.english.cqnews.net) 참고.

108) "Chongqing's Industrial Clusters, Forward Thinking Offer Useful Example amid Tricky Environment", *Global Times*, March 8, 2016.

109) 이 현상에 대해서는 Kent E. Calder, *The New Continentalism: Energy and Twenty-First-Century Eurasian Geopolitics*(Yale University Press, 2012), 특히 pp. 167~169 참고.

110) Kor Kian Beng, "Lower Logistics Costs with Euro-Sino-S'pore Route", *The Straits Times*, April 17, 2016.

111) Kor Kian Beng, "Singapore-China Chongqing Project 'Making Good Progress,'" *The Straits Times*, April 16, 2016.

112) Kor Kian Beng, "Lower Logistics Costs with Euro-Sino-Singapore Route."

113) Monetary Authority of Singapore, "Cross-Border RMB Flows and Capital Market Connectivity between China and Singapore to Strengthen", November 9, 2015.

114) 한국의 저명한 중국 전문가인 서울대학교 정재호 교수는 최근 싱가포르가 미국과 중국을 모두 행복하게 하는 역량에 대해 언급했다. Jae-ho Chung, "Korean Diplomacy Needs to Learn from Singapore on How to Hide the True Intention", *Chosun Ilbo*, November 17, 2012 참고.

115) "BPA Leads Advanced Singapore Research", Busan Port Authority press release, July 7, 2014(www.busanpa.com).

116) Yeonwoo Joong and others, *A Possible Director for Sino-Korea Business Cooperation in Prospective Cities in China, and*

  Development of Business Model(Seoul: Korea Land and Housing
  Corporation Land and Housing Research Institute, 2012).

117) 2014년 테마섹 재단은 동남아시아에서 118개 프로그램에 6470
  만 싱가포르달러를 지원했다. 동북아시아에서는 39개 프로그램
  에 2870만 싱가포르달러, 남아시아에서 33개 프로그램에 1610
  만 싱가포르달러를 약속했다. Temasek Foundation, "Temasek
  Foundation Summary Report 2014/2015", p. 2 참고.

118) 방갈로르 국제기술단지는 1992년 당시 고촉통 총리와
  Narasimha Rao가 아이디어를 내었다. International Tech
  Park Bangalore(ITPB), "History." International Tech Park
  Bangalore(ITPB), "Ascendas Acquires Tata Stake in International
  Tech Park, Bangalore", April 12 2005(www.itpbangalore.com/
  press/05_taka.html).

119) SCE, "Our Reach: International Partnerships."

120) Radheshyam Jadhav, "Government Mulls Singapore Model of
  Development for Cities", *The Times of India*, September 9, 2013.

121) Chan Yi Wen, "Singapore Signs Deal to Master-Plan Indian
  State's New Capital", *The Business Times*, December 9, 2014.

122) "Amaravathi Master Plan to Guide Development up to 2050",
  MasterPlans India, May 27, 2015; Lee U-Wen, "Surbana, Jurong
  Int'l to Master-Plan New Indian City", *The Business Times*,
  January 13, 2015.

123) International Enterprise Singapore, "Smart Cities Discussion: A
  Smarter India, One City at a Time", India Singapore Economic
  Convention 2015, December 9, 2015.

124) "Singapore to Help India in Smart Cities Project", *The Times of
  India*, August 16, 2014.

125) Singapore Ministry of Foreign Affairs, "Deputy Prime Minister
  and Minister for Finance Tharman Shanmugaratnam and

Russian First Deputy Prime Minister Igor Shuvalov Co-Chair The Fourth Session of The High-Level Russia-Singapore Inter-Governmental Commission 19 June 2013", MFA press release, June 20, 2013.

126) Kaznex Invest, "Singapore Model to Be Applied for Kazakhstan's SEZ Development", July 16, 2013.

127) Encyclopædia Britannica Online, s.v. "Paul Kagame", accessed July 16, 2016.

128) "List of African Countries by Population(2015)", *Statistics Times*, updated March 27, 2015.

129) World Bank, "GDP per capita(constant 2010 US$)", *World Development Indicators*(2015).

130) Patricia Crisafulli and Andrea Redmond, *Rwanda, Inc.: How a Devastated Nation Became an Economic Model for the Developing World*@(New York: Palgrave Macmillan, 2012), pp. 13~14, 133.

131) 어떻게 카가메가 싱가포르 패러다임을 발견하고 수용했는지에 대해서 "Africa's Singapore?", *The Economist*, February 25, 2012; and "Rwanda: the Singapore of Africa?", *The Southern Times*, May 23, 2011 참고.

132) Edwin Musoni, "President Kagame Calls for Increased Efforts to Development", The *New Times*, January 14, 2013.

133) Jeff Chu, "Rwanda Rising: A New Model of Economic Development", *Fast Company*, April 1, 2009 참고.

134) 빌 클린턴, 토니 블레어, 하워드 슐츠(스타벅스 CEO), 에릭 슈미트(구글 회장)는 카가메가 연락하는 핵심 국제 인사들이다.

135) 2009년 자문위원회 위원들에 대해서는 "Rwanda: Presidential Advisory Council members meet on Sunday 22/09/13 in New York", Rising Continent, September 25, 2013 참고.

136) "Rwanda Completes $95 Million Fiber Optic Network", Reuters, March 16, 2011.

137) Lena Ulrich and Ronald S. Thomas, "Building National Competitive Advantage: Rwanda's Lessons from Singapore", *Thunderbird International Business Review* 56, no. 3,(2014): 238.

138) Carnegie Mellon University, "Carnegie Mellon University in Rwanda"(www.cmu.edu/rwanda/index.html) 참고.

139) Felly Kimenyi, "Kagame Reiterates Need to Use English as Education Medium", *The New Times*, October 15, 2008 참고.

140) 르완다가 싱가포르의 부패 대처방식을 어떻게 모방했는지는 Crisafulli and Redmond, *Rwanda*, Inc., p. 233 참고.

141) World Bank, "GDP Growth(Annual 퍼센트)", *World Development Indicators*, 2004, 2010.

7장

1)   Benjamin Barber, *If Mayors Rule the World: Dysfunctional Nations, Rising Cities*(Yale University Press, 2013).

2)   Tanaka Akihiko, *The New Middle Ages: The World System in the 21st Century*(Tokyo: International House of Japan, 2002).

3)   하버드 경영대학원의 싱가포르 사례연구는 www.hbs.edu/ faculty/Pages/search.aspx?qt=Singapore&mclickorder=qt-1:&page1 참고.

4)   "Modernizing the Mandarins", *The Economist*, August 9, 2014 참고.

몇 년 전만 하더라도 싱가포르가 어디 있는지조차 몰랐다. 그러다가 우연히 싱가포르 사람들과 같이 일할 기회가 생겼다. 역자가 근무하는 서울연구원은 서울시 산하 정책연구소로, 싱가포르 연구기관 '살기 좋은 도시센터Centre for Liveable Cities'와 매년 공동으로 연구를 수행한다. 걷고 싶은 도시, 시민 참여 프로그램, 고령화 정책 등 주제도 다양하다. 여러 분야의 싱가포르 사람들을 만나며 그들의 문화와 역사를 조금씩 알아갔다. 그래서 뭐든지 아는 만큼 보인다고 이 조그만 도시국가에 관심을 갖게 되었다. 공동 연구 프로젝트를 진행하면서 싱가포르를 여러 번 방문했고 여기저기 중요한 곳을 둘러보기도 했다. 그중에서 마리나 댐Marina Barrage이 상당히 인상적이었다.

섬나라 도시국가 싱가포르는 물이 부족하다. 심각하게 부족하다. 그래서 다양한 방법으로 물을 확보한다. 건물 지붕과 공항 활주로에서 빗물을 모으고, 가정에서 나오는 폐수를 재활용하고, 담수처리장을 만들어 바닷물을 거른다. 그래도 모자라 말레이시아에서 매년 어마어마한 양의 물을 수입한다. 말레이시아와의 관계가 어떠냐에 따라 식수 공급이 국가 안보 사안이 되기도 한다. 마리나 댐은 바닷물을 차단해서 싱가포르 연안 마리나 베이Marina Bay를 식수용 저수지로 만들기 위한 둑이다. 그곳에 가보면 둑을 경계로 넘실넘실 어슬렁거리는 바닷물과, 그보다 수위가 낮은 잔잔한 마리나 베이의 대비를 볼 수 있다. 바다 물결은 마치 기회만 있으면 삼켜버리겠다는 듯 천천히 울렁댄다. 싱가포르 연안 저수지는 아무런 저항도 할 수 없다는 듯 고요하다. 이 '공포'의 장면은 바로 싱가포르 상황을 압축적으로 보여주는 이미지다.

다인종이 화합하는 사회를 지향했던 싱가포르는 원래 말레이시아 연방의 일부였다. 그러나 말레이인들과 심하게 인종 갈등을 겪은 후 말레이시아로부터 버림받는다. 1965년 싱가포르는 그렇게 독립국이 된다. 당시 싱가포르는 여러 가지 문제에 봉착해 있었다. 가난, 실업, 주택 부족, 인도네시아와의 무력분쟁, 공산주의의 확장······. 자원도 없고 배후지도 없는 도시국가가 과연 살아남을 수 있을지 의심스러운 상황이었다.

싱가포르가 말레이시아 연방에서 쫓겨나던 날, 초대 총리 리콴유(1923~2015)는 텔레비전 카메라를 바라보며 "싱가포르는 살아남을 것Singapore will survive"이라고 국민들에게 공언한다. 작은 도시국가가 넘실대는 바닷물에 잠기도록 가만히 보고만 있지 않겠다는 결심이었고, 어떻게든 살아남아 번영하겠다는 의지였다. 하지만 리콴유가 보여준 결연한 표정의 뿌리는 두려움이다. 마리나 댐의 장면처럼 조금이라도 방심했다가는 망망대해 속에 잠겨버릴 것이라는 공포 말이다. 끊임없이 혁신하여 남들보다 앞서지 못하면 금세 시들어버릴 것이라는 불안감이 싱가포르를 스마트하게 만든 동력이다. 싱가포르가 독립한 지 반세기가 지난 지금도 그 공포는 국민들의 마음속에 존재한다. 이 실존적 무서움을 모르면 싱가포르를 이해할 수 없다.

싱가포르는 단지 비용을 줄이고 효율적인 정부를 운영하기 위해 스마트해진 게 아니다. 거친 이웃들에 둘러싸인 작은 영토에서 만만치 않은 문제들을 해결하려면 어쩔 수 없이 스마트해져야 하기 때문에, 모든 수단을 동원하여 스마트 국가, 스마트 도시가 되었다. 이 책은 싱가포르가 다양한 영역에서 어떻게 스마트해졌는지 상세히 설명한다. 싱가포르도 세계적인 저성장 기조에 영향을 받아 성장률이 둔화되긴 했지만, 국제금융 중심지이자 세계적인 스마트 도시로서의 위상에는 변함이 없다.

한편 많은 이가 싱가포르를 강하게 비판한다. 싱가포르는 선거로 지도자를 뽑지만 진정한 자유민주주의 국가라고 할 수는 없다. 싱가포르에는 집단선거구와 단독선거구가 있다. 집단선거구에 입후보하려면 한 정당에서 의원수(3~5명)와 동일한 수의 후보가 출마해야 한다. 소수인종을 배려해서라지만 거대 집권당인 인민행동당에 절대적으로 유리하다. 언론은 통제된다. 출판법에 따라 거대 공기업이 싱가포르의 모든 신문과 라디오, 출판, 방송을 소유하고 관리한다. 기자들은 국가기관에서 나눠주는 보도자료를 그대로 받아 적는다. 국제사회도 싱가포르를 그다지 자유롭지 못한 나라로 평가한다. 하지만 여기서 생각을 멈추면 싱가포르에 대해 반만 아는 셈이다.

싱가포르인들은 혼란 속에서는 스마트해질 수 없다고 생각한다. 어떻게든 안정을 이루어야 한다는 중압감을 느낀다. 그래서 권위주의 체제를 받아들인다. 싱가포르 사람들은 작은 영토에서 500만 인구가 갈등에 휩싸이면 스마트해지려는 노력에 장애가 될 것이라 생각하고, 그러면 호시탐탐 싱가포르를 노리는 주변국들에게 먹힐 것이라는 공포를 느낀다. 둑이 무너지면 일렁이는 바닷물이 마리나 베이를 덮칠 것처럼 말이다.

싱가포르 사람들에게는 절대로 일어나서는 안 되는 일이 분명히 있다. 그리고 정부는 아무리 논란이 있어도 그러한 일들이 절대 발생하지 않도록 갈등의 소지를 미리 잘라 없앤다. 공공주택에 모든 인종이 적절히 섞여 살도록 인위적으로 규제하고, 논란거리 기사를 쓴 기자를 감옥에 가두고, 대통령은 인종별로 돌아가면서 선출되도록 법으로 정한다. 동시에 정부는 스마트 정책을 발굴하여 효율적으로 운용한다. 인민행동당은 초기부터 주택, 일자리 등 현실적 요구를 적기에 파악하고 스마트한 국가 시스템을 구축하여 국민들의 확실한 신뢰를 얻었다. 이러한 기조로 반세기 넘게 정권을 지키고 있다. 정기적인 민주 선거를 통해서 말이다.

이 책을 우리말로 옮기면서 대한민국이라고 크게 다를 게 없을지도 모른다고 생각했다. 힘겹게 민주화를 이루었지만 싱가포르처럼 자원이 부족하고 영토가 작다. 미국, 중국, 일본 강대국들과 관계가 어떠냐에 따라 이리저리 흔들린다. 높은 실업률, 환경오염, 사회양극화 등 심각한 문제를 해결해야 한다. 물론 싱가포르는 단순히 스마트 국가, 스마트 도시가 아니다. 스마트한 정책을 펼치지만 정치는 후진국이고, 전 세계에서 인재를 유치하는 글로벌 도시이지만 국민들에게는 가부장적이다. 자유민주주의를 포기하고 싱가포르처럼 권위주의 체제로 돌아갈 수는 없다. 그럴 필요도 없다. 그러나 더 스마트해질 필요는 있다. 이 책은 싱가포르의 스마트한 정부와 정책에 초점을 맞추어 조그만 도시국가의 다차원적인 모습을 그린다. 우리나라의 미래를 고민하는 사람들에게 이 책이 시사점을 줄 수 있을 것 같다. 싱가포르에게는 분명히 배울 점이 있다.

직접 구상하여 쓴 책은 아니지만 많은 사람에게 고마운 마음이다. 싱가포르 친구들, 살기 좋은 도시센터의 쿠탱 촤이Khoo Teng Chye, 리민 히Limin Hee, 레미 고Remy Guo, 탄 관훙Tan Guan Hong, 데보라 챈Deborah Chan, 도시재개발청Urban Redevelopment Authority의 래리 응Larry Ng에게 고맙다. 그들은 이 책을 번역할 동기를 주었다. 싱가포르 사람들과 함께 즐겁게 작업한 서울연구원 안현찬 박사님, 번역 후반작업을 꼼꼼히 도와준 서울대 인문대학원 미학과 이지은 양에게도 고마움을 전한다.

2019년 9월
이 창

찾아보기

싱가포르, 스마트 국가의 최전선

초판 인쇄	2019년 10월 1일
초판 발행	2019년 10월 8일

지은이	켄트 E. 콜더
옮긴이	이 창
펴낸이	강성민
편집장	이은혜
마케팅	정민호 정현민 김도윤
홍보	김희숙 김상만 오혜림 지문희 우상희
독자모니터링	황치영

펴낸곳	(주)글항아리	출판등록 2009년 1월 19일 제406-2009-000002호
주소	10881 경기도 파주시 회동길 210
전자우편	bookpot@hanmail.net
전화번호	031-955-8891(마케팅)	031-955-1936(편집부)
팩스	031-955-2557

ISBN 978-89-6735-671-2 03330

이 도서의 국립중앙도서관 출판시도서목록(CIP)은 서지정보유통지원시스템 홈페이지
(http://seoji.nl.go.kr)와 국가자료공동목록시스템(http://www.nl.go.kr/kolisnet)에서
이용하실 수 있습니다. (CIP제어번호 : CIP2019036068)